Salomón M. Sanabria

LA CÁRCEL Y MIS CARCELEROS

LA CÁRCEL Y MIS CARCELEROS
(Preso en los tiempos de Carías).

©Colección Erandique
Supervisión Editorial: Óscar Flores López
Diseño de portada: Andrea Rodríguez-Lilyana Gálvez
Administración: Tesla Rodas y Jessica Cordero
Director Ejecutivo: José Azcona Bocock

Segunda Edición de Colección Erandique
Tegucigalpa, Honduras—Julio de 2024

ÍNDICE

INSTRUCTIVO DE TERROR CARCELARIO 3
PROEMIO 5
EL COMIENZO DE TODO 7
EN OCOTEPEQUE 15
EN EL PRESIDIO DE OCOTEPEQUE 23
VIAJE POR CORDILLERA HACIA TEGUCIGALPA 29
MI LLEGADA A LA PENITENCIARÍA CENTRAL 33
LA MORA 39
PERSONAJES FAMOSOS EN LA PC 47
MI ASCENSO EN EL PENAL 53
VÍCTOR CARÍAS LINDO 57
EL CASO DE DON BELÉN LANZA PADILLA 61
LAS MUJERES EN LA P.C. 63
RIVALIDADES EN EL PENAL 69
LOS "PRESIDENTES" DE LA PC 83
PROHIBIDO LEER 91
LA ENFERMERÍA EN LA PC 99
EL MEDIO HERMANO DE CARÍAS 109
DOS ESTAFADORES MEXICANOS 117
EL TUNCO SARMIENTO 127
UN PADRE BUSCA LIBERAR A SU HIJO 137
ODIO A LOS INTELECTUALES 147
EL LOCO DIRECTOR DE LA CÁRCEL 157
EL CASO DE LOS HERMANOS YANES 165
LA MUERTE DEL ALCAIDE SÁNCHEZ 173
ASESINATO DE LA MADRE DEL GENERAL UMAÑA 183
SOLO SI EL DICTADOR LO DESEA 207

ENVIADO AL INFIERNO 215
UN HOMBRE LLENO DE BONDAD 235
MESES DE SOLEDAD, HAMBRE Y FRÍO 243
HOY SÍ ME MATARON 253
EL FIN DEL REINO DEL TERROR 257
EL GENERAL JUAN B. ALEMÁN 265

INSTRUCTIVO DE TERROR CARCELARIO

Este libro retrata el terror que miles de reos vivieron en la Penitenciaría Central en los tiempos del dictador Tiburcio Carías Andino.

Su autor, Salomón M. Sanabria, fue enviado a la cárcel luego de asesinar a otro hombre, según cuenta, en defensa propia. Era el año de 1940 cuando perdió la libertad.

El director de la PC era Víctor Carías Lindo, quien mandó a asesinar y torturar a muchos hondureños, entre ellos, presos políticos, intelectuales (poetas y periodistas), delincuentes comunes y víctimas inocente del sistema. Actuaba con impunidad pues era primo hermano del "hombrón de Zambrano",

El testimonio de Sanabria es desgarrador, toca el alma, pone los pelos de punta.

"Los hombres eran obligados a trabajar aunque estuvieran enfermos; sus quejas de no hallarse aptos para el trabajo porque no estaban bien de salud, eran acogidas, en concepto del director, por pereza, y he aquí el látigo metiendo en calor las espaldas de los quejosos; de aquí que cuando los hombres caían desmayados y eran llevados a la enfermería, apenas si podían sobrevivir en un 75%".

Pero es apenas un poco del martirio que vivían los presos en los tiempos del "Encierro, entierro y destierro", el lema de la dictadura que impuso su puño de hierro de 1936 a 1949.

Cualquier rumor, chisme, especulación o simplemente porque a alguien se le dio la gana, bastaban para enviar a alguien al "tambo" cariísta.

Los indios de La Cuesta —relata Sanabria—, no tenían más delito que sus historial de aguerridos, de ser hombres valientes y de ser enemigos del general Carías. Y como les tenía miedo y los indios tenían su aldea natal allí por donde este pasaba todos los domingos a sus haciendas de Zambrano, los metió a la cárcel para hallarse tranquilo.

El libro está lleno de sucesos de dolor, golpes, injusticias...

Cuenta Sanabria: "De repente se miraba uno que otro compañero retorciéndose de dolor. Era que algún otro penado había dejado caer sus piedras, y le había golpeado un pie o una mano o le había destrozado un dedo de cualquier extremidad, o que algún otro trabajador, reventándole cantos salientes a su piedra con el martillo, había hecho saltar alguna china y que por mala suerte le había ido a pegar en el ojo. De aquí que muchos trabajadores perdieron dedos y ojos que ya nunca más volverían a reponer".

El poder de Carías Lindo era tal que si alguien recibía su carta de libertad, él determinaba si lo dejaba salir o lo dejaba encerrado meses… o años.

Don José Rivera, encarcelado por el "delito" de ser liberal, se puso de rodillas el día en que iba a quedar libre y dio gracias a Dios. Sus compañeros de encierro aplaudieron y soltaron gritos de alegría.

Carías Lindo llamó al comandante de día y le preguntó a qué se debía el escándalo.

—Es don José dándole gracias a Dios por su libertad.

—¡Pues métanlo otra vez para que vea que no fue Dios quien lo sacó —respondió el esbirro.

Don José estuvo cuatro años más en la PC…

Sin embargo, a Carías Lindo se le quitó lo envalentonado el día que su esposa se escapó con otro. Con jocosidad, Sanabria cuenta que el director de la Penitenciaría Central lloraba y se desmoronó de tal forma que tuvo que recibir tratamiento en Estados Unidos.

Agradezco a mi amigo, el Poeta José González, por facilitarme la fotografía de Sanabria y los datos que aparecen en la contraportada.

Libro poco conocido, La cárcel y mis carceleros fue publicado en México en 1952. Mucho tiempo ha pasado desde entonces, pero vale la pena leerlo para conocer un poco sobre una de las épocas más oscuras del siglo pasado.

ÓSCAR FLORES LÓPEZ
EDITOR COLECCIÓN ERANDIQUE

PROEMIO

LA CÁRCEL Y MIS CARCELEROS es una obra que no se hace notar por la estética del lenguaje de sus protagonistas, pues ella es producto de un centro penal donde su Señor Director, además de que era un anciano ignorante, era un tipo sanguinario y cruel que encontraba placer en auspiciar el terror y ordenar el tormento.

De aquí que siendo áspero el trato de sus jefes y desgarrador el sufrimiento de quienes lo padecían, suene tosco y grosero el lenguaje con que se trata de reflejar tan doloroso drama.

EL COMIENZO DE TODO

Cometer un homicidio y convertirse en instrumento de publicación del mismo, es no obstante haber expiado en la prisión la pena correspondiente al delito, agregar a la nota de bestia que ya se lleva encima, el calificativo de monstruo horroroso, pues ello constituye una profanación a la memoria del muerto y una provocación más de escándalo a la sociedad ofendida.

Ciertamente, solos los bárbaros se ufanan de relatar sus fechorías, pues son crueles como los niños y como estos, se divierten ingratamente refiriendo con alegría las muecas de dolor que con sus groserías pudieron arrancarle a sus víctimas.

Mas séame decir que con esto no pretendo dar las más sentidas muestras de arrepentimiento por la muerte que ayer hiciera, pues a decir verdad, no soy ningún moralista, ni pretendo serlo jamás; sin embargo, debo decir que tampoco me hubiera agradado contar yo mismo mi propio delito; pero debo cumplir la irrefrenable necesidad que llevo en el alma de relatar a los pueblos de Centroamérica la tragedia que sufrieron los reos del presidio de Sinuapa y de la Penitenciaría Central de Honduras, bajo la gestión administrativa de los más bárbaros carceleros de América, como lo fueron los infames Víctor Carías Lindo y Julián Mejía jr.

Hasta hoy, en Honduras, lugar donde se desarrolla la presente obra, no ha habido discriminación alguna sobre las condiciones morales e intelectuales de los ciudadanos que han de desempeñar las alcaldías de los presidios de los departamentos y las de los que han de desempeñar la dirección de la Penitenciaría Central, pues lo único que les ha importado a los que han tenido la potestad de conferir tales empleos, ha sido que sus agraciados sean sus verdaderos incondicionales.

Fue en el año de 1940, precisamente cuando la férrea dictadura del Caríismo sembraba el terror y la desolación por todas partes de la república, cuando hallándome de guarnición en la pequeña ciudad de Nueva Ocotepeque, caí a la cárcel por haber dado muerte, en un lance personal, al oficial Benjamín Ceballos.

El hecho tuvo lugar dentro de la casa del honrado labrador don Carlos Maldonado, la que distaba unos 50 metros del cuartel, circunstancia que hiciera el comandante de guardia de aquella guarnición, oyera las detonaciones de los disparos y ordenara al punto que saliera una escolta para que capturara a los culpables y los condujera al cuartel.

La respuesta que el autor de un hecho de sangre encuentra en el penal al decirles a sus compañeros de tertulia que si bien es cierto que mató, lo hizo porque se vio acosado y tuvo que defenderse, es la siguiente:

—Sí, mi querido compañero, no te aflojes por ello. Ya sabes que siempre el muerto es el culpable.

Efectivamente en casos como en el mío, la verdad no está muy lejos de esta lapidaria frase con que aquellos chuscos delincuentes pasaban el rato riéndose groseramente de quien sinceramente quería justificar la causa de su delito, pues realmente en circunstancias como en la mía, había sido el señor Ceballos el verdadero culpable de su propia muerte.

El asunto se originó, porque recién llegado yo a Nueva Ocotepeque, me encontré con una mujer que hacía mucho tiempo había sido amante del señor Ceballos, quien como los perros que cuando están hartos de carne, cuidan los huesos que ya no quieren roer y acometen furiosamente al que llega a husmearlos, el señor Ceballos, aunque separado de aquella indefensa y pobre mujer, la vigilaba día y noche y retiraba a aquellos individuos que se le acercaban con la intención de ayudarla.

Los que conocían este detalle no se le acercaban; más los que ignorándolo lo hacían, se le alejaban inmediatamente que lo sabían, pues el señor Ceballos estaba de Capitán de Compañía de aquella guarnición y nadie quería tener cuentas con un militar de alta.

Al día siguiente de que trate por primera vez a aquella mujer, el señor Ceballos me sacó del cuartel para hacerme algunas observaciones acerca de ella, en las cuales pude comprender que él era capaz de pelear con cualquiera que quisiera pretenderla.

Sin embargo, no obstante que yo tenía conocimiento que hacía mucho tiempo que estaban separados y que además, él no le daba nada a ella, yo me esforcé por convencerle de que no tenía ningún interés en ella.

En el primer momento el señor Ceballos pareció quedar satisfecho de mis excusas, pero poco después se me torno muy serio; de aquí pasó a la indirecta ofensiva y a la sátira hiriente. Una vez había regresado yo de una fiesta del pueblo de Concepción; y como

Ceballos sabía que el capitán Gregorio Chávez, el teniente Antonio Velásquez y yo, nos habíamos echado algunos tragos de licor, sin que ni para que, más que para ofenderme, me dijo groseramente:

—Ya me iba yo para Concepción a traerlos a puros vergazos.

Otra vez él y yo nos hallábamos de visita en una casa particular. En esta vez yo estaba sentado en el interior de la habitación y él se hallaba parado a un lado de la puerta; pero cuando vio que yo me paré y me dirigí a esta para salir a la calle, él se me atravesó intencionalmente.

Más yo, que siempre he partido, parto y partiré con razón directa de mi derecho aunque el acto me cueste la vida, salí a la calle llevándomelo de encuentro. Pero en esta vez Ceballos comprendió que si hubiera hecho ademán de agarrar el mando de su pistola, allí nomás me lo hubiera derribado, razón por la que se quedó quieto.

Pero las cosas iban de mal en peor; y solo en el caso de que uno de los dos hubiera tenido la prudencia de pedir su baja para retirarse del lugar, se hubiera evitado el fatal resultado. Fue así, pues, que una noche que yo andaba de oficial en ronda, llegué a visitar la muralla y no hubo centinela que me pegara el ¿*Quién vive?,* voz de ¡alto!, que se acostumbra a dar a todos aquellos bultos que se aproximan a ella después de cerrada.

De manera que ya en la ventanilla del portón de entrada, les pegué el grito para despertarlos; mas no me limité a hacer únicamente esto, sino que hice llamar al comandante de guardia para que me relevara a aquellos hombres y me les impusiera el castigo correspondiente a la falta. A las diez del día siguiente que nos reuníamos todos los oficiales en guardia para relevarnos los servicios, el señor Ceballos, sabiendo que yo había impartido la orden de que se castigara a los clases y soldados que se habían dejado avanzar, preguntó malcaradamente sin verle la cara a nadie, que quien había castigado a los clases fulano y menganos, etc., mas como yo comprendiera que su intención era la de hacerme cuestión a mí, agarrándome el mango de la pistola le grite con energía:

—Yo. ¿Por qué?

El señor Ceballos me vio a los ojos y comprendió que yo estaba dispuesto a ponerle coto a sus pendencias, razón por la que no agregó ni una sola palabra más a sus demandas. Leyendo me hallaba yo en mi cuadra de oficial, cuando un chismoso llegó a todo trote para decirme:

—Teniente Sanabria, el capitán Ceballos está demasiado enojado con usted... considere que cuando le vio dar la vuelta, dijo en la guardia para que oyéramos todos, que a poco le quebraba la cara a terciazos allí en la guardia; pero que se había abstenido por no hacer el escándalo.

Por esos tiempos yo tenía 26 años de edad y era demasiado violento para escuchar indiferentemente estas cosas. De manera que tirando el libro sobre la silla, salí a buscarlos a la guardia, pero ya no estaba aquí. Pregunté al comandante de guardia si le había visto salir y me dijo que sí; que probablemente podía hallarlo en casa de don Carlos Maldonado.

Cuando yo llegué a los corredores de la casa del señor Maldonado, vi en el interior de sus habitaciones al capitán Ceballos, a quien llamé afuera con las mayores muestras de respeto y de buen trato; pero él, colérico, me espetó una retahíla de improperios y en este caso tuve que entrar; mas no con la fija intención de pelear con él, sino con la de hacerle un llamado amistoso, pues me consideraba moralmente obligado a hacerlo, no por su rango oficial superior al mío, sino porque no era menos ignorante que él; pero el hombre estaba exacerbado y en lugar de escuchar las voces de la razón que yo iba a exponerle para que volviéramos a ser amigos, agarró su revólver y me lo descerrajó. Mas como en estos casos no hay que hacerse esperar, yo saqué mi pistola y me lo derribé de un tiro que le pegué en el corazón.

Al desplomarse mi rival, yo salí huyendo, pero inútilmente, pues los soldados que habían salido del cuartel para capturar a los autores de los disparos, ya iban disparándome a cortos pasos. La policía de seguridad a quien Julián Mejía h., tenía trabajando de mozo de albañil y de albañil al final de la calle que yo había tomado para escapar a El Salvador, agarró sus fusiles y me salió al encuentro.

Yo había jurado no caer nunca a la cárcel; pero ahora no tenía ni un solo tiro más en la recamara de la pistola, ni en mis bolsas, pues de lo contrario hubiera habido más muertos y acaso la presente obra no hubiera visto jamás la luz del día.

Verificada la captura, la policía dejó, por ser yo militar de alta, que la escolta me condujera. Cuando regresamos al cuartel, el comandante de armas ordenó que se me encerrara en una celda y que se me pusiera un centinela de vista. El muerto era primo hermano suyo y le dolía; mas felizmente para mí, el hombre no era un sanguinario al estilo de Carlos F. Sanabria, quien con la mayor facilidad del mundo me hubiera hecho fusilar a medianoche y al día siguiente hubiera amanecido diciendo con todos sus esbirros, que yo me había querido fugar; y la justicia social, que nada puede contra un asesino que está armado hasta los dientes, aunque horrorizada porque ya le conoce, hubiera callado.

La impresión que la muerte del oficial Ceballos provocó en el cuartel fue, después de lo que pudo haber sentido su primo, de un verdadero desahogo moral, pues nadie lo quería por autoritario y brusco. Hasta cierto punto, él tenía razón de proceder así, pues era analfabeta y el empleo que lo tenía por puro favoritismo, lo había envanecido y ensoberbecido a tal grado, que siempre andaba con una verga en la mano y hablando de verguear a todo mundo. Por este motivo fue que una vez con el oficial Banegas se pusieron las pistolas y estuvieron a punto de matarse.

De tal manera que de parte de la oficialidad, yo hubiera salido absuelto; pero el señor mayor de plazas, coronel don Margarito Pinto, me tenía inquina por cuestiones de faldas y él se obstinó vilmente en que se me hiciera proceso por asesinato, con la malévola intención de que se me aplicara la pena capital; pero su maldad no pudo corromper la entereza moral de la esposa y la hija de don Carlos Maldonado, a quienes aconsejó inútilmente que declararan que yo había tirado al hombre por la espalda; pero ellas sostuvieron que no podían decir aquella infamia, perversidad que si no castigaban los hombres, la castigaría Dios; de manera que la verdad era que ellas habían visto que el capitán Ceballos había sacado su revólver contra mí y que no teniendo valor para ver aquello, habían huido aterradas, creyendo que el muerto había sido el joven Sanabria.

Sin embargo, viendo el coronel Pinto que había fracasado en este vil intento, trató de inducir al jefe de la familia que me procesara por allanamiento de morada; pero aquella virtuosa alma no accedió a los bajos anhelos de aquel infame.

Pero un hombre de la clase de este, no cede fácilmente a los inconvenientes que las buenas almas opongan al giro de perversión de sus malos pensamientos y al efecto, aleccionó a sus subalternos, sin que estos hubiesen visto nada, para que se presentaran como testigos oculares del caso, a fin de que rindieran una declaración que él les había preparado y enseñado de memoria.

Su intención era la de que yo saliera asesino para que se me fusilara, pues por estos tiempos el dictador había hecho decretar esta ley para proteger la vida de sus esbirros y el señor Pinto que es un malvado que tiene más de 30 años de estar de mayor de plaza de la comandancia de armas de Ocotepeque, quería hacer que se me pasara por las armas. Según él ya se imaginaba dirigir en persona el pelotón de fusilamiento y ordenar el mismo el fatídico y fatal apunten, ¡fuego! Y verme rodar por el suelo bañado en mi propia sangre.

Caía la tarde melancólica y triste del memorable 14 de febrero, fecha en que di muerte al señor Ceballos, cuando comencé a recordar y a sentir la nostalgia de mis lares ante lo desesperado de mi situación.

Este sentimiento me hizo pensar en la fuga y comencé a buscar por donde hacerlo y a reflexionar la manera de practicarla. La celda en que me hallaba no tenía cielo raso y dado las aberturas que se formaban entre el techo y la pared, se comprendía que era fácil hacer una evasión; pero para realizarla se necesitaba el auxilio de una cuerda. ¿y la cuerda?

He aquí el busilis de la evasión. Los guardias, como era de esperarse, eran amigos míos y a todos les sabía el nombre. Llamé pues, al que me vigilaba y le supliqué que fuera a mi cuadra a traerme la hamaca en que descansaba. Pero el hombre, no obstante que le ofrecí darle los pocos centavos que llevaba en los bolsillos, no quiso acceder. Esta negativa, pues, huelga el decirlo, echó a perder mis planes.

Sin dinero ni profesión, desde muchacho llevé una vida completamente desordenada. Mi juventud, apenas maltratada por ligeras desgracias de dolor pasajero, aún no había sufrido la acción brutal y prolongada de un largo padecimiento de hambre, desnudez, humillación constante y miseria irreparable. De manera que, inexperto de tales vicisitudes, en el primer momento no perdí el optimismo de que aquella prisión no sería muy prolongada.

Al día siguiente y no obstante el haber pasado una noche pésima, amanecí con buen ánimo para esperar con cristiana resignación el desgraciado resultado de lo que estaba por sobrevenirme.

Serían las dos de la tarde de este mal dado día, cuando una escolta vino a situarse frente a mi reja. Un oficial, ex compañero mío, la abrió y me ordeno que saliera afuera. Un soldado de los que lo acompañaban llevaba un lazo y un cáñamo y fue quien poniéndome una cara más hosca que la del verdugo del patíbulo, me ordeno que pasara las manos por atrás, hecho lo cual me amarró los brazos y los dos pulgares, ordenándome, acto continuo que marchara con dirección a la calle.

EN OCOTEPEQUE

Al pasar al estrecho puente que conduce de Nueva Ocotepeque a Sinuapa, se camina unos 75 metros contra Oriente, para hallarse en el primer cruce de la calle de la que entonces, por capricho personal de Julián Mejía, era la capital de aquel progresista departamento. Al llegar al indicado lugar doblamos contra el Norte y a pocos pasos salimos a la plaza, donde vimos un largo caserón de largos corredores coloniales, en cuya ala izquierda se situaba la Gobernación Política y en la de la derecha, la habitación que se tenía a los procesados.

Cuando llegamos al corredor de la habitación para procesados, salió a nuestro encuentro un hombre cenceño, de rostro patibulario, que frisaba en los 55 años, el cual se cruzó un frío saludo con los hombres que me conducían.

El hombre cenceño que nos había salido al encuentro también nos invitó a pasar adelante y nosotros lo seguimos.

Al trasponer una habitación sucia, sombría y desocupada, que bien podría llamarse guardia sin soldados, por tratarse de la antecámara del presidio y hallarse sin soldados, nos hallamos en un pequeño patio a cuyo extremo opuesto a nuestra entrada podía verse a una docena de campesinos vistiendo su sucio traje de jornaleros y a quienes, armados de fusil de retrocarga, se les había destacado formando línea de tiradores contra la reja en que estábamos los indefensos procesados.

La misma persona que nos había salido al encuentro fue la que nos guió hacia la izquierda de nuestra entrada. Y a pocos pasos nos hallamos de manos a boca con una reja de madera gruesa y barnizada de suciedades grasientas. Un individuo que estaba sentado en una tranca que servía de contrapuerta a la reja, hizo un rápido movimiento para ponerse de pie y desatarla, hecho lo cual tomó una llave que le tiró nuestro guía y abrió para franquearme la entrada.

Mis conductores me desataron y yo fui entregado a mi carcelero, señor Teodoro Arita.

Como la grasienta y sucia reja era tan baja, y las paredes de adobe estaban negras del hollín del candil, el interior de aquella celda estaba completamente oscura, de manera que yo iba encandilado por el resplandor del sol y al entrar, no pude ver en donde ponía el pie y fue así que me tropecé y caí sobre un montón de bultos huesudos y tibios que estaban echados en el suelo. Eran estos mis futuros compañeros, hervideros de gusanos purulentos que apenas podían respirar en aquel hoyo de arañas sobre el que jamás faltó la mano huesuda, opresora y cruel de aquel déspota Gobernador Político del departamento de Ocotepeque, llamado malditamente Julián Mejía h.

El piso de la celda era sin ladrillo y por lo mismo anfractuoso y húmedo. Su extensión geométrica tenía unos cinco metros de diámetro, dentro de los cuales se nos tenía como sardinas en lata a 45 procesados. Para dormir había que dividir el total en dos grupos. Uno de estos se echaba tendido, pero bien apretados los unos contra los otros y el otro grupo esperaba acurrucado lo más estrechado posible para que el que estaba acostado, descansara para que tomara su posición y descansara él.

En una de las esquinas de nuestro foso, hallábase el galón en que se aliviaban las necesidades fisiológicas. Para ponerse de pie y poder pasar a ocuparlo, había que pedir permiso al centinela de vista.

Si este asentía, el solicitante podía pasar; como si no, el infeliz tenía que aguantar hasta que cambiara el centinela que le había negado el paso y en este caso, si la necesidad era urgente, el hombre tenía que defecar entre sus compañeros, como sucedió más de una vez en mi presencia.

Todos sabemos que el presupuesto del Estado de Honduras es sumamente pobre, pero sabemos que por pobre que sea, siempre tiene sus partidas especiales para mantener el aseo de sus cuarteles y particularmente, de los presidios y centros penales de primera clase, como lo son el Castillo de San Fernando de Omoa y la Penitenciaría Central; sin embargo, Julián Mejía h, quien como Gobernador Político percibía aún sin derecho a ello, estos dineros, nunca nos dio una gota de creolina ni una escoba o un galón de los que nos servían de letrina. Si cuando el galón que teníamos en uso se nos rompía, nos exprimíamos nuestros magros bolsillos para comprar otro, bien hubiéramos podido chapotear nuestro propio excremento a vista y paciencia del que para tal fin percibía los dineros del Estado, sin que tal miseria le hubiera importado un comino.

El desastre de nuestro galón era nauseabundo hasta el grado de mantenernos con náuseas y para tanto más hediendo, cuanto que, al orinar, todos y cada uno dejamos caer una gotas fuera del trasto. Además, posiblemente por la mala alimentación muchos compañeros vivían enfermos del estómago; por consiguiente, a cada rato sucedía lo que ninguno quería hacer: destapar el galón, pues era realmente apestante. Este traste no era lavado sino cada 24 horas en que, negando vergüenza a la cobardía, amarraban del brazo al reo que debía llevarlo por las calles del pueblo hasta llegar al río; pero no se hacía esto, sino confiando en la seguridad del reo a la custodia de los soldados y de un cabo que llevaba, además de fusil al hombro, una verga de toro para verguear el cargador, si este daba muestras de querer fugarse.

Rayaban albas y se ponían soles y nosotros nunca tuvimos el placer de palpar sus rayos, pues Julián Mejía quien en Ocotepeque hacia veces de juez, de policía, de carcelero y de verdugo, no solo no pensó jamás en abrirnos las rejas para que saliéramos al patio a recalentarnos un rato, sino que, por el contrario, había ordenado que se nos mantuviera sentados en el suelo, callados e inmóviles. De manera que todo era prohibido para nosotros, por mandato de aquel vil esbirro. Las únicas dos cosas que no había prohibido que se nos consintieran, había sido de la que se nos diera de beber agua y que nos dejara respirar aquel vaho húmedo y caliente de aquella atmósfera que se formara en aquel ambientillo encerrado y sin ventilación en que nos mantenían.

¡Bañarnos! ¿Cómo? Solo pensarlo hubiera sido algo que si Julián Mejía hubiera adivinado a quien se le antojaba tal cosa, lo hubiera castigado con una paliza atroz, pues nunca daban agua siquiera para lavarse las manos.

Cualquier persona de allende las fronteras que conozca el negro historial de Julián Mejía h, podría creer que estas líneas son el producto de algún choque entre el autor y el déspota; pero cualquier hondureño que haya permanecido a larga distancia de él, puede corroborársele, pues la fama de sus horrores y crueldades se ha extendido por todas partes.

Más nadie vaya a decirle al ex dictador que aquel monstruo es un diablo. Una vez, ahító el pueblo de Ocotepeque de los abusos y bestialidades de aquel demonio, se reunió para pedirle en masa que les retirara de su departamento a aquel infame; pero lo único que lograron fue concitarse su odio y el tirano se exacerbo. Julián por su parte, al saberlo, redoblo sus horrores. Entonces el pueblo, que siempre ha sido soberano para los gobernantes de espíritu equilibrado y no para un tipo del carácter de Tiburcio Carías, recurrió al cuerpo diplomático para que en su nombre pidiera al dictador que se retirara de Ocotepeque a aquel troglodita; y nuevamente el pueblo de Ocotepeque se encontró con él ¡No! Rudo y cortante del dictador.

El desaseo individual era, como debía de esperarse en casos como en el nuestro, general, pues dormíamos sobre un colchón de húmedo polvo y lleno a saber de qué clase de extrañas bacterias. Nunca barríamos porque no teníamos escobas y aunque las hubiéramos tenido, creo que no hubiéramos podido usarlas por la excesiva aglomeración de gente. ¡Cambiarnos ropa! ¿Cómo? En cinco meses y medio que estuve aquí, nunca recuerdo haber visto que alguien lo hiciera, pues Julián lo prohibía. Al tercer día de mi arribo a este presidio, Julián Mejía, que blasona de ser un gran leguleyo, olvidando que yo no estaba sentenciado, hizo ponerme al tobillo una cadena gruesa de cuatro brazadas de larga.

La sarna y las llagas entre mis compañeros eran cosas de carácter común. Entre estos desdichados recuerdo a Rubén Zamora, campesino vigoroso a quien la escolta quien lo capturó por supuesto contrabando de aguardiente, le destrozó una rodilla a tiros. La herida ya había dejado de sangrar; pero le hedía bárbaramente. Realmente, solo un singular favor de la providencia divina pudo haber debido que no se le gangrenara aquella herida, pues careció de asistencia médica. Creo que lo que pudo haberle salvado de tal fatalidad, fue que el alcalde, conmovido de tanta desgracia, a espaldas de Julián Mejía le metía tres veces por semana, un cacharro de agua hervida con cascaras de quina. Valiente y aguantable, el hombre se pasaba por la herida una baqueta de madera encabezada por una mecha mojada en agua de quina. Nadie le vio quejarse, a pesar de que la perforación era bárbara.

Zamora pues, tenía más resistencia que un animal. Pareciera que nosotros, que solo le veíamos escarbase aquel hoyo purulento y sanguinolento, lo sentíamos más que él, que lo padecía, pues nunca le vimos ni siquiera fruncir el ceño. En nuestras celdas teníamos, además de Zamora, a Juan José Montúfar, joven campesino nativo del pueblo más turbulento de aquel departamento, como lo ha sido La Encarnación. El joven Montúfar había delinquido ciertamente; pero no había cometido ningún desacato a las autoridades que le capturaron, sin embargo, estas, que en Honduras siempre actuaron sin ninguna responsabilidad moral ni jurídica, lo tiraron cobardemente y le destrozaron una rodilla. Esta herida lo habría desangrado horriblemente y solo la providencia divina, como en el caso del señor Zamora, pudo salvarle la vida, pues no tuvo ninguna intervención médica oficial que tratara de salvarlo, ni siquiera se les quiso permitir a sus familiares que le llevaran médicos por cuenta de ellos. El joven Montúfar estaba tan debilitado que no podía moverse ni para aliviar las necesidades de su vientre. Entre nuestros compañeros había uno que por humanidad le ayudaba a moverse para tales menesteres. Conmovidos de la triste situación del joven, todos y cada uno sacrificábamos parte de nuestra parte para que permaneciera lo más tranquilo posible, pues era lo único que a su favor podíamos hacer.

Hay cosas que solo del cielo pueden bajar; la salvación de la vida de Juan José Montúfar es una de estas. Cuando a mi me llevaron a aquel infierno, Montúfar ya estaba purgando sus penas en él. No comía nada y así le vi en tal desgano durante los cinco meses y medio que estuve allí, razón por la que un año después que lo vi en la Penitenciaría Central, me sorprendí de su presencia.

El conjunto de mis compañeros se componía, en su gran mayoría, de gentes analfabetas; pero entre estos había uno que respondía al nombre de Raimundo Alvarenga, quien se singularizaba por su despejada inteligencia. Mundo, como se le llamaba en el seno de la intimidad. Frisaba en los 45 años de edad, y tenía una pierna inutilizada, de manera que para andar tenía que valerse de un par de muletas. Así, apoyado en sus dos muletas trabajaba en el campo para mantener a sus hijos y a su mujer, que los tenía y mantenía.

Julián Mejía sabía que Mundo a pesar de su impedimento, era un buen trabajador y en consecuencia, un día le dijo que él le sacara con la ciudad por cárcel, si le ofrecía ir a servirle de mozo a sus propiedades. Pero Mundo, que a pesar de su ignorancia tenía un elevado sentido de la dignidad personal, no aceptó. Desde entonces el feroz Julián lo aborreció y ordenó que lo metieran en el rincón más asfixiante de nuestra celda y que solo se le diera lo indispensable para que medio pudiera subsistir. Una vez, lo recuerdo con dolor, solo porque rehusó comerse unos frijoles agrios, lo sacaron de la celda para pegarle cinco vergazos. Así se complacía Julián y se ofendía a la razón, al derecho y a la justicia.

Vivir la vida es una cosa, conocerla, otra. Todos la vivimos pero la pasamos por alto. Yo no hubiera conseguido conocer un poco la vida si no hubiera sido porque aquí en la cárcel de Sinuapa me vi forzado a convivir con veteranos del crimen como Mardoqueo Espinoza, que era un tipo de carácter pendenciero y fanfarrón, quien blasonaba de haber dado muerte a varios hombres. Aquí también estaba con nosotros Santos Peraza, viejecito enclenquizo, por quien nadie daría un comino; sin embargo, tiene un historial de hazañas tan espeluznantes, que recogidos sus hechos en una sola obra, daría mucho placer leerlos a esas personas que gustan de leer cosas de carácter terrorífico.

He aquí a Carlos Ramírez Chinchilla, cháchara lenguaraz y mentiroso que, conociendo que todos sabemos que es más cobarde que un ratón casero, nos dice que ha tenido más batallas y combates que el propio Napoleón; solo que este tuvo un Waterloo y él jamás tuvo uno. Una vez tuvo un alegato con Mardoqueo Espinoza y fueron tantos los cargos de trampas y latrocinios que uno y otro hicieron, que acabaron por darse de patadas y mojicones, por tal motivo fueron extraídos de la celda para pegarle 10 vergazos a cada uno.

Julio Leverón, campesino del pueblo La Encarnación, tenía la razón extraviada. Todo el día lo pasaba sentado con la espalda apoyada contra la pared. No le hablaba a nadie. Con la mirada enturbiada observaba atontadamente el suelo. Él no había sido loco; pero un inspector de Hacienda y Policía lo capturó por una supuesta fábrica de aguardiente que le habían dicho que tenía; mas al obligársele a declarar el lugar donde tenía el depósito, el hombre no quiso decir nada, razón por la que los soldados le ciñeron un alambre en la cabeza hasta que le arrancaron un grito horrorosamente desgarrador; mas, queriendo hacerle sentir más la crueldad de sus tormentos, iban a ponerle un alambre en los testículos para colgarlo de ellos, pero el hombre en su desesperación, recordó que llevaba una pequeña cuchilla por debajo de la camisa y sacándola en menos tiempo que se dice, acometió al primer esbirro y luego al otro. Mató a uno y el otro huyó despavoridamente; pero mal herido.

Leverón había perdido la razón y había caído en tal letargo de tristeza, que el alcaide auxiliar de su pueblo lo capturó sin que el demente le opusiera ninguna resistencia. Entre mis compañeros había un abigeo quien me había conocido en San Pedro Sula y el que desde mi arribo a aquel presidio, me hizo objeto de todas sus consideraciones. Este ladrón respondía al nombre de Ricardo Paniagua Martínez. Nadie de mis compañeros podía hacerme cuestión sin que Ricardo no le saliera adelante. Ciertamente, yo nunca he necesitado que nadie me defienda, porque siempre he tenido el suficiente valor para jugarme el pellejo con cualquiera y dondequiera; pero yo se lo agradecí.

Recuerdo que las tres veces que se me sacó al juzgado, Ricardo rogó de por Dios al centinela, para que le diera unos cuantos cacharros de agua y poder lavarme las manos y la cadena que llevaba al pie, pues allí se me ponía excesivamente sucia.

EN EL PRESIDIO DE OCOTEPEQUE

Nadie que tenga conciencia de haber cometido una falta, se da por ofendido por las penas que le impongan, si cuando se le condena se hace con arreglo a la ley; pero cualquiera se resiente y con justicia, si los cargos que se le han formulado son aviesamente confeccionados con la malvada intención de aumentarle las penas que ya le atormentan. El caso mío es uno de estos.

En la fuga que me di después de haber dado muerte al señor Ceballos con la intención de ganar la frontera de la hermana república de El Salvador y eludir la justicia, se me atravesó la policía que trabajaba a la sazón de por donde yo quise pasar, siendo así que caí en sus manos sin hacerle daño alguno, pues ya dije que no llevaba ni un solo proyectil en la recamara de la pistola ni en los bolsillos; sin embargo, Julián Mejía fue tan desalmado, que por un golpecito que sacó en la cabeza el agente Juan Villanueva, no al echarme el guante, sino al huir de mí, ya que era el más cobarde de todos los agentes, me hizo proceso por amenazas a la autoridad.

¿Podría verse algo más infame que esto? Por cierto, no; sin embargo, aquel vil mamarracho surtió efecto, pues el señor juez de letras, licenciado Humberto Alanzo, me condenó por tal delito, a sufrir la pena de dos años ocho meses de presidio menor por amenazas al agente Juan Villanueva, y ocho años por presidio en la persona del señor Benjamín Ceballos.

Ahora bien, yo no condeno en ningún caso la actitud del Lic. Alonso, pues él, como sucede a todos los jueces, que jamás miraron a sus procesados en el campo de los hechos ejecutar el daño que se les imputa, nunca supo si era cierto o no aquella infamia de que se me hacía objeto, pues ya le dieron el tamal hecho y lo único que hizo fue, como buen partero, cortarle el ombligo al fenómeno que Julián Mejía parió.

La primera vez que se me sacó al juzgado quise meterme la cadena por dentro del pantalón, pero el alcaide me dijo que Julián Mejía ya había visto aquel deseo y que, en consecuencia, se había adelantado a ordenarle que no me lo fuera a consentir. De manera que lo único que me permitió fue que me la enrollara al hombro, pero por encima de la ropa. Hecho esto, ¡Qué bárbaro!, me ordenaron que me pasara los brazos por detrás para amarrarme los pulgares con un cáñamo y los brazos con un lazo. Así, bien maniatado, me ordenaron marchar con versión a la calle, seguido por dos soldados y un cabo que llevaba en la mano una verga de toro.

***

El dinero es la raíz de todos los males, se ha dicho; pero yo agrego que también de todos los bienes, pues si yo hubiera tenido dinero, a pesar de todas las intrigas del señor Margarito Pinto y de todas las triquiñuelas de Julián Mejía, yo no hubiera estado seis meses preso.

¿Qué me pedían todos los abogados y todos los leguleyos chanchulleros? Pues... dinero y más dinero. Los jueces y magistrados no lo piden de manera verbal; pero siempre están pronto a absolver al que sabe dárselos de manera prudente.

Es truco profesional de todo abogado llamar al juzgado al procesado que le ha dado poder para que le haga la defensa, so pretexto de hablarle de su asunto y en consecuencia de darle aliento, de llenarle el ánimo de prosperas esperanzas; pero a decir verdad, la libertad del procesado es lo que menos le importa al abogado; lo único que le interesa es pedirle dinero móvil único de su llamado. Si el desgraciado le dice que por el momento no tiene, pero que ya se lo dará su familia o que esta se lo llevara a su bufete, le amenaza con que si demora la llegada del dinero que pide, echara a perder las probabilidades de éxito que tiene su asunto.

El dinero llega por fin a sus manos; ¿pero el éxito ofrecido? ¡Casi nunca! Y es más: hay abogados tan sucios, tan innobles e inmorales, que jamás se ocuparon de ver siquiera someramente la causa del proceso de su procesado.

Cuando yo caí a la cárcel, me hallaba en la más completa lipidia y además, no tenía parientes ni un amigo en el lugar que pudiera prestarme dinero, mágico exorcismo contra todos los males. Pero con la esperanza de que me llegara algún dinero, se hizo cargo de mi defensa el licenciado don J. Octavio Chinchilla, quien no dejó pasar muchos días sin pedirme dinero.

Pero felizmente para él, en estos días y con procedencia de San Pedro Sula, me llegaron veinte lempiras que me giró mi tía Concepción Maradiaga, valor que le hice pasar inmediatamente.

¿Qué provecho saqué yo de esto? Por cierto, ninguno, pues sé de fuente fidedigna que el licenciado Chinchilla ni siquiera vio jamás el papel de mi proceso, pues sabía que yo no tenía dinero ni tenía quien pudiera prestármelo; sin embargo, sin el menor pudor, él tomó los veinte lempiras que sudando sangre arrancó mi adorada tía de sus pesadas labores domésticas.

Una palabra, un gesto, un signo o una actitud cualquiera basta para que un hombre comprensivo vea al punto la fisonomía moral de las personas que trata. Por este motivo es que jamás es que he tratado de averiguar la procedencia de la vida privada de Julián Mejía h., para relacionársela con su vida pública, pues para ver su retrato, solo basta echar un vistazo a su horrorosa cadena de acciones, pues en ella se ven al desnudo las horribles gibosidades de su alma, las desconcertantes atrocidades de su conciencia, que, a decir de un humilde compañero nuestro, es más negra que la visión espeluznante del infierno. No cabe duda que al tener que hablar de la conducta de Julián Mejía en su puesto de Gobernador Político del Departamento de Ocotepeque, el lector ha de creer que hemos perdido el objeto culminante de nuestra obra; pero al fin de cuentas habrá de comprender lo bien que sienta a las aspiraciones políticas de un pueblo que aún no ha perdido su fe en el ideal democrático, conocer el egoísmo y la estrechez mental de los pequeños tiranuelos que con podres omnímodos, sirven vilmente a los dictadores que la encadenan, aislándole y encerrándole en los más tenebrosos sistemas de oscurantismo, para que no conozca la luz de la libertad y trate de redimirse.

Queriendo el ex dictador salvadoreño, General Maximiliano H. Martínez, darle mayor desarrollo al comercio de su país con el de Honduras, asfaltó la carretera de parte de su capital para sobre el Goascorán, caudaloso río que hace fronteras con Honduras, e hizo construir otra carretera que saliera de aquella sobre Ocotepeque, pequeña ciudad de Honduras. Con tal motivo, los vecinos de esta ciudad se alegraron mucho, pues desde épocas inmemoriales, los pueblos del Occidente de Honduras han venido haciendo su comercio con aquel país y esta circunstancia venía a facilitarles más su transporte. Viendo, pues, que apenas faltaban dos leguas para que la carretera llegara a su ciudad, se reunieron los comerciantes más fuertes del lugar, así como también algunos agricultores los cuales fueron en grupo a decirle a Julián Mejía que había llegado el momento de que se pusieran de acuerdo para que hicieran aquellos ocho kilómetros de carretera que hacían falta para que hiciera su comercio en camiones con el Salvador. Pero Mejía les dijo, por única respuesta, que lo que andaban buscando era entregar el departamento a El Salvador. ¿Podrá creerse absurdo más grande que este? Por cierto, ¡No! Es decir, nadie que tenga conciencia de los derechos que asisten a un pueblo sobre su soberanía territorial, puede pensar que un municipio también sea autónomo para cambiarse de pabellón a la hora que quiera. Mas, séanos decir en honor de los vecinos de Ocotepeque, ídem de los vecinos del Occidente de la república, que estos no solamente no han pensado lo que Julián siente, si no más aún: aman a su patria Honduras y con altivez más sincera, noble y valiente que la fingida de Julián, donde quiera que van yerguen la frente para decir con soberbia orgullo: somos hondureños.

Realmente que hay bárbaros a quienes solo los regímenes de fuerza, que son, por su condición de violencia, los destructores de todo espíritu civilizador y por consiguiente, de conciencia, los únicos que pueden darles oportunidad de significarse, aunque sea en su forma ignominiosa a individuos, de la clase de Julián Mejía. Viendo el ingeniero don Alfredo Pinto y el P.M. don Miguel Villela Vidal, que la ciudad de Nueva Ocotepeque tenía necesidad de un colegio de segunda enseñanza, fueron donde Julián Mejía a hablarle sobre la conveniencia de que se construyera el mencionado colegio.

—Mequetrefes —estalló colérico— que en todo han de meter las narices. ¡No se está haciendo colegio en Ocotepeque; para eso están los colegios de Santa Rosa!, etc.

—Pero vea, don Julián, aquí hay muchos padres de familia pobres, quienes desean darles una formación profesional a sus hijos, pero no pueden sostenerlos lejos de aquí.

—¡No! ¡Nada de eso! ¡Ya dije que no se está haciendo colegio aquí en Ocotepeque!

Los señores Pinto y Villela sabían que a un tipo tan terco y tan poderoso como aquel, no había que andarle porfiando, porque era expuesto a que los afectara de alguna manera, pues el malvado es calumniador y la calumnia tiene grandes fuerzas cuando quien la maneja tiene el poder en sus manos. El único recurso que tenía a su favor, era ir en persona a Tegucigalpa, para pedirle al que en su tiempo sabía intervenir hasta en los asuntos privados del hogar hondureño.

Recién llegado al presidio aproveché una de las visitas que el Alcalde, señor Teodoro Arita, nos hiciera a la reja, para suplicarle que mandara a trasladarme unos libros que había dejado en el cuartel; pero el señor me contestó que lo sentía, porque tenía orden de don Julián Mejía de no permitir que se le entraran libros a los reos. Entonces le rogué que mandara a traerme algún papel; y me replicó que también estaba prohibido meterle papel para escribir a los reos. ¡Qué bárbaro! ¿En qué escuela se educaría este genízaro? ¿Sería con Juan Manuel Rosas? ¿Con Gaspar Rodríguez de Francis? ¿Con Juan Vicente Gómez o con algún vil totalitario europeo como Pepe Stalin, Adolfo Hitler o Benito Mussolini? ¡No! Con ninguno de ellos. Estos son esbirros por vocación a quienes el maestro Carías ha ido recogiendo de uno en uno y a quienes ha ido ascendiendo en dignidad; según los servicios prestados, no a la patria, sino a la seguridad de su perpetuidad en el poder por medio de la crueldad y el terrorismo. Gracias sean dadas a Dios que durante mi permanencia en aquel lóbrego presidio, no tuve familiares que anduvieran rondando llorosos, como ocurrió a muchas madres, muchas esposas y muchos hijos que inútilmente porfiaban, lloraron e implorárosle a Julián Mejía para que los dejara ver siquiera un minuto a sus parientes, sin lograr por ello conmover con su llanto, el corazón de aquella infame hiena.

De los alcaldes que sirvieron bajo la potestad de Julián Mejía, no puedo decir una palabra que desdiga el anhelo que tuvieron de servir con el corazón a los reos, pues don Teodoro Arita no obstante ser un hombre ignorante y de maneras rudas, dejaba presentir sus deseos de hacernos menos dura y opresiva la vida, pero estos nobles anhelos se ahogaban y disolvían en su conciencia al conjuro de la vil presencia de Julián Mejía, que allí lo tenían sobre las espalda día y noche. Y en cuanto al joven Carlos Mejía, también debo decir que era un sujeto de excelentes condiciones morales. Yo sentía, por un efecto reflejo de conciencia, que él sufría al negar permisos a las madres para que entraran siquiera un minuto a ver a sus hijos. Pero su necesidad de conservar su empleo siempre le obligó a ahogar las voces de bondad de su conciencia y muchas veces para no hallarse frente al caso, eludió la presencia de una mujer suplicante.

Así las cosas, el tiempo, la vida, la visión fugaz de la existencia que llega, se detiene... se detiene... si... se detiene así como ahora se había detenido la mía en aquel foso lúgubre con olor a mugre, a orines y a excremento humano. Caían las tardes bajo las sombras espesas de las noches que sucedían a los días y rayaban albas y volvían a ponerse los soles y yo siempre en aquel encierro, mirando siempre las mismas caras, el mismo aspecto lúgubre de aquellos reos escuálidos de rostro desencajado, cubiertos de harapos sucios y con los estómagos vacíos. Nadie se ponía de pie; nadie hablaba en voz alta; era prohibido reírse, contar chistes que pudiesen hacer olvidar a los compañeros el dolor de la opresión en que se nos mantenía. Pero así como un día nuestra mala suerte se ha detenido en la niebla pavorosa de un abismo escabros para sernos expiar alguna culpa, otro día vuelve la buena para darnos el empellón y sacarnos del paso, una tarde del 21 de julio de 1940, vi que los harapientos soldados que nos hacían la guardia se desplegaron en línea tiradores frente a nuestras rejas y que el alcaide, señor Carlos Mejía, llegó abrir las rejas y a ordenarle a Ricardo Paniagua y a mí, que saliéramos afuera. Aquí nos esperaba el herrero, quien comenzó por quitarme la cadena a mí y después a Ricardo. Cuando ya estuvimos dentro de la reja, el propio alcalde leyó la lista de los que a las cinco de la mañana del día siguiente debíamos de estar listos para marchar hacia la Penitenciaria Central. Esta notificación, en la que se enumeran doce procesados, arrancó un grito de alegría del corazón de todos los favorecidos, la mayor parte de los cuales, creo que no dormimos la noche por estar pensando en las vicisitudes del viaje.

VIAJE POR CORDILLERA HACIA TEGUCIGALPA

Rayaba el alba del 28 de julio, cuando el consabido aparato de hombres armados que desplegaban en línea de tiradores contra nuestra reja, se organizaban nuevamente para esperarnos fuera de la celda y comenzar a amarrarnos. El alcalde abrió la reja y comenzó a llamar de uno en uno a los individuos a quienes había ordenado el día anterior que se alistaban para el viaje a aquella hora. El recordado abigeo Ricardo Paniagua, que me estimaba tanto, se esforzó hasta lograrlo, porque el alcaide lo amarrara conmigo, pues deseaba ir a mi lado. Dichosamente el joven jefe no era nada malicioso y lo satisfizo.

Ya me habían amarrado de los brazos y se disponían amarrarme de los dedos pulgares, cuando doña Tancho Reyes y su hija, profesora Margarita Chinchilla, llegaron y suplicaron al alcaide que les permitiera darme una taza de café que me llevaban, atención que, como a todas aquellas que siempre supieron distinguirme, habré de agradecérselas siempre. Serían las cinco y media de la mañana, cuando doce reos íbamos atravesando la plaza de Sinuapa con los brazos y los dedos bien ceñidos por las cuerdas con que Julián Mejía había ordenado que se nos atara; y no obstante esto y que íbamos prácticamente abrumados por el peso de nuestras propias maletas llevábamos el espíritu levantado y el corazón pletórico de alegría.

Tenía cinco meses y medio de vivir forzado a permanecer acurrucado en aquella estrechísima celda de la que Julián Mejía no quiso sacarnos al sol y sin duda el sudor de los pies y la humedad del suelo, había desintegrado el cuero de mis zapatos, de manera que horas después de haber emprendido la marcha sobre aquellos lodazales que se extendían sobre nuestros caminos, se me despedazaron; pero felizmente llevaba dos pares mas en mi maleta y pude cambiármelos.

Razón había de sobra para que se nos lastimaran los pies y nos sintiéramos con el cuerpo demolido durante el viaje que hacíamos a pie.

Sin duda el que sirve al cruel es cruel. Servido y servidor se amalgaman de tal manera, que con el tiempo llegan a confundirse en un solo ser.

El coronel Calderón, director de policía de Ocotepeque, era el reflejo vivo del señor Julián Mejía, quien lo utilizaba de conserje y de guardaespaldas; pero también sabia darle otras consignas horrorosas que aquel crótalo cumplía al pie de la letra. Esta vez le había dado la comisión de llevarnos maniatados hasta que Fueramos entregados al inspector de hacienda y policía que nos recibiría en la frontera de Ocotepeque y Gracias.

La orden fue bien cumplida, pues el señor Calderón quiso que nosotros, que de tan mala manera íbamos amarrados y a pie, caminásemos acompasando su caballo. Así que hizo que hiciéramos jornadas de doce horas diarias y en muchos casos, parece increíble, no quería que nos detuviéramos para tomar agua. En los pocos días que estuve en Ocotepeque no recuerdo haber ofendido al señor Calderón; sin embargo, iba empeñado en hacerme cócora. Naturalmente que amarrado como me llevaba, sí que iba en condiciones de poder probármelo.

Cuando pasamos un caudaloso río que probablemente hacia la línea divisoria de aquellos dos departamentos de mi querida patria, nos encontramos con una escolta comandada por el coronel don Isauro Reyes, quien profundamente conmovido por la manera grosera como se nos llevaba, nos recibió con los brazos abiertos. El coronel Calderón le preguntó a nuestro nuevo jefe, que si llevaba lazos y cuerdas para amarrarnos.

— No, hombre —le replicó con ánimo lastimado— sería una grosería hacerlo.

—Muchachos —continuó diciendo el coronel Reyes— ahora que son míos, ustedes irán sueltos; ustedes se merecen toda nuestra consideración; sí, toda nuestra más alta consideración, porque si les brindamos esta a los extranjeros, que son extranjeros, ¿Cómo no se las vamos a brindar a ustedes; que son nuestros compatriotas, hondureños nuestros de estas tierras que pisamos con orgullo y que en un momento dado, juntos defenderemos con valentía?

Así, pues, caminamos como hombres confiados en la seguridad personal que nos ofrecía otro hombre que hacia la autoridad, no la bestia. Cuando llegamos a San Juan Triste, pequeño pueblo del departamento de Intibucá, Ricardo Paniagua vio que la celda en que se nos había encerrado para que pasáramos allí la noche, tenía una claraboya fácil de ser ampliada y señalándola, me dijo que aquella era la puerta de nuestra libertad y que en mis manos dejaba la decisión. Realmente que a mí me hubiera agradado hacerlo; pero me sentía molido y con los pies enteramente destrozados; de manera que hubiéramos fracasado en cualquier tentativa de evasión que hubiéramos hecho, por cuya razón le dije que mejor nos echáramos a descansar, para que al día siguiente reemprendiéramos la caminata con nueva fuerza. En cada pueblo a que llegábamos para pasar la noche, el jefe de nuestra guardia ordenaba a los alcaldes respectivos que organizaran escoltas con vecinos de sus municipios, para que nos hicieran la guardia en tanto que ellos descansaban o dormían. Los habitantes de los pueblos que atravesamos, nos mostraron su hospitalidad y su carácter caritativo, pues además de que nos vendieron comida allí donde la pedimos, nos vendían sin usura; y hubo caso en que algunas mujeres bajasen de los collados con canastas de dulces queso y tortillas, para regalarnos su contenido. Llevábamos ya nueve días de caminar ininterrumpidamente, cuando llegamos a Siguatepeque.

En Siguatepeque, a pesar de que sus hoteles abundan en comida, nosotros no pudimos conseguir cena desde la cárcel, agregando a esta deplorable desventaja, la de que nuestra celda estaba llena de excremento humano y sus autoridades, sabiéndolo, no trataron de hacer u ordenar que se hiciera el aseo. Al día siguiente que partiríamos para Tegucigalpa, corrió el rumor de que seguiríamos la marcha a pie. Esta noticia nos abrumo un poco, pues ya llevábamos los pies molidos y ya puestos en Siguatepeque nos habíamos hecho la ilusión que de aquí se nos levantaría en un camión hasta ponernos en la capital. Comentando estábamos con angustia tal adversidad, cuando oímos que frente el viejo cabildo que hacia nuestra cárcel se detuvo un camión. Nuestro corazón dio saltos de alegría porque todos supusimos que iban a sacarnos; y efectivamente, poco después abrieron nuestra reja para amarrarnos de los pulgares y mancornarnos. Hecho lo cual se nos sacó a la calle y frente al camión se nos ordenó abordarlo.

Como era de esperarse, no hicimos el trayecto sentados cómodamente en mullidos asientos sobre los que hubiéramos podido movernos al ritmo cadencioso de un suave vaivén; pero de caminar maniatados bajo un sol sofocante, con una maleta en las espaldas, subiendo y descendiendo cerros y montañas para atravesar valles llenos de polvo o cruzar vaguadas fangosas, esto de viajar en aquella plataforma de hierro, mancornados de pulgar a pulgar con otro compañero y atados todos juntos como bestias feroces, resultaba, a pesar del horrible zangoloteo de aquel camión que nos hacía darnos de cabezazos unos con otros, algo así como viajar en un Mercedes Benz, (marca del carro más lujoso del mundo).

MI LLEGADA A LA PENITENCIARÍA CENTRAL

Empezaban a acentuarse las primeras sombras de la noche, cuando nuestro camión se detuvo frente a la Penitenciaría Central (procedente desde Ocotepeque). Al apagarse el motor del camión, el motorista se bajó y se dirigió a saludar con todo respeto a un tunco amputado de una pierna, a quien llamo Coronel Sarmiento y quien para andar lo hacía sobre dos muletas.

Cuando nuestra guardia puso pie en tierra, el Comandante de Guardia de prevención del Penal ya nos había hecho rodear de soldados. El jefe de nuestra custodia entró a la guardia para entregarle al Comandante la nota de remisión. Hecho lo cual volvio a salir, abordo el camión y este reemprendió la marcha.

Un empleado del penal nos hizo formar y tomando la lista en que venía anotado el nombre de cada uno de nosotros, ordenó que pusiéramos atención porque iba a leer nuestro nombre y que el llamado debía contestar "presente" para ver si la lista estaba de acuerdo con los allí presentes. Efectuado esto, ordenó que pasáramos al registro, el cual estaba a la derecha de la entrada de la guardia. Aquí se nos ordenó que nos desnudáramos para registrarnos muy minuciosamente. Mas los esbirros no daban crédito a lo que veían, pues nos ordenaron que abriéramos la boca, que alzáramos los brazos y finalmente que nos abriéramos de piernas para ver si no habíamos anidado algo en el recto. En tanto que unos esbirros hacían esto, otros estaban estirando trapo por trapo, para ver si traíamos ametralladoras o granadas de mano.

Cuando el tunco del que ya hablé oyó mi apellido, me preguntó si yo era de los Sanabria de allí de Tegucigalpa y le repliqué que sí; quiso saber cuál de ellos era mi padre yo lo satisfice diciéndole que Mariano.

—Ve, Carlos —dijo sorprendido— este es hijo de Mariano Sanabria; pero el aludido no hizo caso de tales niñerías pues se estaba metiendo la nariz en las maletas de mis compañeros. Yo llevaba algunos libros que había percibido en el camino, pero no me dejaron pasarlos.

Pasado el registro de la guardia de prevención, se nos dio traslado al registro de la guardia de cárcel, donde, entrenados para tales oficios por el mismo maestro, nos sometieron al mismo riguroso registro.

Desnudo me tenían aquí, cuando me encontré con un joven llamado Rafael M. Chávez h., sujeto a quien había visto en San Pedro Sula en varias ocasiones. Chávez estaba aquí de reo; pero según la organización del penal de Víctor Carías Lindo, había aquí empleos para reos de confianza suya a quienes a cambio de su mayor o menor servilismo, les daba mando sobre los demás reos y una infinidad de gollerías más que les llenaba de dinero. Chávez, por caso, estaba de apuntador. Después de Cesar T. Fúnez, era Chávez el único reo que podía llenar de dicha o de angustias y miserias a quienes deseara favorecer o perjudicar. Cuando el diario El Cronista informó al público que en la Ciudad de Nueva Ocotepeque el Señor Salomón Sanabria había dado muerte al Señor Benjamín Ceballos, Chávez informó a Cesar T. Funez que él me conocía, y el interpelado le dijo que yo era primo hermano suyo. De manera que cuando me vio en el registro, me dijo que allí estaba Don César.

—¿Cuál César? —le pregunté extrañado.

— César T. Fúnez —replicó.

—¡Ah, sí! Él es primo mío —dije afectuosamente a mi interlocutor.

Después que se nos registró nuevamente y que Chávez nos había preguntado las generales de ordenanza, se nos hizo pasa al patio general. Cuando nos hallábamos aquí Chávez me llevó a uno de los corredores adonde mi primo César T. Fúnez estaba descansando en una silla-hamaca.

Hacía cuatro años que pasando por La Ceiba (el puerto más bello de Centro América); supe que este noble pariente mío estaba preso en aquel presidio, y fui a verlo. Decididamente, hacía tantos años de aquello, que no me cabía pensar que todavía estuviera preso; y sin embargo, allí le tenía con doce años encima por una imprudencia temeraria.

César T. Fúnez era un tipo de alma candorosa. Como amigo era sincero y bueno como el que más; pero como enemigo era implacable. La pureza de su sinceridad le hacía exigente en cuanto a la lealtad para con los amigos; por esto era que cualquier signo de desdén o de infidelidad que él notara en ellos para con él, les hacía volverles las espaldas para toda la vida.

Siendo joven (24 años de edad), Cesar se hallaba preso en el presidio de La Ceiba, y al notar la injusticia o brutalidad inmotivada con que el alcaide les trataba, insurreccionó a los reos, asaltó la guardia, y tuvo la plaza en sus manos por seis horas. El Comandante y Gobernador Político del departamento que, según dicen el primero era el general Díaz Zelaya y el segundo el de igual grado Ingeniero Williams, se vieron sorprendidos. Pero César a la sazón estaba demasiado joven y por su impericia para organizar un verdadero movimiento revolucionario, se limitó únicamente a escapar, dejando en sus plazas a los jefes legales. Su compañero Manuel Durón, personaje que no media cinco pies de estatura, pero de valor temerario, se asiló en la Embajada Americana, más cuando supo que el Doctor Paz Baraona había arreglado con la Embajada que se lo entregaran y los hicieran pasar por las armas, se suicidó.

Sin embargo, como Cesar siempre supo inspirar confianza a quienes le trataban, el entonces constitucional Presidente de la República, General Tiburcio Carías Andino, lo nombró Jefe Expedicionario del Departamento de Atlántida, en donde chocó con el Presidente chiquito, como se le hacía llamar entonces el Comandante de Armas de aquel departamento, General Solís. Megalómano, soberbio y autoritario, dicho señor jamás podía ver con afecto a aquellos empleados del gobierno o ciudadanos particulares, que no pasaban de rodillas junto a él. César, que siendo jefe expedicionario de aquel departamento, nunca le dio novedades ni le anduvo rindiendo pleitesía ni diciéndole que el era su protector, se concitó su odio; y como el General Solís tiene una alma tan vulgar como para no desperdiciar la menor niñería y echarle todo el lodo que puede a los que alguna vez lo han resentido, un día César se metió a un cabaret, que dicho sea de paso bebió hasta el embrutecimiento. En tal estado se hallaba, cuando una meretriz fue a sentárseles en las piernas y como aquel andaba con una escuadra calibre 45 en la cintura, la hetaira, que no andaba menos borracha que él, le sacó la escuadra de la vaina y apuntó de broma a otra meretriz. César intento arrebatársela pero la escuadra se disparó, yendo un proyectil a matar a la otra prostituta.

César hubiera salido absuelto por imprudencia temeraria, que no era otro su delito, pero como en tiempos del presidente chiquito, este hombre hacia veces de legislador, de juez, de comandante de armas, de gobernador político, de policía, de carcelero y de verdugo, hizo que se condenara a César a sufrir once años de presidio mayor.

Helo ahora y aquí, pues, recibiéndome con los brazos abiertos. Inmediatamente que me vio se puso de pie y me llevó a la cocina para ordenarle al cocinero que me preparara una buena cena.

Después que hubimos cenado, un presidente nos llamó a gritos para que se nos repartiera en las bartolinas, según el delito de cada uno. El joven Chávez, encargado de hacer tal distribución, me dijo que la mejor celda del penal era la número 11; pero a esta nadie iba si no por mandato del Director (General Víctor Carías Lindo); pero que mientras conseguía la autorización para alojarme en ella, me colocaría en la celda número 5, a donde si no habían reos muy aseados, al menos era una celda tranquila.

Hacía mucho tiempo que yo venía anhelando encontrarme con elementos intelectuales que pudieran enseñarme el camino del conocimiento y ahora que entré a la celda número 5 y vi que en ella estaba un hombre echado supinamente leyendo un libro, creía haberlo encontrado. Este hombre respondía al nombre de Rogelio Barrientos.

A las cuatro de la mañana del día siguiente, el encargado de la celda me dio un sacudón para que me despertara y me levantara. Yo quise quedarme sentado en la tarima que se me había dado la noche que llegue; pero el hombre me dijo que tenía que salir, porque era prohibido permanecer adentro.

Al salir al recinto no hallaba donde sentarme, pues estaba apretado de gente. Ciertamente, siempre creí que en la penitenciaría podría haber mucha gente, pues es el lugar donde se reconcentran todos los reos sentenciados de la república, pero la realidad había sobrepasado mi suposición. Ahora estaba viendo algo extraordinario, algo fenomenal. Me estaba sintiendo apretujado por un torbellino humano que me envolvía físicamente entre las ruedas de su turbión.

De veras que sí. No creía lo que estaba viendo. Los hombres no hallaban para dónde hacerse para franquearle el paso a los que querían pasar. Y aún no había salido del asombro que este espectáculo me había provocado, cuando oí que el chasquido de un látigo, restallaba cruelmente en las espaldas de a saber qué desgraciado. Todos los ojos miraban aterrados hacia el lugar donde el verdugo tenía su látigo en acción, cuando el mismo seco golpetear nos llamó la atención en otro punto del recinto. Esto no era todo. En aquel momento oí que unos cuatro látigos restallaron sincrónicamente en distintos lugares del recinto. Y es más; vi que los esbirros, después que vergueaban a los hombres, se quedaban paseando con aires de triunfo.

Nadie en Honduras puede creer que lo que aquí anoto es despecho o resentimiento, pues por las calles de las ciudades, pueblos y aldeas de la república, pululan centenares de ciudadanos quienes por delito común o por ideas, fueron víctimas de esta barbarie en tiempo de Víctor Carías Lindo y estos mismos ciudadanos anda predicando de palabra lo que yo digo por escrito.

El silbato manejado por los presidentes, era la voz de mando de que estos se servían para ordenar los movimientos de aquellas masas. A las cuatro de la mañana que todos salíamos al recinto, los reos buscaban la formación de sus compañeros de trabajo. A cada formación de grupo, ya fuera pequeño o numeroso, se le llamaba destino. Los destinos que eran más de 12 cuando yo llegué al penal, formaban en orden de salida, según el tiempo que debido a la distancia que tenían que recorrer para llegar al lugar de trabajo, invertían. Por caso, el destino de San Antonio de Leche, que quedaba como a tres leguas de la capital, era el que encabezaba aquel movimiento y el de la mora, que quedaba en extra muros del penal, iba a la cola.

Cuando esta historia se inicia, el patio general de reos estaba dividido en dos recintos. Al más pequeño de los dos se le llamaba Siberia; y al más grande el de Los Polacos. Para el lado de Siberia estaban las celdas de la 1—9. Pero al levantarnos los de esta zona todos debíamos pasar rápidamente al recinto de Los Polacos, donde todos y cada uno debía buscar su formación y pasar a Siberia en orden de Destino.

A Siberia se pasaba por un portón de acero donde estaba el Alcalde Sánchez rodeado de todos los presidentes, observando el movimiento de los reos que triste y cabizbajos todos llevaban su plato y su cacharro para que les dieran su miserable ración de comida en las cocinas, las cuales estaban ubicadas en dicha Siberia. Aquí abundaban los capataces y presidentes quienes estaban tan prontos a repartir vergazos a todo aquel que no estaba pronto a meter el plato o el cacharro o incurría en alguna infracción de la malla de reglamentos que ataban al reo.

Una vez que el individuo había recibido su ración debía regresar inmediatamente al recinto de Los Polacos y el que se entretenía un poco era arriado a fuerza de látigo. Sin duda el hambre, la desnudez y el látigo que implacablemente estallaba en las espaldas de los reos, hacía que el hombre prefiriera la muerte a seguir llevando aquella miserable existencia que allí se le daba, pues era realmente desconcertante la fría indiferencia con que el miraba cinco, seis y más muertos diarios, sin que se le viera conmoverse.

La causa madre de tanta defunción diaria no había que ir a buscarla a los libros de los científicos, pues estaba allí nomás en Víctor Carías Lindo. Los hombres eran obligados a trabajar aunque estuvieran enfermos, sus quejas de no hallarse aptos para el trabajo porque no estaban bien de salud, eran acogidas, en concepto del director, por pereza, y he aquí el látigo metiendo en calor las espaldas de los quejosos; de aquí que cuando los hombres caían desmayados y eran llevados a la enfermería, apenas si podían sobrevivir en un 75%, pues no solamente concursaba como causa de defunción la descuidada enfermedad de individuo, sino que los médicos no podían salvar enfermos sin medicina; además los frijoles sancochados y las tortillas duras, no eran ningún alimento para enfermos, enfermos de cuidado como aquellos.

Sin embargo a primera vista el centro no me pareció tan mal. Mi primo César estaba de presidente general de reos y lo que él hacía allí era santo y bueno para los demás. A principio yo no le daba tanta importancia a su posición; pero el Coronel Don Joaquín Palma, que también era reo, me había hecho observar el prestigio de la importancia de mi posición por mi parentesco con César.

LA MORA

No sabía yo que el hambre, la desnudez y la opresión brutal en su máximo grado, fuesen la causa generatriz de la cobardía, el servilismo y la corrupción moral de los hombres. pero ahora que había llegado al penal, había comenzado a comprender los efectos de toda tiranía, pues bastaba allí que cualquiera de los compañeros le oyesen a uno hacer algún comentario a cerca de la trayectoria de alguno de aquellos hombres que tenían todo el poder del penal en sus manos, para que corrieran a decirle al aludido, que uno había estado hablando mal de sus merecimientos; y como, ciertamente, la generalidad de los jefes eran hombres mediocres, ninguno de todos tuvo jamás la suficiente grandeza de alma para oír y perdonar; de aquí que bastaba que cualquiera corre—ve —y dile fuera a decirles que el fulano había dicho cualquier sutileza de ellos, para que la emprendieran contra los supuestos detractores con una hostilidad propiamente canibaliza.

Fue así que un día dije que el joven Rafael M. Chávez había sido un pobre muchacho; pero que por lo visto, iba en camino de mejorar cada vez más sus condiciones sociales, políticas y económicas, puesto que por de pronto gozaba de un empleo bastante preponderante en aquel medio realmente difícil a la conquista del bien. El chismoso no fue a decirle todo lo que yo dejo anotado, sino otra serie de cosas de las que talvez con razón el hombre se disgustó a tal grado, que dominado por su enojo, fue de noche a mi celda a preguntarme si era cierto que yo había dicho aquello. Yo le satisfice en cuanto me fue posible; pero estaba tan ensoberbecido, que se cegó hasta el extremo de dejar de tomar la mesa de la cocina de mi primo César, que se la obsequiaba. Sin embargo, a pesar de todo había en el penal una mano poderosa que me quería hacer medrar.

Al efecto, después de habérseme filiado, se me mandó al destino de las pilas de Comayagüela para que aprendiera el sistema de trabajo de ese destino, y pudiera quedar en sustitución del capataz que lo comandaba, pues ya estaba para obtener su libertad. Pero cuando llegamos al lugar, el encargado de ese destino, que no llevaba orden de ponerme a trabajar ni de hacerme, ni de decirme nada, comenzó a darme órdenes que tuve que reprobarle. El hombre se exacerbó; y formamos tal discusión, que si el cabo de la custodia no interviene, acaso hubiéramos terminado a golpes. Inexperto como estaba de la vileza de alma de aquellos hombres, yo creí que el asunto no pasaría de aquello; pero al llegar al penal, el capataz fue a decirle al alcaide, señor Luis Sánchez, que yo había dicho que él (el alcalde) no mandaba nada y que yo no estaba dispuesto a obedecerle; porque al único que debía obedecerle, era a Rafael Chávez. Cosas todas verdaderamente falsas, pues si se me hubiera ocurrido decir tales tonterías, jamás hubiera dicho que mi báculo era Chávez, pues aunque realmente pudiera serlo de cualquiera a quien él quisiera apoyar, jamás seria mío, pues ya me habían distanciado de él. Sin embargo, Sánchez ordenó que no se me sacara a trabajar, lo cual significaba desconsideración.

La noche que yo llegué al penal se me presentó un joven olanchano de carácter locuaz, que me dijo que se llamaba Gonzalo Paz García. Y como supiera que yo soy Sanabria, me preguntó que si era pariente de Luis Sanabria y le respondí que sí. Esto fue bastante para que comenzara a contarme una serie de aventuras de armas que él llevara a cabo con mi hermano Luis en el departamento de Olancho. Desde el primer momento comprendí al joven. Su situación en el penal era bonancible y le agradaba imitar los buenos ejemplos. El director le había hecho socio de una de las cocinas, y esta gollería le hacia un sueldo de cincuenta lempiras semanales, que para él que, como inspector de hacienda y policía no había pasado de ganar cuarenta lempiras mensuales; era fabuloso. Desde que Gonzalo Paz García me trató por primera vez, siguió buscando mi amistad. Día a día me pedía que fuera a trabajar con él a La Mora, destino del que era presidente vitalicio; pero mi primo César no lo quería y ya me había aconsejado que no me tratara con él, porque era un tipo demasiado corrompido; pero como estas son cosas que no se miran por encima, yo no podía creerle y seguí consintiendo que llegara a mi celda y hasta que durmiera en mi tarima.

Así las cosas, yo ya no hallaba que hacer en aquel encierro, pues la visión azul de los campos es algo que aunque uno lleve a las espaldas un par de esbirros que le manejan despóticamente, devuelve al espíritu sus fuerzas perdidas en la opresión y el encierro. Algunos compañeros de aquellos que no salían a trabajar porque en el interior del penal desempeñaban algún trabajo, trataban de hacerme olvidar la prisión con el cálido afecto de sus amistades; pero esto no tenía el cambiante atractivo que presentan las cosas que pasan frente a nosotros con caras distintas, con imagines diversas y que cada una de todas van modificando las impresiones que nos han dejado las que les anteceden y que al final de todo, nos hacen felices.

Cuando Chávez me dijo que ya no iría a trabajar a las pilas de Comayagüela, supe el motivo por el cual no se me enviaba y en el primer momento pensé hablarle al alcaide sobre el asunto, pero comprendiendo que yo tenía conciencia de no haber hecho mención en nada a cerca de aquel señor, me consideré desobligado a presentarle excusa; sin embargo, no pudiendo resistir por más tiempo la acción aplastante de aquel ambiente lleno de egoísmo, de servilismo de intriga y de maldad, me vi obligado a humillarme. El hombre me hizo los cargos de aquel infame le había llenado la cabeza, pero siempre dio la orden de que se me echara a trabajar como capataz de La Mora.

La Mora era un plantel anexo a la Penitenciaría donde día a día se labraba la piedra con que se adoquinaban las calles de la capital. La situación geográfica del lugar mataba la esperanza de tener éxito en una tentativa de evasión, pues se acodaba dentro del ángulo interno de tres torreones del penal; y hacia el occidente de su situación, que era el lugar por donde no había torreón, le amurallaba el viejo edificio de los juzgados.

Por la seguridad que todas estas circunstancias podían ofrecer a la vigilancia, era La Mora el único destino a que se podía mandar a trabajar a los reos que estaban por asesinato y a aquellos otros que, como José Ángel López Salvador, Cirilo López Carbajal y otros más, estaban condenados a más de treinta años de presidio mayor. Mas este destino no se limitaba únicamente a prestar tales seguridades a la guarda de reos peligrosos, sino que también era lugar destinado para atormentar reos.

Viendo yo tales flagelos, con mucha frecuencia me acordaba de don Quijote de la Mancha, cuya obra no pasa de ser una novela más para lo simple, pero no para los hombres reflexivos, quienes encuentra en ella vastos principios de justicia social y que hay que aprender y practicar. Miguel de Cervantes lleva a tal grado su concepto del derecho a la libertad, siente tal culto por el respeto que debemos a sus fueros sagrados, que debajo de la careta de don Quijote, no consiente que Dios ni los hombres cometan en su presencia un acto de violencia contra la dignidad de un ser indefenso, como es el de azotar públicamente a un reo; sin embargo, el general Carías y por intermedio de su esbirro Víctor Carías Lindo, lo hacía allí al lado de los juzgados, a vista y paciencia del Foro Nacional, sin que entretanto abogado que presenciaba tanta injusticia, pudiera uno solo, no para que la emprendiera como otro don Quijote, lanza en ristre con el esbirro que despellejaba al pobre reo, sino para que hiciese un llamado a la conciencia de los representantes de la cordura nacional a fin de que pudiesen asociar sus talentos, sus simpatías, su fuerza y sus capitales, para redimir a su pueblo de tanta opresión y barbarie.

Entre los trabajadores de La Mora había un idiota a quien se tenía preso sin proceso desde hacía siete años (estamos en 1941), por el solo hecho de suponérsele autor del hurto de un chivo del general Carías. Zumba, como se le apodaba en el penal al idiota, era el hombre más glotón del centro; pero también era el más fuerte. Nadie aquí era capaz de rivalizar con él en fuerza y para el trabajo era tal su tesón que jamás hubo quien pudiera cansarlo en largos y pesados ejercicios. Carías Lindo conocía las virtudes del idiota y como sabía que el secreto de su grande fuerza física estaba en que se le mantuviera con el vientre lleno, había ordenado a los cocineros que siempre le dieran de comer hasta el hartazgo, pues lo utilizaba como arma de tormento.

Sin embargo, no obstante que en el penal había comida para que Zumba, instrumento de tormento de director, comiera hasta el hartazgo, no había para que los hombres de mentalidad normal, quedaran siquiera poco menos que llenos. Carías Lindo sabía esto más que nadie; pero a nadie le perdonaba fuera decir que aquellos hombres estaban muriéndose de hambre. Aquí todos los reos sabíamos lo que se les hacía a los que se atrevían a decir por carta o de palabra que allí se pasaba muerto de hambre; sin embargo un día la señorita Camila Sibaja, fue a visitar a su hermano Miguel y este, que pasaba una de esas hambres que hacen al hombre perder el juicio, se aventuró a decirle en visita que le llevara comida, comida y más comida, porque allí se pasaba muriendo de hambre. El quejoso no disfrutó del placer de sus cinco minutos de visita, pues inmediatamente se los suspendieron y se lo llevaran a la celda de los presidentes, en donde el presidente de recinto, como quien venga una ofensa hecha a su madre, fue viéndole, le tomó por el cuello y le gruñó furioso:

—¡Ajá, pendejo! ¿Con que te estás muriendo de hambre? ¡He jé! —tomá hartate— díjole dándole tal trompada en la boca, que lo tiró al suelo. Pero esto no fue todo. Al verle caer al piso lo acometió a vergazos y a patadas. Cuando se cansó de darle como quien le pega a un elefante fue a darle parte a Carías Lindo de lo ocurrido y este ordenó a su vez que lo llevaran a La Mora para que lo echaran al tambo.

Tambo, dentro del argot del penal, no significa lo mismo que por tal cosa nos da a entender el diccionario de la Real Academia Española; en el penal se entiende por tambo, la media parte de esos cilindros de 50 o más galones en que la Texaco envasa gasolina. A quien en el centro se usaba mucho de esta clase de cilindro, ya fuera para la herrería o para urinales de las celdas, donde eran bautizados con el nombre de toros. El penal estaba lleno de tambos.

Pero donde se ocupaban más que en ninguna otra parte, era en La Mora. Aquí servían para acarrear cascajo. Los trabajadores encargados de botar los desperdicios de piedra, debían llenarlos; pero nunca se hacían en la forma grosera, como cuando había orden de atormentar a un hombre. Cuando un individuo había incurrido en una falta que querían castigarle con el tambo, le entregaban a Zumba.

El joven Sibaja fue conducido a La Mora por el presidente del recinto, quien lo entregó al presidente del destino, el señor Gonzalo Paz y le pasó la orden. Los encargados de llenar el tambo destinado a atormentar a un castigado, siempre eran avisados con tiempo anticipado para que lo cargaran con rapidez y hasta rebasarlo. Pero en el caso del nuevo castigado no había que trabajar mucho para verle aniquilado, pues ya venía vencido por la azotaina y la pateada que el presidente le había dado en la celda. Efectivamente, bastaron unos pocos viajes que a trote de camello le hiciera hacer Zumba, para que cayera abrumado. Pero el presidente de La Mora, señor Gonzalo Paz, quien siempre se adelantó a los deseos de barbarie del director y que por cuya razón este lo adoraba, creyó hacerle reaccionar a latigazos y lo agarró en el suelo a vergazos y patadas con tal furia, que todos creíamos que lo había matado allí nomás. Pero viendo que el hombre estaba inconsciente, ordenó a unos trabajadores que lo pasaran a la enfermería.

El trabajador de La Mora obedecía una disciplina tan estricta, que debía tener mucho cuidado para no incurrir en una falta. Cuando el individuo llegaba aquí debía pasar sin detenerse hasta llegar a su puesto. Al llegar, debía sentarse y no moverse de un lado a otro sin previo permiso de capataz; de manera que están tan bien definidas las líneas, que por cualquier parte o de cualquier punto que se mirara, se veían rectas.

Para repartir la piedra, Gonzalo Paz o cualquier otro presidente encargado del destino, llamaba a los grupos por secciones. La dificultad de estos movimientos la formaban los encadenados, pues los carriles formados para pasar, eran demasiados estrechos y al andar de un lado a otro, tenían que hacerlo manejando su cadena o grilletes, que siempre debían ser grandes y tres o más piedras entre los brazos, lo cual les hacía demasiado embarazoso el movimiento. De aquí que por mucho que se ladearan para darse paso sin golpearse, siempre se atropellaban.

Desde que los moreros llegaban al plantel, se agachaban y no volvían a levantar la cabeza, sino hasta cuando eran llamados para que fueran a traer piedra al montón, para que fueran a entregar la que tenían ya labrada o cuando ellos pedían permiso para ir a aliviar alguna necesidad fisiológica; por lo demás, allí no se miraba más que una tolvanera de polvo blanco que les llenaba los ojos y las narices y el bullón ensordecedor del cincel y del martillo. De repente se miraba uno que otro compañero retorciéndose de dolor. Era que algún otro penado había dejado caer sus piedras, y le había golpeado un pie o una mano o le había destrozado un dedo de cualquier extremidad, o que algún otro trabajador, reventándole cantos salientes a su piedra con el martillo, había hecho saltar alguna china y que por mala suerte le había ido a pegar en el ojo. De aquí que muchos trabajadores perdieron dedos y ojos que ya nunca más volverían a reponer.

La Mora era la pila de bautismo del penal. Aquí había que aprender por fas o por nefas a manejar el martillo y el cincel y también a tallar preciosas piedras. Una semana era el tiempo que Gonzalo Paz, presidente vitalicio de La Mora, daba de plazo al neófito para que entregara tarea. Ya cuando uno tenía tres días de estar aprendiendo y no daba esperanza de adelantar, comenzaba el esbirro a reprender al aprendiz con acres amenazas. Con tales represiones, el nerviosismo empezaba a hacer sus estragos en el ánimo del iniciado y por consiguiente de hacerle perder el pulso y a quebrar las piedras; piedras en las cuales había perdido dos o más horas de esmerada dedicación y trabajo, para que le saliera un adoquín bien hecho; pero toda su recompensa la encontraba en una media docena de latigazos seguida de un sermón prostibulario, como era el usado por el referido Gonzalo Paz, para todos los que servían bajo sus órdenes.

PERSONAJES FAMOSOS EN LA PC

Cuando de improviso el hombre es arrojado en medio de esas grandes aglomeraciones humanas, se siente desconcertado. Al principio se siente como envuelto entre las redes de un recio torbellino, donde le cuesta gran trabajo orientarse, descubrir el verdadero carácter de los que dirigen la función orgánica del lugar y es más: descubrir el peligro de las condiciones morales de los que sin conocerle en lo personal, se le acercan para tratarle y descubrirle hasta su más íntimos pensamientos, para tratarle para luego darle malévolas interpretaciones.

Los reos no eran malvados; pero Víctor Carías Lindo los había corrompido. Después que comenzó a tiranizarlos injustamente, empezó a temer imaginarias insurrecciones, y a tener que congraciarse con aquellos elementos que supuso con una alma similar a la suya, para que estos se encargaran de ver que hacían y decían los reos; que era lo que pensaban hacer. Estos, como era de esperarse, en sus generalidad eran hombres de condiciones sumamente vulgares, incapaces, de suyo, de promover una empresa audaz y temeraria que le franqueara los muros de aquel penal y como lógica consecuencia, los de la casa de piedra, cuyo único habitador se proyectaba entonces en la conciencia nacional como un doloroso eclipse en el universal anhelo de libertad.

Sin embargo, entre tanto bandido que andaba allí en torno de los hombres más reflexivos y con fama de valientes para ver que decían de la conducta del director y sus esbirros, había uno que otro virtuoso que se encargaba de recomendarle a uno que no fuera a censurar el régimen y que se cuidara de lo que hablara en presencia del fulano y del mengano, porque eran individuos de lengua peligrosa.

Al principio yo no le di importancia a estas cosas, pues las miraba demasiado pequeñas para ocuparme de ellas. Era realmente niño y lo único que me interesaba era hallar en todo el centro penal algún reo que tuviera buenos libros y que quisiera prestármelos; pero no lo encontraba.

Un día que yo iba para el baño de Siberia alcance a un señor que iba con una toalla al hombro.

—¿Va usted a bañarse? —dije al sujeto dándole una palmadita al hombro.

—¡Oh, sí! —contestó girando la cabeza sobre sus hombros para ver quien le hablaba con tanta confianza.

—¿No quiere usted que vayamos? —continuó diciendo con amabilidad.

—¡Claro que sí! —fue mi respuesta—. Para allá voy. Esta circunstancia nos dio por presentado. Yo le di todas mis generales y él las suyas. Me dijo que se llamaba Augusto Villafranca; que era profesor de instrucción primaria y que por de pronto daba clases a los niños delincuentes que estaban recluidos en las cuadras para soldados. Esto dio margen a una conversación de enormes tirajes y quise aprovechar aquellas circunstancias para sugerirle que ya que él estaba cerca del director, le dijera que nos diera una celda para poner una biblioteca y que a su vez nos permitiera dirigirnos por carta a la prensa, suplicando a sus directores que nos ayudaran a conseguir libros para nuestra biblioteca.

Pero al oírme mi interlocutor, se río de la sinceridad de mis anhelos.

—¡Ja, ja, ja, ah Sanabria! —me dijo riéndose desconsideradamente de mis aspiraciones—. El día que usted conozca de cerca al general Víctor Carías Lindo, continuó diciendo, descubrirá al genízaro, quien se cree obligado a incendiar cuanta biblioteca encuentra a su paso. A este hombre jamás hay que hablarle de esas cosas nobles y elevadas.

De lo único que entiende es de trabajo, trabajo y más trabajo, de látigo y más látigo, que esos son sus naturales elementos. Su escuela solo ha sido el trabajo rudo. Por consiguiente si usted se pone a decirle o hablarle sobre las conveniencias de fundar bibliotecas, de alfabetizar a los reos y de todo aquello que tienda a levantar el nivel moral del hombre, se expone a que lo califique de loco y que lo mande a escoger piedras con los alienados que tiene debajo de la galera de la hortaliza.

Con los días, estando en la celda No. 5, fui descubriendo el carácter y el pasado de dos hombres que allí mandaban por sobre la voluntad o el poder del encargado de la bartolina.

Uno de ellos responde al nombre de Joaquín Palma Salinas y el otro, al de Rogelio Barrientos Zavala.

El primero mandaba políticamente a través del carácter de violencia del segundo, quien a pesar de su carácter turbulento y pendenciero, se dejaba mandar por la manera suave como aquel lo predisponía a obedecerle.

Don Joaquín Palma, según pude deducir por el giro de todas sus conversaciones, había militado en varias de las tantas guerras civiles que durante tantos años estuvieron desangrando al país y hundiéndolo cada vez más en la miseria y en la indigencia.

Cuando él cayó preso, su esposa, que fue modelo de constancia y abnegación, quedó con dos niñitas de pan en mano; sin embargo, ella no dejó a su esposo que comiera el pan del presidio. Pero fatalmente para él, aquella mujer no le duró más de dos años, pues murió. Cuando yo llegué al penal, el coronel Joaquín Palma ya había cumplido su sentencia; pero estaba cumpliendo la del capricho personal de Víctor Carías Lindo, quien por el solo hecho de ser de filiación liberal, no quería ponerlo en libertad, no obstante que el tribunal de justicia le mandó su carta de libertad el día en que precisamente cumplía su sentencia.

Los amigos del coronel Palma me contaron que el día que este cumplió su sentencia de siete años, se resistió ir a trabajar un día más al destino de San Antonio, lugar donde se le tuvo trabajando durante toda su sentencia, como a un patán cualquiera. El apuntador le preguntó que por qué razones no quería ir a trabajar; y el aludido le replicó que porque ya había cumplido la sentencia que le había impuesto el juez.

Tamaña reclamación no se la podía perdonar a nadie Carías Lindo y cuando el apuntador fue a informarle el asunto, se puso furiosísimo y ordenó que inmediatamente se le pusiera una barra de grillos y que se le metiera desnudo a la calera. Así se le tuvo durante más de un mes. De esto puedo decir que jamás llegué a saber a qué arreglos llegaron entre ambos para que el carcelero ordenara que no lo volvieran a mandar a trabajar a ninguna parte. Al fijar el carácter del Coronel Palma, podemos decir que no tiene mala índole. Y además, es un hombre que a pesar de que ya frisaba los 50 años de edad, tiene el ánimo pronto para hacerse respetar en cualquier parte. Su preparación intelectual lo coloca muy por encima del negativo nivel de cultura en que se encuentran muchos de nuestros tipos que haciéndose pasar por coroneles y generales, gozan de muy buena posición oficial.

En cuanto a su amigo Rogelio Barrientos, no le atribuyo ninguna virtud. Es un tipo díscolo y pendenciero con marcada tendencia a dominar y a tiranizar todo lo que le rodea. Allí en donde él esta debe hacerse únicamente lo que a él le agrada y el que no lo hace se expone a concitarse su enemistad. El delito porque en este momento se encuentra guardando prisión, es por una destilería de aguardiente clandestino que dicen que se le descubrió. Pero también se le supone autor de algunos asesinatos que dicen que no ha pagado a la justicia. Cuando yo llegué al penal (agosto de 1940), Rogelio frisaba los 36 años de edad. Bastaron pocos días para que Rogelio se disgustara conmigo, pues en nuestra celda estaba un anciano que era abogado pero que estaba demente y a quien mantenía aterrado y medroso con sus amenazas de terrible matón.

Yo me compadecí del anciano y traté de devolverle la confianza y la calma; pero mi actitud fue motivo para echarme encima el odio de Barrientos.

Recuerdo, como si hoy hubiera sido, que un día yo estaba en mi tarima leyendo un libro, cuando Rogelio, por provocarme a pleito, se puso a barrer el suelo de nuestra bartolina violentamente, locamente, contra mi tarima, echándome de este modo todo el polvo encima. Esto era pueril, pues los hombres no se ofenden de la manera infantil como él lo estaba haciendo conmigo en un lugar en donde no hubiéramos pasado de pegarnos unos cuantos puñetazos, para que luego llegaran los presidente y nos separaran tras una azotaina; sin embargo, descubrí su animalidad.

Hay hombres quienes, como profesionales, no solo fueron una nulidad, sino aún más: llegaron a viejos, perdieron la chaveta, quedaron sin un hogar propio que los acogiera en su seno y les prodigara los cuidados propios de su edad, yendo a dar últimamente con sus huesos a un asilo, a un manicomio o a una cárcel. El abogado don Próspero Mazariegos es un caso de estos. Ahora le tenemos de compañero de celda y es actualmente, aunque sea solo de forma, el Presidente de ella, pues ha perdido la chaveta y los que aquí mandan, como ya dije anteriormente, son los señores Barrientos y Palma.

Yo compadezco al pobre viejo, porque realmente es muy triste llegar a su edad y a su situación. En la mañana que salen los locos, él va a la cabeza de ellos con sus cesta de dulce partido en una mano y con su guitarra debajo del brazo. Como los muchachos le han descubierto el buen humor, todo el que quiere le pone a cantar. Le han hecho creer que él es el genio del canto y el mago de la guitarra. Yo nunca pude verlo en aquellos parajes donde dicen que pasaba el día en franca camaradería con los demás alienados; pero don Joaquín, que ya lo había mirado, me dijo que las veces que él lo había visto le había parecido verle siempre alegre; nada más que nadie le hacía distraer su atención de la cesta, de la que parecía estar constantemente pendiente, pues sus compañeros eran muy buenos ladrones y temía que le robaran el dulce. Los locos le pedían que les fiara dos centavos del codiciado manjar de caña para mientras pasaba alguna alma caritativa que se los regalara para pagárselos; pero él les contestaba que no, porque eran unos tramposos. Una vez y por pecado le pedí que me cantara la canción intitulada "Arráncame la Vida" del conocido compositor mexicano Agustín Lara.

—No sé cuál es —replicó el anciano—. Dígame el número y se la cantaré.

Francamente, me dolió el alma ver servida mi maligna curiosidad por su congénita bondad.

—No conozco el número que usted le ha puesto a esa canción, mi querido licenciado —dije al anciano simulando en lo posible hallarme a tono con su estado de ánimo.

—Tararéela, o síbela siquiera —ordenó el viejecito.

Yo traté de hacerlo y él aclaró lleno de júbilo:

—¡Ah! No trabe Usted quiere que le cante la treinta y siete.

Y diciendo y haciendo, comenzó a trastear las cuerdas de su guitarra y acto seguido empezó a cantar la canción que le pedí.

Rogelio Barrientos lo aborrecía; y dentro de la bartolina, no obstante que el viejecito era el presidente de ella, no le permitían ni que siquiera le palpara la madera a la guitarra. Muchas veces yo quise darle ánimo al anciano para que despreciara las bravatas y amenazas de aquel sujeto; y aún más: quise hacerle que recobrara los respetos que aquel mal educado le debía; pero lo único que conseguía algunas veces, era hacerle divertirle un rato tocando su guitarra, único consuelo de que el pobre anciano disfrutaba allí.

Poco tiempo después de que el abogado Mazariegos obtuviera su libertad, ingresó a nuestra celda el profesor don Fulgencio Castillo Suazo, ilustre personaje con quien simpatizamos desde el primer momento en que comenzamos a tratarnos.

Ahora ya disponía de un amigo con quien poder echar un párrafo de vez en cuando, pues a veces se hace necesario hacerlo; y más aún en centros como aquel, en donde si en vez de fraternizar con aquellos elementos que nos rodean, nos malquistamos con ellos, nos hacemos más desesperante la prisión.

A Rogelio Barrientos, por caso, fuera de don Joaquín Palma y de uno que otro cachetudo de su pueblo que de vez en cuando iba a verle a nuestra celda, nadie le quería allí por repugnante. Más bien don Joaquín y no obstante que C.L. lo tenía bajo la proyección de su hosca mirada, gozaba del afecto general del centro; pero es que jamás anduvo, como el primero, llevándose a nadie con el pecho.

MI ASCENSO EN EL PENAL

El trabajo del movimiento del penal lo hacían dos apuntadores y ellos eran los señores Rafael M. Chávez h., y Adrián Pinel, el primero organizaba los destinos, inclusive el de las cocinas y el segundo se encargaba de citar procesados para juzgarlos. Estas eran misiones exclusivas de cada uno de ellos; en cuanto a lo demás, había que hacer juntos todo el trabajo. Por eso la cuestión de pasar listas de trabajadores la realizaban juntos por partes iguales; la de sacar reos a visita, también; la de sacar a carta, lo mismo; la de sacar libertados, igual. A decir verdad, los apuntadores, no obstante que ambos gozaban de las mismas prerrogativas, eran dos sirvientes al servicio de la secretaria y la dirección; pero eran servicios por los que el mejor de los reos se desvivía trabajando para conseguirlos, pues la de ellos ya era otra vida y en cuando a la confianza de que eran objeto, los apuntadores se metían a la secretaria con la absoluta confianza de quien entra a su casa. Los apuntadores vivían también impuestos de las intenciones de Carías Lindo para con los que quería arruinar, como lo vivían el Tunco Sarmiento y Carlos Reyes Carías, que eran sus coadjutores. A los apuntadores nadie les preguntaba para donde iban ni de dónde venían, dentro del centro, pues los comandantes de guardia y todos aquellos perros que a nombre de Carías Lindo ladraban allí ya sabían que eran hombres de confianza del ogro, del vil monstruo que latigando a sus verdugos, les hacía latigar.

Después del Presidente General, los apuntadores eran el diástole y sístole de la organización de los trabajadores del penal. En las manos de estos dos hombres estaba la suerte de los que por su preparación eran dignos de un buen puesto. ¿Buen puesto? Sí, digo bien, pues las cosas guardan su proporción y de acuerdo con las circunstancias del medio, dentro de la organización del sistema debida del centro, había empleos, tales como los de presidente de destino, que conferían a los agraciados, poderes discrecionales sobre todos aquellos desgraciados que penosamente se movían dentro de aquel oscuro ente, y que, a decir verdad, eran empleos por los que muchos hombres dignos de mejor suerte, vivían mordiéndose.

Estaba yo de capataz del destino de la Mora, cuando a uno de estos dos apuntadores se le acercaba la hora de obtener su libertad.

Este apuntador respondía al nombre de Adrián Pinel, a quien allí se le llamaba "Papayón". Hasta aquí yo no había pensado en tal empleo. Pero un día que yo iba entrando de mi trabajo al patio, oí al joven Chávez que dijo en voz alta a los que estaban en torno suyo.

—¡Ea! Camilito va a ser el apuntador y no aquel gallo que sonó con serlo. Al oírle hablar, volví a verle y él me vio como dándome a entender con la mirada que a mí se refería con lo que acababa de decir. Yo agaché la vista y seguí mi camino. Aquella mueca, aquella expresión, aquella sátira que yo estimaba sin son ni ton, venía reaccionando en mi conciencia y adquiriendo forma en mi mente, hasta que concluí por pensar que Chávez estaba enemistado conmigo.

Empero —me decía ensimismadamente—. ¿Podrá ser posible que un simple chisme de cocina haya emponzoñado de tal manera los sentimientos de Chávez en contra mía, que ahora le haga desearme el mayor mal posible? ¡No!

No quería creerlo; porque hasta aquel momento yo no había hecho ni dicho nada que arrojara tanto motivo como para que él me tratara de aquel modo. Y sin embargo, no obstante que yo no había pensado en sustituir a su compañero, él andaba trabajando para que los jefes no fueran a darme aquel empleo. Este sentimiento, pues, provoco en mi ánimo el capricho de ser apuntador y lo fui, contra todo el poder, la voluntad y el querer de Chávez.

Alegre y orgullosísimo de su futuro empleo se ensayaba entusiasmado para ser apuntador Camilo Mejía, cuando el joven Rafael M. Chávez, recibió la orden de retirarle porque no sería él sino Salomón Sanabria.

Esto desinfló a ambos. Desde este momento ordenó el Presidente General que se me trasladara a la celda de los presidentes. El señor Pinel, mi antecesor, recibió la orden de ensayarme en el ejercicio de sus actividades.

Cuando salí de la celda No.5 respiré tranquilo, pues me era realmente odioso tener que encerrarme a las cinco de la tarde, con un tipo tan agresivo como Rogelio Barrientos. Creo que este a su vez sintió que a mí se me pasara a la celda de presidentes, pues se miraba quedarse atrás. Tenía tantos años de hallarse allí y no obstante que no se le mandaba a trabajar como un peón cualquiera, nadie lo ocupaba para nada.

Era abril de 1941 cuando yo comencé a trabajar de apuntador y pude salir al mango.

El mango es un árbol que se yergue tan cerca de la puerta de entrada de las oficinas de la secretaria, que impulsos del viento se le ve constantemente arañándole las paredes con las puntas de sus ramas; pero este árbol, mudo testigo de una multiplicidad de escenas macabras, ha visto desfilar, para el mundo desconocido, una lúgubre sucesión de hombres liquidados a sangre fría en aquel antro sombrío, donde la figura siniestra de Víctor Carías Lindo, se recortaba horrorosa bajo la luz tenebrosa de sus cámaras de crueldad y de tormento.

Sin embargo, como la careta de ancha risa del carnaval, el mango continuaba teniendo grandes atractivos para los reos del penal.

Si era que el hombre iba libre, antes de entregársele la carta de libertad, se le ordenaba que se sentara en el mango (en la base de cemento que le sirve de aro al árbol). El hombre permanecía debajo de su fresca fronda para aguardar nervioso el resultado de aquella angustiosa espera, pues sabía que no habían sido cien, sino que se contaban por centenares el número de hombres a quienes del mando se les había reintegrado a su celda y no porque a última hora se les hubiera descubierto otro delito, sino porque a Carías Lindo se le acababa de antojar dejarles adentro por algún tiempo más.

Pero a pesar de todo y en tanto se tuviera la desgracia de tener que cumplir alguna sentencia judicial, no había quien no deseara que se le sacara al mango en calidad de presidente o de apuntador, pues ya aquí era otra vida, no solo porque se miraba gente de la calle, sino porque con ciertos rebozos se podía sonreírle a alguna mujer; y era más: los apuntadores y presidentes tenían doble tiempo de visita (10 minutos); también tenían doble sueldo (5.25 moneda nacional) y algunos de ellos estaban asociados con la cocina, por lo que se les daba 50 o más lempiras a la semana.

VÍCTOR CARÍAS LINDO

Llevaba ya nueve meses de hallarme en aquel centro y no conocía personalmente al Director. Cuando comencé a salir al mango, pude observar debajo de aquel árbol a un viejecito vestido de dril, tapado con un sombrerito blanco. Su edad (en abril de 1941) frisaba en los 75 años de edad. Su piel era trigueña. Usaba un bigote bien cano y espeso que le cubría toda la boca. Sus cejas, excesivamente pobladas, revelaban el carácter del hombre terco y arbitrario que había en él. Era bajo de estatura y enjuto de carnes. Su exterior, verdaderamente vulgar. Su voz era suave y afeminada como la de una de esas niñitas mimadas de torpe expresión. Era maniaco, un perfecto esquizofrénico. Cuando no tenía las manos abiertas y metidas debajo de las axilas, las tenía en las bolsas del saco o del pantalón.

Su trabajo era de observación. Todos y cada uno de los que servíamos a sus órdenes, sentíamos constantemente encima su mirada dura y siniestra. Cuando el personal que había allí le veía meterse las manos dentro de las verijas, sacárselas de aquí y pasárselas a las bolsas del pantalón para sacudírselo y luego vérsele recomponiéndole el sombrero, atusarse nerviosamente el bigote, escupir al suelo y llevarse nuevamente las manos debajo de las axilas, todos se ponían temblando de pánico y nadie hallaba en cual pie pararse, pues sabían que la hora de ver a alguien debajo de los horrores del látigo y de rodillas en la grava, era llegada.

Viendo yo aquel hombrecillo, me parecía tan insignificante, que no encontraba en él motivos bastantes que justificaran el hecho de que a su sola vocecilla, a su sola mirada, se pusieran temblando nerviosamente hombres como el alcalde, como el jefe de resguardo, como el guarda almacén y algunos tenientes a quienes además de tener un cuerpo doble al del jefe, yo les suponía algún valor personal.

Papayón, mi antecesor, me daba clases sobre el significado de los signos y señales que Víctor Carías Lindo y Carlos Díaz tenían por lenguaje. Me decía que había que entenderles por fas o nefas. Además, muy bondadosamente me aconsejaba que tuviese cuidado de lo que decía en presencia del coronel Chon Turcios, agregado militar para instrucción de tropas que servía en el penal, pues sabía que este anciano tenía por costumbre ir a repetírselo todo al director, poniéndole a cada frase a cada palabra un aumentativo de consecuencias dolorosas para el acusado.

Las visitas se hacían dos veces por semana, los martes y los viernes. Eran los días escogidos por Carlos Carías Díaz para exhibir su abominable persona.

De 09:00-12:00 a.m. y de 03:00-05:00 pm de estos días, cualquiera podía verle de pie allí a un lado de la muralla, insultando mujeres.

—A ver. ¿Qué querés vos? —preguntaba repugnantemente a las interesadas.

—Coronel, quiero que me haga el favor de dejarme entrar a ver a mi padre, a mi hijo, a mi hermano, etc.

—¿Qué? ¡Putas de mierda! —era su respuesta favorita para jóvenes y viejas—. Ustedes no parecen que vienen a la penitenciaría a ver reos, sino que van a un burdel a buscar hombres.

A Carlos Carías Díaz no le agradaba que las mujeres se arreglaran para ir a ver a sus parientes. Y sucedía que entre más bien trajeadas y bella fuera una mujer, más se empeñaba en tenerla plantada esperando en medio de la calle, sufriendo las inclemencias del sol o las de las lluvias del invierno. Naturalmente que con ello las obligaba a tener que estarle oyendo hablar todas sus insolencias. Las mujeres, y sobre todo las señoritas, se ruborizaban al escuchar aquel apache, quien al amparo de poder de Carías, abusaba del respeto que debía a damas verdaderamente nobles.

Las visitas se daban por tandas de 18 personas, las cuales se sentaban frente a frente en líneas paralelas. Pero tanto hombres como mujeres que querían ver a un reo, tenía que someterse a un registro riguroso. Por caso, el ciudadano que tenía que entrar al escritorio del comandante de guardia, para dejar aquí hasta el pañuelo. De aquí pasaba al registro, donde los soldados le ordenaban que se desnudara.

Huelga decir que por tal motivo casi nunca iban hombres a visitar a sus parientes; y muchos de los que habían dejado ya hasta el pañuelo en la guardia, se negaban a desnudarse, lo que les hacia objeto de hirientes ultrajes.

A las mujeres las registraban menos. A su entrada se ponían dos soldados de pie formando más o menos las jambas de una puerta, donde se detenían para presentar abiertas las palmas de las manos, que era lo único que no podían arrancarles para dejárselas en la guardia. Sin embargo, las obligaban a mostrarles la parte interior de la blusa, con lo cual los soldados les miraban los senos y algunos de ellos se los desplegaban con la punta de una vara que tenían en las manos para ver si llevaban algún papel en medio.

Las visitas llegaban a las bancas de espera primero que los visitados. Minutos después estos llegaban formados. A la voz de alto, los reos se detenían. Nadie debía moverse sino hasta que el apuntador les ordenara. Visitas y visitados tenían sobre las espaldas un presidente que estaba de ex profeso para escuchar lo que hablaban e ir a informar al Director y al Presidente General lo que habían escuchado. La algarabía provocada por ambas filas de gentes, les hacía querer agacharse para agarrar más cerca al visitado y poder hacerse oír, pero el presidente que tenía a espaldas le daba sus palmadas al hombro para decirle que era prohibido hacer aquello. Los visitados por su parte, nunca lo hacían, pues ya sabían que si incurrían en ello, los ponían manos arriba durante dos o más horas.

La visita no duraba más de cinco minutos. Cuando estos se cumplían, el comandante de guardia pegaba un silbatazo, al que los presidentes, todos a una sola vez, le hacían eco con sus pitos, haciendo tal ruido, que los extraños se alarmaban de tamaño escándalo.

Al oír esto, las visitas se levantaban para salir, pero los presidentes los retenían en sus bancas para hacer salir primero a los reos. Cuando estos se habían perdido de vista, ya podían salir; pero no sin antes volver a someterse al mismo riguroso registro que habían pasado al entrar.

El Director había ordenado que cuando se oyese hablar algo malo acerca de la actuación del general Carías, se le diese parte por escrito, ordenando que se le preguntara al visitado el nombre y dirección del hablador. Algunas veces estos infelices no tenían tiempo de salir de la guardia de prevención, pues allí nomás se les retenía y se les encerraba.

EL CASO DE DON BELÉN LANZA PADILLA

Contra los posibles riesgos de desgracia que día a día amenazan el bienestar personal del hombre que se halla bajo la potestad de un régimen despótico, no hay clave de amparo; pero se cree que para asegurarse mejor contra tanto peligro, no hay asilo más seguro que el miedo.

Si yo hubiera sido miedoso no solo no hubiera estado diez años tres meses presos, sino que al cuarto año de hallarme recluido, hubiera salido indultado, con dinero y con la recomendación personal de Víctor Carías Lindo, para que el general Carías me diera de alta en la plana mayor del ejército con un sueldo importante; pero fui franco, lo cual jamás ha sido virtud de cobardes. Yo miraba diariamente el desarrollo de la ininterrumpida cinta de crueldad del carcelero; sin embargo, jamás me atemorizaron aquellos horrorosos ejemplares. El caso de don Belén Lanza Padilla, era uno de estos.

El señor en mención estaba de presidente; su destino estaba en las pilas de Comayagüela y quiso su mala estrella enamorarse de una mujer que vivía a cortos pasos de donde el pasaba el día con sus hombres. Pero como era prohibido que el reo le hablara a las personas particulares, don Belén apenas había podido entenderse muy verdaderamente por señas con ella; pero un buen día el buen hombre escribió allí en su destino unas letras que, con un signo de entendimiento la hizo ver donde se las dejaba, para que cuando ellos se marcharan, fuera ella a recogerlas. Pero fatalmente para don Belén, no solo lo había visto la mujer, sino que también lo vio el cabo de la escolta, quien olvidando que él era también hombre y que con aquello en nada comprometía su honor militar, si tal cosa defendía, sacó el papel y cometió la infamia de entregárselo a Carías Lindo con todo y su víctima.

Esto era algo que, al mismo tiempo que le hacía encender súbitamente en cólera explosiva y ordenar los más drásticos castigos contra los supuestos culpables, agradecía al que le entregaba la ración; más no era remoto que más tarde o más temprano, le diera una prerrogativa que mejorara su situación. De modo que cuando el vil cabo entregó a su víctima, el director, después de conminarle brutalmente, ordeno que lo llevaran a los galones.

Lo que la generalidad del hondureño entiende por galón, es uno de esos envases de lata en que viene el gas a estos países de

Centroamérica y contiene 25 litros cúbicos. Víctor Carías Lindo hacía, pues, que se llenaran dos galones de arena mojada y que se obligara al castigado a pasearse con ellos colgados de las manos alrededor del recinto. Un presidente armado de un látigo cuidaba pie a pie que el castigado no pusiera los galones en el suelo; y si lo hacía, llevaba la orden de forzarle a retomarlos a fuerza de látigo. Naturalmente que por fuerte que el castigado fuera, no tardaba mucho con ellos colgado sin que se cansara y tratara de ponerlos en el suelo para descansar.

Don Belén Lanza fue a los galones "capataceado" por el presidente Rodolfo Lanza Varela, uno de los esbirros más malvados y crueles de Carías Lindo. Don Belén era un hombre de mediana estatura que frisaba en los cincuenta años; sin embargo, no obstante que su complexión era la de un hombre fuerte y que en verdad lo era, bastaron 30 minutos más o menos para que se viera forzado a tener que poner en el suelo aquellos galones, pues pesaban tanto como el plomo, yo mismo los pulsé. Mas no obstante, que era un compañero nuestro y hombre de buena conducta, Rodolfo Lanza, infame crótalo de todos los pantanos asquerosos y sucios, lo flagelo bárbaramente a grado de romperle la camisa y despellejarle las espaldas. Pero todo esto dice la víctima que no le hirió tanto como que el verdugo, tomando aquello como una ofensa hecha personalmente a él, le trató, sin ser más joven que su ofendido, de viejo hijo de la gran puta. Cuadros como estos, donde el látigo cortante del infame carcelero no cesaba de cebarse en las espaldas de los reos desde el alba hasta la noche, yo los veía a cada instante; sin embargo, esta estúpida faena de tormento y de barbarie desatada con intento de llenarnos de terror, no logró desvirilizarme ni tampoco contagiarme de sus horridos efectos.

LAS MUJERES EN LA P.C.

Como en Honduras no hay una cárcel para mujeres, las delincuentes pasan a los presidios de los hombres, donde se les separa en una celda especial para ellas. Aquí en la penitenciaría había cuatro celdas especiales para mujeres, donde jamás podían ser vistas por los delincuentes, pues las bartolinas de estas quedaban detrás de las celdas de los hombres y era así que jamás se miraban. Sin embargo mi empleo de apuntador me permitía tener algún contacto con ellas, pues siempre que les telegrafiaban o escribían, era yo el que les llevaba la correspondencia; así como cuando alguna procesada que estuviera citada para que fuera al juzgado, era yo quien le avisaba para que estuviera lista para la hora en que "el semana" fuera a sacarlas. A mi compañero Chávez también le agradaba verlas; y también lo hacía con mucha frecuencia, pues día a día iba a encerrarlas con Carlos Carías Díaz. Pero parecía que esto de entrar en contacto con ellas, era algo que egoístamente nos lo disputábamos. De manera que, cuando ingresaba alguna mujer, ambos estábamos prontos a sacarla para filiarla, lo mismo que cuando sus parientes las pedían para visitas, pues todo esto nos hacía entrar en amistad con ellas. Creo que Chávez, lo mismo que yo, se había enamorado de alguna de ellas, pero sus afectos no eran impulsivos y temerarios como los míos, pues mi atrevimiento lo lleve hasta poner una carta en mano de una daifa que me agradaba.

La imprudencia la cometí pocos minutos antes de que se les encerrara. Cuando Carías Díaz llegó a encerrarlas, la mujer, que tenía miedo de que sus compañeras fueran a acusarla de tener amores conmigo, le entregó la carta. Serían justamente las seis y treinta PM cuando el pregón me llamó a gritos para notificarme que el comandante de guardia de prevención mandaba a ordenarme que inmediatamente fuera a hacérmele presente en la guardia. Llegué, pues, a la guardia me le presente a su comandante, teniente Santos Montesinos, quien me ordenó que subiera al torreón y que me desnudara allá como mi madre me había parido. Un soldado sabio detrás de mí y se llevó mi ropa.

Era noviembre de 1941 y norteaba furiosamente desde octubre. Los fríos entonces eran intensos y sin duda las corrientes de celliscas que entrando a torrentes por las rejas de las celdas iban a empapar de sereno a los reos que dormían, hizo que los pobres contrajeran una peste que les azotó a todos: la gripe.

Hasta la fecha nunca se había visto en la vida del penal una epidemia igual. Ha sido la única época en que la pavorosa historia del despotismo de Víctor Carías Lindo, se vio que los reos no salieran a trabajar.

Los primeros atacados de gripe fueron pasados a la enfermería; pero luego se agotó la capacidad de aquellos antihigiénicos apartamentos y hubo que ordenar que se les dejara en sus celdas.

El peligro de aquella peste que iba en aumento, afligía el corazón de los reos. Pero en esta vez se le vio al carcelero un arranque de humanidad y ordeno que noche a noche se hicieran varias tinas de limonada hervida mezclada con mejoral y aguardiente; lo cual era repartido en todas las celdas y aun entre aquellos que no habían sido atacados por la fiebre. El promedio de hombres que moría diariamente era de quince. Sin embargo, a mí que se me tenía como mi madre me parió y que dormía desnudo, no me toco el mal.

En mi vida de observación recuerdo que mientras cumplía mi castigo en el torreón, me llevaba viendo para la calle a través de sus claraboyas. Pero también miraba hacia el interior de la cuadra de registros. Cuando ingresaba alguna remesa nueva de reos, los miraba uno a uno y podía ver lo que traían en maletas, oía perfectamente todo lo que se les preguntaba, tales como sus nombres, lugar de procedencia y la clase del delito porque iban presos. Pero no solo pude ver estos, sino que también descubrí el motivo porque era que nunca llegaban completos los totales de pan y de conserva que las vendedoras sostenían haber mandado al patio general de reos. El lector querrá saberlo ¿verdad? Pues bien, era que los soldados encargados de efectuar el registro, se robaban parte de las ventas y también de todo aquellos manjares que en las portaviandas se les mandaba a los reos.

Entre aquellos soldados registradores había un ladrón de muy buen corazón que se compadecía de mí, pues siempre que lo dejaban solo, me llevaba algunos dulces y panes de los que se había robado.

Todos los comandantes de guardia de aquella época, eran tipos de carácter brutal y grosero. Mas su conducta no se limitaba únicamente a los reos y soldados, sino que abarcaba también a los particulares. Habían aprendido de su maestro, Víctor Carías Lindo, la insolencia y la soberbia de este vil déspota y ellos lo imitaban.

Entre estos truhanes que montaban guardia con el grado de tenientes, había uno que era muy inteligente, quien le servía con más bajeza y servilismo que los demás y quien responde al nombre de Santos Montesinos.

Cuando Montesinos estaba de comandante de guardia y miraba que su amo estaba sentado en el mango, se ponía a darles clase a los soldados de humildad y servilismo hacia el déspota.

Carías Lindo, quien le estaba oyendo, decía por su parte a los que le estaban haciendo la corta: "Este es el único oficial que les enseña a los soldados; pero es inteligente, y yo aborrezco a la gente inteligente, porque el hombre más inteligente es el más malvado".

—Cierto, mi general, muy cierto mi general —contestaban servilmente a coro todos lo que le rodeaban.

—Siempre los hombres inteligentes son malvados —continuaba diciendo el vejete y su tribu de cortesanos afirmándole de manera servil y soez.

Víctor Carías Lindo, como todos los tiranos, aborrecía al hombre inteligente, porque aunque este no sea instruido, comprende por instinto los términos del derecho y en su caso de oprimido, siempre esta pronto a darles vida y fuerza a todo aquellos movimientos revolucionarios tendiente a romper las cadenas de todas las tiranías que, contra todo principio constitucional, se perpetuaron en el poder y se sostiene en él a fuerza de crímenes. Hacía veintidós días que me tenía en el torreón, cuando una mañana, como a eso de las seis am, un soldado me llevo un uniforme de reo para que me lo pusiera; efectuado esto y aun sin haber desayunado, el hombre me ordenó que lo siguiera. Cuando salimos al patio, el mismo hombre ordenó a un presidente que acertara a pasar por allí, que se me llevara a la Mora y que se me pusiera a picar piedra. Al llegar allí, se me entregaron un martillo de cinco libras y dos cinceles y se me ordenó comenzar el trabajo.

Hasta este momento y fuera del compañero Chávez y del alcaide Sánchez, yo no tenía ningún enemigo de peso, porque por entonces, aun ni siquiera con Gonzalo Paz, que era el presidente vitalicio de aquel destino, nos habíamos distanciado, pues a decir verdad, era tan mal enemigo, hasta como para hacer que un tal Concharrita de nombre Juan Paguagua Serra, que era un mercenario, acusara a un mal queriente suyo de haber cometido faltas imaginarias, haciéndole presentarse en estos casos como testigo ocular, a los señores mengano y perencejo, que desde luego debían de ser tipos de la misma laya del acusador, tales como un famoso papaíto de nombre Eulalio Rodríguez y otros más de cuyos nombres no quisiera acordarme.

En estos días el primo César P, Funez había nombrado presidente de reos al coronel Juan Nazzar Bonilla. Mas queriendo darle un mando superior al del reo o presidente común, le nombró segundo jefe.

Con Juanito, como le llamaba yo en el seno de la amistad a aquel nuevo jefe, siempre cultivamos muy buena amistad y como este comprendiera que no había sido Carías Lindo el que había ordenado que del torreón se me pasara a la Mora, sino el alcaide Sánchez, le habló al primo César para que de las doce pm en adelante, que era la hora en que aquel destino regresaba a su trabajo, ya no se me dejara ir. César estuvo de acuerdo y fue así que Juanito me ordenó que me quitara el uniforme y que tomara mi tabla de apuntador, tomando como argumento de defensa en el caso mío, que se me retiraba de la Mora porque yo ya había cumplido el castigo ordenado por Carías Lindo.

El alcalde Sánchez, que por ley era jefe inmediato de los reos, no tenía, sin embargo, mando absoluto en ello, pues Víctor Carías Lindo se lo había quitado para dárselo al presidente general de reos, quien tenía potestad indiscutible de quitar y poner castigo.

Naturalmente que esta situación solo puede aceptarla un hombre sin personalidad, sin dignidad, sin amor propio y sin delicadeza de ninguna clase, pues nadie que tenga conciencia que el papel social que representa y que se considere con derecho por sus méritos personales para desempeñar aquella función, es capaz de aceptar que se le tenga supeditado a las decisiones personales de un reo, como lo era o estaba el presidente general de reos. De manera que yo me quedé, me quité el uniforme de reo y tomé mi tabla de apuntador sin que el alcaide dijera nada no cabe duda que estas acciones él las sentía como cuando alguien nos pega un par de cachetadas en la cara; pero como sabía que en aquello estaba la mano de Cesar, con quien se odiaba de muerte, no le quedaba otro recurso más que pujar para adentro, pues más de una vez el mismo había oído decir al director en la puerta de entrada de su oficina, más o menos estas palabras:

—¡Sí, pendejos! Ya he dicho a gritos más de una vez que no anden estorbando las disposiciones de César, porque aquí afuera mando yo y allí adentro manda él.

Algunas veces y muchas con razón, el alcaide ordenaba que se pusiera manos a algún reo. Pero César por pendencia con el alcaide mandaba a suspender el castigo. Esto generalmente daba lugar a serios choques, porque momentos después el alcaide iba a ver si se estaba cumpliendo la orden; más cuando se le informaba que don César se lo había suspendido, se ponía hecho una furia y hacía que el hombre lo recomenzara, amenazando al presidente de la celda que si a su regreso sabía que había obedecido una contraorden de Cesar, le iba a pegar su trabada doble por desobediente.

Pero siempre sucedía lo esperado por Sánchez, más una vez se enojó tanto, que sacó al joven Nicolás Nazzar a empellones y lo metió a la galera por haber desobedecido a César. Pero detrás de ellos dos salió este a la dirección, para darle parte de lo ocurrido al director, quien hizo llamar al alcaide para pegarle tal ultrajada, que pocos minutos después se le vio salir de la dirección con la cola entre las piernas, a sacar de la calera al joven Nazzar.

RIVALIDADES EN EL PENAL

Mi rivalidad con el compañero Chávez era abiertamente hostil y él tenía grandes ventajas a favor suyo para ganarme la partida, pues como apuntador conocía el oficio mejor que yo, pues sabía de memoria el nombre de todos los reos y a cada uno les conocía el delito porque estaban presos; además y acaso por el conocimiento que el alcalde tenía de su competencia, le quería muchísimo; y tan era así, que como este era analfabeta y se las echaba de tunante, el compañero Chávez le servía de secretario de las amantes. De manera que, todo lo que este hacía, fuera bueno o malo, era santo y bueno para aquel. Mas mi contrincante no solo disfrutaba del afecto exclusivo del alcalde, sino que también le estimaba mucho Carlos Reyes Carías, Carlos Carías Díaz y aun hasta el tunco Horacio Sarmiento, que ya era el fenómeno, pues allí todos decían que este no quería ni aun a la autora de sus días.

Así las cosas, un día el alcaide me ordenó que el domingo venidero enviara seis enterradores, dentro de los cuales figuraba un sujeto cuyo nombre me dio, pero que el día llegado olvide, pues mi afición por los libros se me hacía olvidar que mi primordial obligación era aprenderme los nombres de los reos y memorizarme los más posibles todas las recomendaciones que los jefes me hicieran para no darles lugar a reprenderme.

Este día de los enterrados no olvidé enviarles; pero tampoco mandé al hombre ordenado por el alcaide Sánchez, porque se me había olvidado. Pero como dice el loco, que el que tiene enemigos no duerme, yo me dormí; y aunque el alcaide no había reparado en aquello, el compañero Chávez le dijo que yo no había mandado al cementerio el hombre ordenado por él.

Inmediatamente aquel jefe hizo que se me llamara al mango, donde me aguardaba en compañía de Chávez, quien en tanto que el alcaide me pegaba una de aquellas ultrajadas que solo de reos se pueden soportar, él hacia su agosto, llorando y haciéndome una infinidad de cargos. Le decía a su protector que yo le disputaba el mando y que solo vivía mal informándole con don Cesar y así como esto, le dijo una infinidad de cosas más, que no pude oír porque a una me insultaban ambos y yo estaba muy nervioso para poder escuchar bien todo lo que me decían.

El asunto no llegaría hasta aquí. El propio Sánchez me ordenó que lo siguiera y ya en la guardia de la cárcel, le ordenó al jefe de esta que me metiera a la calera.

La calera, la temible calera era un cuarto situado en la parte exterior del patio general. Su castigo se hacía sentir no solo porque al encerrársele a uno, se le dejaba en absoluta obscuridad, sino porque también se le metía completamente desnudo y el suelo estaba lleno de excremento y orines humanos. Además había tal ratonera adentro, que dormido y despierto se le pasaban a uno por encima y en muchos casos hasta mordían a los castigados. Las pulgas, que aquí hervían como en ninguna parte, eran otras de las accesorias horribles de este vil tormento.

Algunas de estas víctimas no solo las metían desnudas, sino que también les ponían una barra de grillos para sacarles unos meses después. De esta vez a mí solo se me tuvo cinco días.

El primer culpable de mi castigo había sido mi propio descuido; pero si mi compañero Chávez no se lo hubiera hecho observar al alcaide, tampoco me hubiera pasado nada. De manera que ante tal ofensa, me sentí, por bajeza, desde luego, como obligado a devolver mal por mal. Un día el coronel Nazzar había ordenado no recuerdo que cosa acerca de un hombre y el compañero Chávez no le hizo caso. Yo hice observar esto al coronel Nazzar y le hablé sobre la conveniencia de que se hiciese obedecer y que al efecto, debíamos ir donde don César a informarle, que Chávez miraba con desprecio sus órdenes, puesto que había sido decisión suya nombrar su presidente general al coronel Nazzar y que aquel no le hacía caso a este.

César no se hizo esperar. Inmediatamente bajo de su dormitorio y buscó a Chávez; pero este ya se había venteado el asunto y había salido afuera a buscar a Sánchez para contarle lo que le pasaba y fuera en su auxilio; de manera que cuando regresó al patio general, ya venía escoltado por el alcaide; pero César lo esperaba hecho una furia, de modo de que cuando Chávez asomó la cabeza para franquear la reja, aquel le tiró al pescozada en la cara, que si Sánchez no lo hala con rapidez, se la hubiera dejado morada por algunos días, de manera que solo pudo agacharle el ala del sombrero. Sánchez lo pasó inmediatamente a la calera para que César no le fuera hacer nada. Cinco días después, los mismos que se me tuvo a mí, lo sacaron a nuestra celda, más sucio que el suelo. Tan pronto como se cambió ropa, le vi donde César, pidiéndolo excusas.

Hasta entonces el compañero Chávez no había sentido ansiedad de salir libre, pues además de que tenía el monopolio de la venta de camisas, que le aseguraba una ganancia de doscientos lempiras mensuales, tenía una autoridad inmensamente grande entre los reos.

Pero ahora si mostraba tener vivos anhelos de obtener su libertad. Para esto contaba con dos hombres fuertes, tales como el coronel don Eduardo Galeano, que era su protector y el director del penal, que le quería mucho por activo.

Inmediatamente se puso en autos y movilizo todos sus recursos en este sentido. El coronel Galeano llegó de la Lima al penal, para ponerse de acuerdo con el director y sacarle; cosa que entre ambos lograron hacer en menos tiempo que se dice.

Pero con todo lo ocurrido, Chávez sabrá excusar mi actitud para con él, pues últimamente he podido comprender que su natural no es de un hombre malvado, como puede comprender que si lo es el ex compañero Barrientos. Chávez, dicho sea porque sé que tiene un pecho un tanto noble y que no va a creer jamás que lo digo porque le temo, no es rencoroso y esto para mi vale en el hombre más que una ciudad. Aquello, pues como le dije una vez personalmente, se debía a las estrecheces de las paredes de la cárcel.

Insectos acumulados para morderse sobre la superficie de una hoja, ha dicho José del Valle, al observar detrás de su bufete el panorama de crímenes y saqueos que le ofrecía el pueblo centroamericano a raíz de su emancipación. No obstante haber estado el sabio por la causa del imperio cuando esta ocurrió, creo que si después que él mismo disfrutó de los beneficios de la libertad, se le hubiera puesto a elegir entre aquella etapa de anarquía porque pasan todos los pueblos que rompen las cadenas de la esclavitud, y la bendita paz que aquí en el penal le ofrecía el General Carías al reo y en general al pueblo hondureño, sin vacilar se hubiera decidido por aquella, no obstante sus notables ejecutorias de hombre de paz.

Día a día ocurría que en la mañana y por la tarde los pregones de la penitenciaría estaban con la bocina en la boca llamando reos a la puerta. Pero como los recintos del penal eran tan extensos y las voces de aquellas masas eran tan sonoras, que por fuerte que aquellos gritaran, sus voces casi no se oían a 50 metros de donde lo hacían, tanto más, que las multitudes estaban tan apretadas, que no se alcanzaba a ver una persona a tres pasos de distancia. De aquí el esfuerzo que había que hacer para localizar a un hombre, era grande;

pero cuando esto se hacía, ya todo el personal de pregones y presidentes estaban hechos una furia con los llamados, achacando su demora al salir a la puerta, no a que el hombre no había oído, sino a que no quería salir y por tal razón, apenas le miraban asomarse, le hacían valla para hacerle pasar debajo de tal lluvia de vergazos, que cuando el hombre llegaba a la puerta, ya iba descamisado y con los verdugones cruzados desde la nuca hasta las nalgas.

Entre estos hombres había uno que no era nada distraído y por tal motivo nunca les pasaban estas cosas. Estos hombres eran los indios de la aldea de la Cuesta. Había uno de ellos que esperaban sus visitas los días martes y viernes y otros la esperaban los domingos. Pero ya desde que la hora era llegada, nadie podía hacer que se retiraran más allá de aquella distancia de donde ellos sabían que los presidentes hacían retroceder a los demás a puros vergazos.

Los indios de La Cuesta todos eran hombres de tez morena, de complexión fuerte, de mediana estatura y de un carácter bravío. Pero no por esto es de suponer que fuesen pendencieros. En el penal jamás se vieron envueltos en líos de ninguna clase. Eran, también, de los pocos hombres que no aguantaban hambre, pues aunque pobres los más, sus mujeres día a día venían a la capital a vender verduras y otras cosas más, para llevarles comida al penal.

Los indios de La Cuesta, si hemos de ser veraces con Dios y con los hombres, no tenían más delito que sus historial de aguerridos, de ser hombres valientes y de ser enemigos del general Carías. Y como les tenía miedo y los indios tenían su aldea natal allí por donde este pasaba todos los domingos a solazarse a sus haciendas de Zambrano y Guasculile, los metió a la cárcel para hallarse tranquilo.

Cuando los dirigentes de un país se componen de elementos de carácter vulgar, de hombres entregados por entero al chisme de oficio, a la intriga cacera; y en fin, cuando los que por el privilegio de su posición oficial, al contrario de ser ejemplos de integridad moral y de erradicar de cuajo las trazas de rastrerismo que logren descubrir en el corazón de sus servidores, se les fomentan y premian con lujo de liberalidades sus chismes y apremian por el contrario, con mucha crueldad, la crítica constructiva, esos regímenes, que por tratarse de los organismos cívicos en su forma más elevada del saber humano debieran de ser verdaderas escuelas para la formación del carácter del hombre, se convierten, para pena y vergüenza de los buenos connacionales, en verdaderos antros de corrupción y barbarie.

Los hombres del penal y exceptuando dos trabajadores más cerca del Director, todos se corrompieron al servicio de Víctor Carías Lindo.

Todos aquí, viendo que no había modo posible de poder estar bien de distinta manera que no fuera el favor de aquel vil esbirro, hacían lo que sabían que él recompensaba con creces, como era el chisme y la delación. Los hombres de carácter integro, los penados conscientes y reflexivos que aborrecían abiertamente la intriga y la calumnia, eran como basura a los ojos de Carías Lindo.

Como los malos compañeros sabían que la apuntaduría era punto clave para poder medrar, recién llegado yo a este puesto, muchos de ellos me buscaban para la intriguilla, para indisponerme contra algunos otros elementos dependientes de mi tablilla,; pero poco a poco se fueron retirando hasta quedarme con uno solo, que por tenerlo allí al lado, no lo había querido eliminar de un golpe. Este señor responde al nombre de Crisanto Suazo, quien dicho sea de paso, es nativo de mi pueblo, Comayagua.

Crisanto era asistente nuestro. Yo lo quería mucho porque era muy atento y servicial conmigo. Pero tenía el gran defecto de correr a contarme cualquier niñería que oyese decir de mí o a cerca del régimen del penal. Cosas que, inclusive las que se dijesen de mí, no me estaban importando. Terminando de salir con mis obligaciones diarias de apuntador, yo me encerraba en mi celda para enfrascarme en mis libros. Leyendo olvidaba que estaba preso; la sensación de amargura que causaba en mi alma aquella vida llena de rastrerismo, de mezquindades, de egoísmo, de crueldades y de ruindad, quedaba sin efecto mientras me hallaba bajo la influencia de la palabra filosófica de las inteligencias más luminosas de la humanidad.

Pero no pudiendo soportar que Crisanto me interrumpiera a cada momento la evasión feliz que yo lograba hurtarle a aquel centro, un día que yo leía a Squillace, llegó para hablarme cosas de aquel estercolero infame y vil; entonces, indignado por tal impertinencia, le hice esta réplica:

—Vea, Crisanto yo lo quiero a usted mucho por su bondad y atención para conmigo; pero hace mucho tiempo que vengo sufriendo con angustias sus chismes. Evítelos usted, yo no sufro lo que se dice en detrimento mío si no lo escucho; pero lo padezco si usted lo quiere.

—No, yo no lo quiero —dijo el hombre.

—Pues si no lo quiere, jamás vuelva a venir para repetirme lo que oiga decir de mí.

Crisanto se alejó con la cabeza baja; pero jamás volVio a darme chismes; la repugnancia abierta que yo mostraba contra el chisme y la intriga fue lo que principalmente me hizo caer en el desafecto de Víctor Carías Lindo, pues para él solo eran buenos los que lo ayudaban; pero con la delación. La hombría aquí sufría tal crisis, que los hombres daban quejas hasta por cosas increíblemente pequeñas.

Un día buscaba yo una lista entre mis papeles, y como no la hallara, le pregunté a unos compañeros que tenía a la vista, si habían visto a alguien tocar aquellos papeles. Y uno de ellos, contestándome que el compañero Pedro Martínez Lara había estado metiendo su mano allí. Este desagrado me hizo decir: "Está jodido". No dije una palabra más; y sin embargo, sobre quien de los que me oyeron, corriera apresuradamente a decirle al compañero que yo había dicho aquello. Con este recadito el eludido Pedro Martínez corrió a decirle al Presidente General, que yo había dicho que estaba jodido que él me tocara los papeles.

Hasta aquí yo tenía derecho a hacer tal reclamación, pues cada uno tenía sus listas. Pero el presidente general, quedaba oído a aquellas pequeñeces y que tenía poder para imponer castigos aunque fueran arbitrarios, le ordenó al coronel Juan Nazzar que se me pusiera dos horas manos arriba y que otra vez que yo repitiera expresiones similares a aquellas, que me pegara una verguedada y que me pasara a otra celda.

Quiso mi buena suerte que el Coronel Nazzar nunca quiso perjudicarme. Pero sí entiendo que si él hubiese estado tan indispuesto en contra mía como últimamente lo estuvo el primo César, hubiera precipitado más mis días a la dolorosa desgracia que pasé en el penal, pues cada instante había quien de mis malos compañeros le proporcionaran los medios gratuitamente para que pudiera hacerlo.

Tenía yo dos grandes defectos para el más llorón quejicoso de los presidentes, que era Rodolfo Lanza Varela, quien día a día vivía metiéndole chismes a César; y estos dos grandes defectos eran, primero, que mi habito a la lectura me aislaba por completo a toda clase de compadreo con ignorantes de su laya; segundo, que en mi puesto de apuntador nunca recibí ordenes de él ni de Gonzalo Paz, que eran los que allí pretendían llevar la batuta de Víctor Carías Lindo. Tanta cobardía, tanta maldad y represión me hacía desconcertar. Lo único que realmente me confortaba y me hacía recuperar nuevas fuerzas, era la lectura de mis pocos libros. Fuera de ellos, yo no miraba más que frentes hoscas y llenas de los más sombríos pensamientos en contra mía. Pues si bien era cierto que había una que otra alma de nobles sentimientos, también lo era que se trataba de elementos a quienes por sus bellas virtudes Carías Lindo no les hubiera dado siquiera agua.

Por caso, el profesor don Ernesto Hernández y el escritor y poeta don Raúl Arturo Paguagua, que eran elementos de los más ilustrados del penal y de manifiesto espíritu de justicia, eran por tales virtudes, los mal vilmente tratados y nadie que quisiera empeorar su situación iba a buscar en sus instructivas relaciones consuelo para sus penas. Por este motivo era que yo vivía aislado hasta de quienes pudieron haberme llenado de luz el espíritu. Con tal motivo, todo lo que concernía al servicio de apuntaduría en el patio general, yo se lo había ordenado al señor Camilo J. Mejía, quién tenía más aptitud que yo para desempeñar aquella miserable función.

Toda la drasticidad de los guardias para con los recluidos, no se debía al innato instinto de maldad del indio para con ellos, ya que casi solo indios había de alta, sino que tal era la escuela del Director y lo hacían por temor de que él los sorprendiera en persona mostrándose indulgente con quienes solo crueles debían ser, pues temían ver castigados con excesivo rigor por flojedad, calificativo que él daba a los que se mostraban reacios a cumplir con vileza sus canallescas instrucciones.

Y tenía razón de hacerlo así, pues en el penal todos teníamos fundadas razones para creer que el espíritu de maldad de aquel infame se cernía por todas partes, pues era un tipo tan ocioso y vulgar, como para vérsele colgado de los barrotes de las ventanas de las celdas y estar espiando para adentro y estarse echado todo un día en el suelo como perro de caza en un lugar sombrío y a larga distancia de los que observaba, para ver si cumplían al pie de la letra sus órdenes perversas.

Recuerdo que una tarde y en momentos en que los destinos estaban entrando, me asomé a la puerta de una de las aulas de menores, para ver si adentro estaba un profesor que deseaba ver el señor secretario y con quien me fui a encontrar fue con Víctor Carías Lindo, quien estaba espiando por el traga luz de la pared, la manera como los soldados efectuaban el registro.

—¡Velo! —me dije para mi coleto[1]— parece ladrón.

La crueldad inmisericorde y el espíritu duendesco que caracterizaba a aquel déspota, era lo que le hacía terrorífico y lo que siempre hizo que sus servidores cumplieran al pie de la letra todas sus disposiciones. Siendo un hombre verdaderamente anormal, Carías Lindo siempre fue un contrasentido del espíritu lógico de la cosas. Tenemos por ejemplo el caso de las cuestiones de carácter climatológico. La penitenciaría es, por su posición geográfica, uno de los lugares más fríos de Honduras. Sin embargo, sin pensar en que su clima es demasiado helado en comparación con Choluteca, Nacaome y Cortes, que son las regiones más tórridas de Honduras, hacían reconcentrar reos de los presidios de aquellos lugares a la penitenciaria, y olvidando tales detalles, exigía que al impartir reos de aquel centro a los campamentos de reos trabajadores distantes y dependientes de su dirección, se pensase en el clima de su lugar de procedencia.

Es decir, que un reo procedente de Choluteca, no se enviara a un lugar fresco. Esto, naturalmente, no era más que absurdos propios de una mentalidad completamente extraviada como la suya, pues si tan grande hubiera sido la preocupación de su amo por el destino de los pobres reos, no los habría hecho reconcentrar de aquellas zonas de clima caliente a la de Tegucigalpa, ni les habría hecho perecer inmisericordemente a manos suya, verdugo despiadado y bárbaro que bien hubiera podido sacarle el corazón a los niños recién nacidos y comérselos crudo.

Una mañana que me hallaba encerrado en mi celda leyendo "La Enfermedad de América" de nuestro célebre unionista Doctor Salvador Mendieta, llegó el otro apuntador Pedro Martínez Lara, para decirme que acababa de llegar un reo de la montanita y que había que mandar su repuesto. Pero como por vivir leyendo a mí no me agradaba meterme en aquellas cosas, le rogué que lo hiciera por

---

[1] Coleto: Para mis adentros. Nota Colección Erandique.

mí. El hombre salió y a pocos minutos después regresó para decirme que había hallado un hombre que estaba bueno para mandárselo, tanto porque su sentencia era corta, cuanto porque era nativo de clima fresco, que tal era el sitio donde se le enviaría. Yo acepté al asignado por mi compañero y se le preparó para mandársele en sustitución del reconcentrado.

Nuestro enviado estaba sentado en el mango, esperando que se le llamara para ser conducido a su destino, cuando llegó Carías Lindo y le preguntó para dónde se le mandaba.

—A la montanita, mi general —replicó tímidamente el hombre.

—¿De dónde sos vos? —interrogó el vejete.

—De San Antonio del Norte, mi general.

—San Antonio del Norte, es caliente, ¿verdad? —dijo al hombre, amenazándole con la mirada.

El hombre cogió al vuelo lo que el carcelero quería hacer; más sabiendo que cuando aquel esquizofrénico fruncía el ceño, nadie podía sacarle de sus equívocos, le respondió que si era caliente, pues temió —me dijo confidencialmente después— que aquel hombre le pegara una pateada y le hiciera podrirse en un torreón.

—Para la montanita, mi general.

—¿Ya le preguntaste de donde es?

— Ya.

—¿De dónde es?

—De San Antonio del Norte.

—¿Y sabes si San Antonio del Norte es fresco o caliente?

—No sé más de lo que este mismo señor me ha dicho, que, según dice él, es fresco.

—¡Mentira! ¡Mentira! —gruñó Carías Lindo furiosamente.

—¿No es caliente San Antonio del Norte vos? —dijo, dirigiéndose con una mirada furiosa al reo.

—Sí, mi general. Sí, mi general. Sí, señor — dijo el hombre tan nervioso y descontrolado, que si más le hubiera durado la presencia de aquel momento, hubiera perdido la razón, como sucede a todas las personas nerviosas en presencia de las cosas terroríficas.

—Vení para acá —me ordenó petulantemente.

Y guiándome a la puerta de la guardia de la cárcel, llegamos aquí, de donde hizo llamar a César. Cuando este se hizo presente, le dijo trémulo y ofuscado de cólera:

—Mirá César éste no está haciendo lo que yo ordeno. Aquí tenés el caso de este hombre. Yo he ordenado que cuando haya que reponer un reconcentrado, debe hacerse de acuerdo con el clima del lugar de procedencia del hombre que se ha de enviar, al clima que ha de recibirlo. Y este no está haciendo lo que yo ordeno —repitió neciamente—. Porque aquí tenés el caso de este hombre quien es de San Antonio del Norte, que equivale a decir de clima caliente, y este le envía a la montanita que es clima frío.

—Mi general —redargüí yo, para ver si lograba aplacarle, para hacerle entrar en razón—. Si yo enviaba a este hombre, lo hice porque al preguntarle si su pueblo natal era fresco, el me respondió que sí.

—Qué va ser —gruñó rabiosamente—. ¿Preguntale, César, preguntale vos a ver qué dice.

—¿De dónde sos vos? —inquirió nuevamente Carías Lindo.

—De San Antonio del Norte, mi general.

—¿Es fresco o caliente allí?

Aterrado como estaba el hombre por las bravatas del Director, tuvo que responder que frio.

César, en este caso, me fue leal por la voz de la sangre pues no hizo ni dijo nada en contra mía. Pero como Carías Lindo continuaba vomitando fuego, la arremetí contra él diciéndole más o menos lo siguiente:

—No me puedo explicar cómo es que si ustedes saben apreciar la vida de un hombre, no reparan en atormentarle y aniquilarle de otras maneras más bárbaras y crueles.

—Ves, Cesar —explotó con redoblada cólera.

—Echá a este malcriado a picar piedra a La Mora.

Serían cerca de las nueve de la mañana cuando César le ordenó a un presidente que se me pusiera la rayada (uniforme del penado) y me llevara a picar piedra a La Mora.

En aquellos amargos tiempos sucedía, que cualquier disposición hecha a un reo que desempeñaba una función que le excluyera del trabajo de la barra o el martillo, era vista con expectante asombro por los demás reos. Los que no conocían el motivo que había ocasionado aquella caída, quedaban haciéndose contradictorias conjeturas.

Estas caídas eran frecuentes. Pero principalmente solían suceder entre aquellos individuos que no tenían ningún contacto con el

Director, pues fácilmente perdían el equilibrio, en el sentido de que tal vez no pudieron acertar a comprender a cuál de los dos jefes de adentro convenía complacer para sus ambiciones de ascenso. Los que frecuentemente caían eran aquellos que querían apoyar sus ambiciones de medro en el Alcaide Sánchez, pues César lo aborrecía y combatía con ardor a todos los que lo rodeaban y como este era el que tenía potestad para conceder y suprimir granjerías, generalmente salía avante con los que tomaba bajo su protección.

Una vez que el individuo había ascendido a presidente, ya no había peligro que cualquier mequetrefe lo mal informara y lo expulsara de su posición. Casos hubo en que ni César, persona única que gozaba de todo afecto del carcelero, pudo conseguir las expulsión de un presidente. Mas, séanos decir en honor a la verdad, que como a Carías Lindo le agradaba la maldad, lo hacía por el placer de la maldad misma.

Una vez, haciendo alusión a la cuestión de las expulsiones del personal puesto por César, que se contaba de los dos apuntadores para abajo, Carías Lindo me dijo a mí:

—Casos hay en que reconozco que César tiene razón de pedirme la expulsión de algún apuntador o presidente; pero yo no se lo concedo por trabarlo, pues cuando quiere meterme un hombre, me asegura que es bueno; pero ya cuando lo tiene en actividad, se queja de él; aquí tuvo un registrador a quien me presentó como buen hombre.

"No César —dice que le replicó— ese hombre no es bueno, sin embargo, se lo puse, pero luego ya me estaba pidiendo que se lo quitara".

—Yo reconocí una y mil veces que César tenía razón de pedirme la expulsión de aquel hombre; pero por probarle lo que yo le había dicho no lo retiré sino hasta que cumplió su sentencia y se me antojó darle la libertad.

En el primer momento que Víctor Carías Lindo me echó a picar piedra, nadie podía creer que yo no volviera a ocupar mi puesto de apuntador y habían fundadas razones para creerlo, pues yo continuaba durmiendo en la misma celda de los presidentes y disfrutando hasta cierto punto, de todas sus prerrogativas, pues se me continuaba dando el mismo sueldo de L.5.25 lempiras a la semana; y así como de esto, también disfrutada de otras gollerías de que no gozaba el reo corriente. Y acaso hubiera sido muy seguro que yo hubiera continuado de apuntador, si no me hubiera comportado apolíticamente, pues después comprendí que debí haberle puesto cara de cantinero al carcelero, como hubiera sido el hecho de seguir saliendo al mango para verle y saludarle día a día con hipócrita sonrisa; que tal era el tipo de hombre que a él le agradaba y la clase de sujetos de que le gustaba rodearse. Pero hasta entonces yo estaba muy equivocado acerca del nuevo giro que aquellos hombres trataban de imprimirle al carácter nato de nosotros los hondureños, quienes en su generalidad somos francos y sinceros. De manera que en vez de ir a arrodillarme humildemente ante aquel energúmeno, preferí encerrarme a leer; actitud que me condujo a la más triste de las situaciones:

Tenía tres meses de no asomarme a las oficinas de la secretaria del penal, y de no verle la cara al Director, cuando una mañana que regresé de picar piedra de La Mora, el asistente de la celda de presidentes me atajó cuando traté de franquear la reja, para decirme que ya no era aquella mi bartolina, que buscara mis cosas en la celda número once.

En un lugar donde el hombre no tiene más oportunidad para medrar que una sola ocasión, el perderla constituye la muerte. Y este era el caso mío aquí en el penal, donde ni el Presidente General, ni el Alcaide, en caso de quererlo ambos, podían volver a conferirle ninguna clase de consideraciones a ninguna de las víctimas del odio del Director. De manera que para mí fue un golpe verdaderamente mortal verme atajado por la mano del mismo hombre que momentos antes me había servido con repugnante servilismo.

Cuando llegué a mi nueva celda, vi tiradas afuera y en el suelo todas mis cosas. Yo tenía un baúl con varios depósitos, y el presidente de esta celda, señor Pedro Nufio Gallardo, me dijo que no consentiría que yo metiera allí aquel aparato; y aunque había espacio para ello, yo no pude hacer nada a fin de que se me permitiera tal cosa, pues me hallaba en tal situación que cualquier situación hostil que alguien tomara contra mí, venía a ser como una congratulación dirigida al director y este la agradecía con promociones honorificas, si alguna dignidad pudiera haber dentro de la vileza de un antro tan corrompido y bárbaro como aquel.

Aun estábamos vistiéndonos a las cuatro de la mañana del día siguiente de mi traslado a la celda número 11, cuando tan pronto como el llavero sacó llave al candado de nuestra reja, Gonzalo Paz

García entró a mi celda para pasearse con aires de triunfo y satirizarme de una manera baja y soez.

—¡Ajá! —dijo dirigiéndose al presidente de la celda— con que ahora ya tienen otro huésped, ¿verdad don Pedro?

—¡Pssh! —respondió el anciano despectivamente.

Pero conociendo yo el carácter de aquel canalla, comprendí su deseo de estrujarme el alma y salí corriendo para vestirme afuera. Él salió también para devolverme el desaire, dándoles orden a los capataces que me metieran en la fila de los morenos y que no dejaran que me retirara por ningún motivo.

He aquí, pues una etapa fatal de mi existencia. La vida me presentaba la realidad de una tragedia padecida conmigo por hombres de carne y hueso como yo. Es realmente un doloroso espectáculo de desolación y desamparo en medio del tumulto de una inmensidad de hombres indigentes, quienes como yo, también estaban a merced de un horroroso elenco de bestias que les trataban a puras coces.

Ciertamente que si nunca me hubieran llevado al penal, jamás hubiera llegado a creer que hubiera hombres tan malvados como aquellos que vi y sufrí allí. Rodolfo Lanza Varela, por caso, era uno de estos innatos perversos que solo se hacían entender a latigazos.

El látigo era su lengua. Cuando Rodolfo daba un pujido en vez de dar un latigazo, podía decirse que era bueno con quienes se lo habían hecho arrancar. Fue precisamente debido a su conocida crueldad, que los muchachos trataron de buscar algo que se pareciera a él para bautizarle con su nombre y fue así que lo hallaron en la palabra Pirata; mas no por su valor personal, sino por su característica crueldad, pues todos sabemos que cuando aquel infame se acercaba a Carías Lindo, a Sánchez o a César para mal informar a alguno de sus compañeros, casi lloraba para inspirar compasión, actitud rayana en bajeza y estúpido servilismo.

LOS "PRESIDENTES" DE LA PC

El número de presidentes que le hacían el servicio a Carías Lindo se componía de 18; pero solo había dos verdaderamente corrompidos, verdaderamente malvados, verdaderamente crueles con sus manos y sus lenguas, ellos respondían a los nombres de Rodolfo Lanza Varela y Gonzalo Paz García.

Los 18 presidentes hacían el servicio del penal conforme a las instrucciones de tres roles firmados por el director. Uno de estos roles estaba pegado en la pared de la guardia de cárcel, el cual entraba en juego desde las 8:00 pm hasta las 5:00 am hora en que cesaban las actividades del servicio. Este servicio se hacía todas las noches. Después que los cornetas tocaban las 8:00 pm, el comandante de guardia pitaba su silbato para que los presidentes se hicieran presentes y oyeran el horario de los turnos, los cuales eran hechos de manera unipersonal y con dos horas de tiempo cada uno. El presidente de turno rondaba en torno al recinto para observar lo que pasaba en cada celda. Pero mientras hacia la ronda, silbaba contestando los silbatazos que daban los centinelas de turno en sus torreones, para anunciar que su vigilancia era activa. Cada cinco minutos de intervalo, el presidente debía presentarse a la guardia para dar las novedades.

Los otros dos roles estaban en la celda de los presidentes. El uno anotaba el nombre de todos para que se hiciera el encierro de todas las bartolinas sin necesidad de tener que andar preguntando a quien le tocaba hacer el encierro. El otro rol comprendía el alusivo a los que harían la semana de presidentes del recinto; fecha que cada uno de todos esperaba con ansiedad, pues les confería poder temporal sobre todos los presidentes. Todos obedecían al transitorio mandón; pero a regañadientes, amenazándole para que cuando llegase la fecha de su recinto, trataría de la misma manera al que ahora les mandaba sin ningún miramiento. Y era verdad que muchos de ellos se aborrecían y se hacían todo el daño que podían; llegando en muchos casos hasta agarrarse a puñetazos. Sin embargo, los que no teníamos ningún respaldo a nuestro favor, sufríamos la absoluta crueldad de aquellos bárbaros vengadores. Tenía dos semanas de hallarme recluido en la enfermería debido a una disentería que me había postrado y que no quería dejarme levantar, cuando un lunes, día en que cada presidente iniciaba su semana de Presidente de Servicio, el encargado de la enfermería me dijo que sentía mucho que yo no estuviera bueno todavía para poder darme de alta; pero que el presidente del recinto, Rodolfo Lanza, me odiaba y que por tal motivo le había dado orden de que me echara fuera de la enfermería.

En casos como éste y más aún, tratándose del autor, no había más alternativa que bajar la cabeza. Cuando llegué a mi celda, don Pedro Nufio, que era su presidente, me dijo que tenía orden del mismo Rodolfo Lanza de no permitirme permanecer ni un solo minuto en mi celda, excepto de cuando ya fuera hora de encierro.

Al sur del patio general había un corredor que tenía 100 metros de largo por 4 de ancho y era aquí donde se pasaba a los convalecientes para que; ¡infame ironía! se restablecieran. Muchos de estos desgraciados, débiles y flojos de las enfermedades de que todavía no estaban buenos, al solo salir de la enfermería pedían que les diera el uniforme para ir afuera a trabajar, pues se les maltrataba inmisericordemente en aquel corredor, ya fuera metiendo carbón, leña, acarreando adobe, metiendo víveres y generalmente quemando tarimas.

La tarima es un tablado movible que en Honduras se usa en los presidios y cuarteles para que duerman los reos y los soldados. Aquí en el penal había más de dos mil y sin duda debido a la excesiva acumulación de gente, la chinche se propagaba como por arte de magia, circunstancia que hacía vivir con la caldera de agua sobre el fogón, para meter en ella tarima por tarima y así combatir las chinches lo más posible.

Esta labor no debió haber sido ejecutada por convalecientes, por ser demasiado pesada; y sin embargo, eran estos pobres hombres los que tenían que realizarla. Precisamente este día que Rodolfo Lanza me sacó de la enfermería, ordenó que se me pusiera a quemar tarimas. Los médicos del penal, doctores don Martin Bulnes y don Ramón Meza Galeas, que eran los únicos hombres que moralmente se sentían lastimados por el despotismo con que aquellos salvajes manejaban a los pacientes y convalecientes, no podían hacer nada en pro de ellos, porque las prescripciones con que trataron de impedir que se mandara a trabajar a un hombre cuyo estado de salud exigía reposo para que pudiera restablecerse, eran pisoteadas por cualquier patán de aquellos a quienes Carías Lindo había investido con la dignidad de presidentes y nadie podía quejarse de tales cosas, porque no solo no aprovechaban nada tales demandas, sino que la represión que el director infligía al demandante era verdaderamente salvaje. De manera que, forzando mi debilidad física, sin musitar fui a quemar tarimas.

Entre mis compañeros de celda, que en su mayor parte eran la flor y nata del centro, habían unos buenos y otros malos, valientes y cobardes, íntegros y chismosos. Más entre todos ellos era yo el sucio. También el blanco de los tiros de todos los viles arcabuceros que se ensañaban para la intriga; pero nunca gemí. Era mi estómago entre tantos estómagos llenos que eructaban de hartura, el único al que le hacían ruido los intestinos de hambre, pero nunca le pedí un mendrugo a nadie. Exceptuando cuatro de ellos, quienes eran verdaderos varones, los más se empeñaban en empeorarme la desgracia.

Entre estos tipos de la más baja extracción, recuerdo a un anciano que respondía al nombre de Miguel Arturo Castañeda. Este sujeto, no obstante sus 70 años de edad, fue traído de la ciudad de Gracias por un vergonzoso estupro que cometió en perjuicio de una inocente joven. Curandero farsante, para pasar la vida fácilmente había tenido que remontarse a los villorrios más apartados de la vida civilizada de el Salvador, Guatemala y Honduras, siendo su país de origen, el primero de los tres mencionados. Cuando Castañeda llegó al penal, yo le dije a César que este sujeto se dedicaba a la medicina y que pudiera ser que diera resultado como enfermero del penal, razón por la que me agradaría que se le dejara como tal; pero aquel me ordenó que se lo llevara al doctor Meza Galeas para que éste lo examinara; pero resultó que cuando se halló en presencia del verdadero galeno, el curandero se puso trémulo y mudo a tal grado, que no pudo pronunciar una sola palabra sobre las preguntas que el médico le hizo.

—¡Decíle a César! —me dijo el médico— que este hombre debe ser un loco o un imbécil.

Cuando le expliqué el asunto al Presidente General, éste me ordenó que lo echara a picar piedra a La Mora, pero yo me apiadé de él y al tercer día lo puse de apuntador del movimiento de entradas y salidas del centro. Pero la fatalidad hoy me había tornado en compañero de celda suyo. Fue aquí o así cómo pude darme cuenta de que el vejete escribía versos. Yo regresaba de picar piedra a las

10.30 am y desde ese momento me agachaba a leer, pero podía observar que el señor Castañeda entraba a nuestra celda a cada momento para leer sus versos. Su solicitud por ellos eran tan viva, como no podía ser más que la abnegada de las madres ponía para con su primer hijo. Este vehemente romanticismo solo anejo a la mayor parte de los adolescentes, me parecía ridículo en un anciano como él y al verle entrar y abrir su cuaderno de versos, a cada rato, no podía menos que sonreír; sonrisa que el sorprendía con la mirada, pero que como era tan cobarde, no podía reprenderme o algo más, sino que para vengarse se sirVio de la calumnia.

Entre estos compañeros de celda estaba el licenciado don Simón Molina Ramos quien con más frecuencia censuraba el despotismo y la barbarie de aquellos hombres y fue él quien un día que nos hallamos reunidos la mayor parte de los de aquella celda, vio que Rodolfo Lanza inmotivadamente estaba repartiendo latigazos, injusticia que le hizo exclamar: "Solo en épocas como ésta se puede ver que un penco como Rodolfo Lanza, tenga tanto poder como para flagelar injustamente a un hombre indefenso".

—Ciertamente —corroboré yo— así es.

Mas el señor Miguel Arturo Castañeda corrió a decirle a Rodolfo Lanza, que yo le había tratado de penco, hijo de p. . . y no sé de qué otras cosas más.

Se supone que si yo hubiera sido un analfabeta igual que él, no hubiera hecho trascender aquello para pegarme mi vapuleada, razón por la que no obstante que las personas que llamó para que le confirmaran aquello, le dijeron que no era cierto; se fue para donde César a decirle, en la forma de lloriqueo como hablaba a los jefes cuando chismeaba a alguien, que yo le había tratado de hijo de p... y como César era crédulo y ya me tenía cierto odio, irreflexivamente le ordenó que me llamara a la celda del presidente y que aquí me pegara una verguedada y que después de ella, me hiciera desnudar y me pusiera a lavar excremento con las manos y después a la hora que se hiciera el encierro general, que me pusiera manos arriba por la noche durante tres horas.

Rodolfo me llamó a la celda de presidentes para pegarme la gran verguedada, pero estábamos solos y comprendió que si alzaba la mano para pegarme, le hubiera pegado un puñetazo en la cara, con la seguridad de rajársela como después se lo hiciera el propio César; pero no se atreVio. Se limito únicamente a obligarme a cumplir los dos castigos; infamia que tuve que someterme porque detrás de Rodolfo Lanza, estaba Cesar con 18 hombres armados con látigos y detrás de estos, Carías Lindo para reforzarle con 300 indios salvajes armados de fusil; más conmigo a mi favor no había nadie más que mi valor personal; pero sin ninguna arma en mi mano para sentar un precedente digno de que mis compañeros lo repitieran a cada instante para enseñar aquellos viles esbirros a respetar más la dignidad de un hombre.

Hay hombres a quienes si bien es cierto que alguna vez se les vio el galpón político de su patria, también lo es que la mayor parte de ellos no surgieron a esa plataforma por méritos propios, sino porque hubo un hombre de mano pesada en la política criolla que se sirVio de ellos como lo hace el ajedrecista con un peón cualquiera para jugar una partida, pero después que este les negó el impulso que les diera vistosidad entre sus dedos, fueron arrojados al fango, al manicomio o a la cárcel, así como una cosa vulgar, como una cosa cualquiera.

Sin embargo, la impresión de aquella infeliz contingencia provocó las fatales consecuencias en la mente de aquellos débiles cerebros, el delirio de grandeza, pues han llegado al lodo, al manicomio o a la cárcel, hablándole a la miseria de sus glorias. Emilio Crespo Toro fue entre mis compañeros uno de estos enfermados al contacto de lo grande.

Cuando a mí me llevaron a la penitenciaria el Señor Crespo tenía tres años de hallarse preso, solo, en la miseria y abandonado por todos los suyos. Su indigencia era tal, que si no hubiera tenido la suerte de encontrarse allí con un hombre caritativo como César T. Fúnez, quien con bondad de corazón le regalaba la comida, acaso se hubiera muerto de hambre. Si durante su permanencia en el presidio pudo andar vestido y aseado, esto se lo debía al que le mantenía henchido el vientre, pues con los dos pesos y medio que nos daban a la semana, él no hubiera podido comprar sus pantalones y sus camisas de dril, los cuales estaba pronto a vender por miserables centavos cuando ya los tenía desteñidos y gastados.

Emilio Crespo había sido procesado en la Ceiba, Departamento de Atlántida, por el deshonroso delito de defraudación de fondos públicos, acto que de ser veraz en lo que digo, los que lo conocemos, sabemos que no es capaz de cometerlo. Probamos su honradez. Su procesamiento provino por enemistad personal con el

Comandante de Armas de aquel lugar el Lic. Rufino Solís, tipo absorbente, quien debido a la absoluta tolerancia que el General Tiburcio Carías le brindada, abusaba a diestra y siniestra del respeto de los hombres honrados y de carácter de aquella ciudad.

Pero en cuanto a su comportamiento como compañero de celda, Crespo era repugnante. Como ya dije, el azahar había investido a este sujeto de algunas dignidades propias para otra clase de hombres. Ahora en su desgracia no había día del mundo que no viviera recordando sus tiempos de Gobernador o de Diputado. Crespo era "esquilimosísimo". En la celda era el único que de todos vivía haciendo ascos. Desde que amanecía hasta que anochecía se le miraba frente al espejo y con el peine en la mano. Daba una vuelta alrededor del recinto y volvía al espejo y a tomar el peine para peinarse el poco cabello que tenía y que acaso la brisa le había puesto en desorden. Para empolvarse, ni una mujer lo hacía como él; y también lo hacía varias veces al día. No recuerdo haber visto en la vida, hombre más enamorado de su persona, que Emilio Crespo de la suya.

Pero hasta cierto punto sus defectos de fémina no eran tan deplorables como lo era su hábito de chisme y de intriga. Su carácter de tipo quisquilloso le hacía vivir en continuas pendencias con todos sus compañeros. Entre estos había uno con quien se había enemistado por una simpleza. Mas creyéndose muy importante, una vez había decidido sacar de su celda al joven José Barrios Gallardo, que tal era el nombre del compañero que llevaba en mente sacar de su bartolina y al efecto, se concitó con algunos elementos de su laya y de su celda, para conseguir su expulsión. Pero como él y sus compañeros gozaban de la misma fama, los expulsados fueron ellos.

Crespo fue trasladado a la celda No.5, donde tan pronto como llegó entró en choque con otro tipo igual a él; esto es, con el conocido Rogelio Barrientos. Esta circunstancia dio lugar a que ambos fueran llamados a la Dirección, donde Carlos Reyes Carías, haciendo veces de Director, les pegó una recriminada acre, amenazándolos con que si volvían a tirarse las almohadas, los iba a mandar a picar piedra a la Mora. Pero Crespo no era hombre que pudiera convivir con nadie sin herir u ofender el amor propio a los hombres. Apenas habían pasado unos quince días de aquel incidente con Barrientos, cuando entró en choque con Nicolás Nazzar, hombre de carácter violento quien estuvo en un tris de pegarle una pateada.

De esta vez Crespo casi lloraba como un niño contándome su triste suceso. Sus aflicciones me inspiraron compasión y no obstante el desprecio que me inspiraba por su conducta estúpida, le hablé a César para que se le devolviera a la celda de que ya había sido expulsado, pues el joven Gallardo ya había mejorado y dormía en el segundo piso. César accedió y Crespo respiro de contento y alegría.

Por estos tiempos (1942) esta mala pieza de que estoy hablando frisaba los 55 años de edad.

PROHIBIDO LEER

Cuando yo caí en desgracia, aún no había sufrido mucho, pues solo llevaba un año de presidio. De manera que no obstante la cadena y una serie de humillaciones más que Julián Mejía H. me había inferido en Sinuapa, puedo decir que no me habían desvirilizado. La falta de un exceso de desgracia me hacía conservar aún mi natural altivez y sinceridad. De manera que no sabía, aunque de manera rudimentaria como lo sé hoy, que cosa era la diplomacia; es decir, hipocresía y adulación, que es lo mismo.

Estaba aquel presidio tan dominado por el terror que trae consigo la delación y los tormentos que llevaba ya dos meses de hallarme en la celda número 11 y Emilio Crespo, que era sospechísimo, continuaba creyendo que yo era oreja. Pero él tenía razón de suponerlo, pues de repente sufría unos horribles ataques de nervios, durante los cuales no podía abstenerse de insultar a grito pelado el régimen de Tiburcio Carías; cosas de que después que le pasaba el acceso, quedaba temblando de miedo. Una vez, cuando allí era realmente peligroso exteriorizar su simpatía por el nazismo, Crespo dijo en uno de aquellos bárbaros paroxismos, que si en su celda pudiera disponer de una radiodifusora, daría a Hitler muchos datos de gran interés para su causa.

En la celda todos sabíamos que aquello no era más que pura chifladura del vejete cari roja, pues su condición de reo le hacía vivir ajeno a la realidad del momento político; de manera que si el propio Carías Lindo le hubiera oído decir tales disparates, en vez de castigarle, se hubiera echado a reír de semejantes desplantes.

En el reclusorio es un lugar de suplicio únicamente para los pobres, pues casi nunca se ve a un rico o a un hombre ilustrado. Para que esto suceda y principalmente en regímenes como el del General Tiburcio Carías, se necesita que esta clase de hombres no estén bien con su gobierno. Este es el caso del licenciado Simón Molina Ramos, a quien por ciertas rivalidades de profesión con el juez de letras de entonces, se le llevó preso de facto, pues entre hermanos del oprobio siempre se deben cambiar servidas de maldad y de esta vez, Carías Lindo quiso devolverle algún cumplido a quien muchos infames debía ya.

Cuando el licenciado Molina fue compañero de celda mío, era un hombre que frisaba en los 30 años de edad (año de 1943). Era él un mulato alto de temperamento nervioso y violento. Su gran sensibilidad moral le hacía sufrir intensamente la estupidez de aquellos patanes que, indignos de ello, nos manejaban. Él trabajaba en la mesa y una vez, como lo era costumbre hacerlo con los reos humildes, el tuerto Camilo Mejía quiso reprenderle por una lista extraviada, pero el abogado le replicó:

—Vea, Camilo, a mí no se me reprende como a cualquier patán. De manera que si mi falta merece castigo, impóngaseme; pero de carácter moral. El tuerto no hizo más que mascar el freno.

Hombre inteligente y dotado de una vasta ilustración, el abogado Molina fue para mi espíritu como un rayo de luz, pues me dio su amistad y su orientación.

En la penitenciaría estaba prohibido leer; pero rogando aquí y suplicando allá, el Licenciado Molina consiguió que se le metiera uno que otro de los muchos libros que su señora madre le llevaba al penal, circunstancia que me proporcionó la oportunidad de leer una infinidad de obras que por no tener ideas de ellas ni dinero en que haber podido comprarlas, no las hubiera visto allí.

Intelectualmente considerado, Molina era el único hombre ilustrado que había en el patio general. Conmigo se enojó varias veces. La primera de esta fue porque a la tercera vez de hacerme una misma pregunta, le hice recordar que dos veces antes me había hablado sobre el mismo tema. La segunda vez que se me enojó, fue porque le vi apuntando no sé qué cosa en una carterita que llevaba consigo y como al verla me sonriera, él también sonrió y me preguntó con curiosidad que si podía adivinarle qué clase de apuntes llevaba allí.

—No sé, licenciado —fue mi respuesta.

—Pues vea —me explicó con amabilidad— esta es una lista en la que voy anotando el nombre de libros y autores que leo aquí en el penal.

—Esta bueno eso. Hay que hacerlo siquiera para acordarse del nombre de los libros y los autores, aunque no del asunto que ellos trataron, ¿verdad? —susúrrele socarronamente.

—¡No trabe! —me replicó furioso—. ¿Usted cree que yo me traiciono a mí mismo?

El abogado Molina era un hombre muy susceptible, fácil de ofenderse. Para conversar con él había que hacerlo con mucha mesura, porque bastaba el menor descuido en el decir, para hacerle sentirse molestado. La última vez que el Licenciado Molina se enojó conmigo, si que, perdóneseme el término, se me puso salvaje. Era tal su cólera y las palabras de provocación que me infirió, que si yo no hubiera estado seguro que solo se esperaba que yo tuviera un choque violento con alguien para pegarme una vergueada y ponerme una cadena, con toda seguridad, que nos hubiéramos cambiado una docena de puñetazos; pues fue demasiado ofensivo lo que me dijo y dada la situación en que me hallaba, solo en el caso de que me hubiera pegado una pescozada, hubiera tenido que devolverla y aunque por ello me hubiera llevado el diablo.

De esta vez quedé tan ofendido con él, que durante mucho tiempo estuve disimulando su presencia. Pero él, ya fuera de aquellos sus horribles accesos de violencia, era muy comunicativo, siempre trató de reconquístame el afecto, hasta que al fin, con sus atenciones y bondades logró depurarme el corazón de todo rencor y resentimiento.

Si en la vida de los mártires del ideal que ha habido caracteres realmente inquebrantables, a quienes ni los tormentos más lentos y crueles les hizo perder la confianza en el triunfo de los principios que auspiciaron con voluntad de hierro; no sucede lo mismo con el hombre vulgar. Muchos de éstos, dentro de los cuales se cuenta el autor, pueden ser valientes fuera de la cárcel; pero si se encuentran en ésta en calidad de prisioneros, sufriendo una sentencia de más de 10 años, sufriendo desnudez, hambre y con el odio encima de un carcelero malvado como Carías Lindo, secundado vilmente por una multitud de esbirros quienes sabían que le agradaban al maltratar a los que aborrecía; tenia, si querían llevar a buen fin sus días que cambiar de táctica.

Reflexionando de esta manera, saqué en conclusión que si me obstinaba en mantenerme altivo, perecería tontamente y hay casos en que, cuando de todo corazón se quiere realizar un pensamiento, hay que ahogar las voces del sentimiento para oír y seguir solamente lo que aconseja la razón. Yo tengo mis propias aspiraciones y he querido sobrevivir a todo cataclismo para arrojarme un día de cabeza en el torrente liberador que veo en sueños arramblando y desarraigando con su fuerza irresistible, esos viejos sistemas sociales que durante décadas y décadas han venido siendo forjados por una compañía de herreros, quienes siempre han estado prontos a pegarle un martillazo en la cabeza a todo elemento nuevo y de valor que no sea de su familia, o que en nombre de un nuevo ideal alce la voz. De manera, pues, que fue así como comencé a escribirle unas cartas a mi carcelero y logré, progresivamente ir adquiriendo los resultados que de aquella miserable labor esperaba obtener; mientras tanto, continuaba viendo desenvolverse la vida borrascosa, cruel, doliente y sangrante del penal.

Así las cosas, de la noche a la mañana se hizo circular la orden de que todo aquel que escribiera al Director, debía poner el número de su celda. Esto ocurrió porque un hombre que tenía ocho años de estar preso sin formación legal y sabiendo que su carcelero le tenía recluido por capricho personal, un día en trance de desesperación y arriesgándose a sufrir todas las consecuencias que por ello le podían sobrevenir, le escribió una carta verdaderamente ultrajante. El atrevido pagó lo suyo; pero yo compartí sus consecuencias; pues un domingo, día único en que se le podía escribir, lo hice olvidando anotar el número de mi celda; descuido en que también incurrieron mis compañeros de celda.

Al Teniente Santiago Baca Fúnez, al P.M. Salvador Zelaya C. y Lic. Simón Molina Ramos, según el tuerto Camilo Mejía, les castigó el olvido con dos horas manos arriba, por haber incurrido en mi misma falta y no dejar de castigarme a mí. De manera que a los cuatro se nos tuvo manos arriba con un centinela de vista, para que no fuéramos a bajar las manos o a descansar de alguna manera.

El sentimiento que hace a la mayor parte de los hombres olvidar el respeto y el reconocimiento que deben a quienes les dieron ocasión de medrar, se llama soberbia; sentimiento que refleja de cuerpo entero la baja extracción moral de que están formados quienes de tal manera se comportan con sus favorecedores. En el penal yo tuve la ocasión de conocer algunos sujetos de esta laya; individuos a quienes César les dio una coyuntura que les diera ocasión de estar cerca del Director; pero quienes al hallarse tete a tete con éste, no solo se limitaron a despreciar allá en su fuero interno a quienes les diera tan feliz circunstancia, sino que se atrevieron a decir públicamente, que ellos no tenían que obedecer órdenes de César, porque este no los mandaba.

El primero, que tales cosas se atrevió a decir fue el registrador Alejandro Zaldívar, persona quien con la mayor buena voluntad César estuvo pronto a probarle su autoridad, ordenando, al efecto, que por mandato suyo y por lo que había dicho, se le pusiera dos horas manos arriba. Ya en suplicio dicho señor quiso retractarse; pero ya no era tiempo de hacerlo. Otro que por hallarse de Director de la escuela correccional para menores creyó hallarse excluido de la autoridad de César, fue el profesor Villafranca, quien tuvo la soberbia de decir que éste no lo mandaba; pero a quien también estuvo pronto a probarle que si le mandaba y al efecto hizo ordenarle al jefe de la celda de dicho profesor, que cuando este llegara, se le pusiera dos horas manos arriba y que le explicara el motivo.

El profesor es una buena persona; pero sucede que hay veces que a uno se le salen expresiones indebidas. De esta vez tuvo algo de que arrepentirse, pues apenas llevaba una hora de estar cumpliendo su castigo, cuando ya estaba "ayayando" del dolor que le provocaba aquella estúpida posición en que se le tenía.

José Barrios Gallardo, otro de los favorecidos de César, también llegó a creerse levantado por su propio peso cuando se vio en continuo contacto con el Director; pero aquel siempre tuvo la prudencia de acallar sus pensamientos. El único que resultó altanero fue su tío Pedro Nufio Gallardo, quien le administraba una cocina que Carías Lindo le había dado para que se ayudara.

Por estos tiempos César y Carlos Reyes Carías habían organizado un equipo de béisbol; equipo que Víctor Carías Lindo patrocinaba, acaso con el propósito de darse celebridad; pero los jugadores eran unos vagos a quienes había que mantener y dar albergue. Al efecto, César había ordenado a las cocinas de los reos, que eran tres, que se asociaran para que hicieran los gastos de la manutención de los jugadores. Dos de ellas no pusieron inconvenientes; pero Pedro Nufio, administrador de la cocina de José Barrios, no quiso dar la parte que correspondía a aquella cocina; entonces Nicolás Nazzar, que administraba la del propio César, dio parte a éste, quien inmediatamente hizo sacar por la fuerza lo conveniente, y ordenó que se pusiera al tal Pedro Nufio a lavar excremento con la mano y por la noche que se le pusiera manos arriba.

No podía creer Pedro Nufio que él, sobrino de José Barrientos Gallardo tan altamente entroncado con Carlos Reyes y el Director, había sido castigado por negarse a dar algunas raciones para los jugadores y fue así que cuando volvieron a recoger lo que debían llevar de allí para alimentar a los atletas, nuevamente volvió a negarse lo que le pedían. Pero nuevamente y con más rigor, César volvió a ordenar que se le impusiera el mismo castigo.

Hay hombres a quien ni su avanzada edad ni la escuela que han tenido, les ha podido abrir los ojos del conocimiento. Pedro Nufio era uno de estos, quien no obstante sus 50 años de edad y su no escaza instrucción, estaba ofuscado por un pensamiento demente y torpe, pues a pesar de lo que le estaba pasando sin que su sobrino pudiera hacer nada por él, continuaba negándose a dar una cosa que no era suya sino que de Carías Lindo, quien por intermedio de César quería que así fuera. Y así fue que una tercera vez don Pedro volvió a negar comida para los jugadores y a verse nuevamente lavando mierda con las manos, circunstancia que provocó en su espíritu un loco arrebato que le hizo atentar contra su propia vida, pues se cortó una vena con la intención de suicidarse.

De orden de César, Pedro Nufio fue retirado de las cocinas, sin más recompensa que la de haber sufrido toda una serie de humillaciones por la que le hizo pasar su estúpida terquedad.

Sin embargo don Pedro Nufio no la pasó mal en el centro, pues nunca se le mandó a trabajar afuera, ni nunca se le forzó hacer ningún trabajo pesado. La labor de su vida diaria consistía en dormir, tomar café, fumar y darse sus paseítos en el recinto. Por lo visto padecía de perenne fatiga y al verle parecía tener más edad de la que realmente aparentaba, pues caminaba demasiado agachado y su paso parecía débil y flojo. No era mucho lo que caminaba para volver a echarse en su tarima, donde por estar con los ojos cerrados parecía estar dormido; pero de repente y cuando la mayor parte de compañeros estaba allí, se levantaba diciendo: ¡ay! ¡ay! ¡ay!... Don Pedro ya no aguanto más!. La broma era para el Profesor Villafranca, a quien con ella le hacía recordar los gemidos que le arrancaron las dos horas que César le tuvo manos arriba.

Era esta la manera de hacerse reír un poco, de atenuar la aspereza cruel y feroz del penal.

De manera que al oír a don Pedro haciendo chiste de los gimoteos del profesor, todos soltábamos la risa.

—Oye Pedro —le decía Villafranca a éste—. ¿Pero verdad que cuando vos te quisiste suicidar en vez de manar sangre echabas café?

La broma encajaba bien, porque Pedro en vez de tomar agua, bebía café y esto daba la impresión de que el cafenómano tenía la sangre hecha de café. Salvador Zelaya y el profesor Villafranca siempre plagiaban una canción para hacerse bromas. Pero Emilio Crespo que era un tipo apático y repugnante, apenas les oía cantarla, se incorporaba y salía de la celda rápidamente gruñendo estas palabras:

—¡Ya van con sus misma babosada de siempre, ustedes!

LA ENFERMERÍA EN LA PC

La enfermería del penal era una celda como otra cualquiera, pues no solo eran tarimas, en vez de camas, los lechos donde los pacientes esperaban la muerte o recobrar su salud, sino que sus tablados eran colocados unos sobre otros; cosa que resultaba demasiado desconsiderada para aquellos pobres hombres, pues para subirse a una tercera o quinta tarima, tenían que realizar un esfuerzo superior a sus débiles fuerzas.

La generalidad de los pacientes padecía de diarrea y disentería. El servicio sanitario se hacía en tambos, los cuales estaban dentro de la misma sala y los que casi nunca vi desocupados. El aspecto general de nuestra sala lo componía un conjunto de tarimas mugrosas y descubiertas, pues la generalidad de los pacientes no tenía ropa de cama y mucho menos para que pudieran tener almohadas. Era uno que otro de ellos a quienes se les podía ver echarse encima un girón de frazada remendada o raída; pero nada limpia. De aquí que el olor pestilente que transpiraban aquellos cuerpos y aquellas ropas fuera tan desagradable a nuestro olfato.

También su alimentación era algo que en nada se diferenciaba de la que comían los trabajadores, pues siempre les llevaban las mismas cuatro tortillas con el mismo poco de frijoles sancochados a los tres tiempos del día. Muchos hacían el esfuerzo por comerse esta miserable labaza; pero el desgano y la enfermedad les hacía aborrecerla y no la probaban. La idea de otra clase de alimentos ocurría entonces a sus mentes; pero el hogar paterno estaba ausente; además, allí a nadie le estaba importando los gustos de ninguno de ellos y muchos de estos infelices se iban al otro mundo por falta de un alimento a tiempo, deseando acaso, alguna sopa de fideos o de huevos con tomate.

El aspecto de estos cuadros lastimaban sobre manera los corazones sensibles a los sufrimientos humanos. Por caso los enfermos de fiebres palúdicas que no tenían ropa de cama con que envolverse, hacían un cuadro profundamente conmovedor cuando les venían los fríos y no tenían que echarse encima. Las tarimas que estaban debajo o encima de las de ellos, se estremecían mientras ellos tiritaban de frío. Sus cuerpos desnudos y descarnados, daban una impresión dolorosa.

Mirar aquellas caras huesosas de ojos hundidos en hombres jóvenes, de respiración jadeante, quienes parecían presentir decirle adiós a la vida en aquel antro lúgubre y lleno de necesidades desgarradoras, era realmente torturante para quien tiene un sentimiento pronto a compadecerse de los sufrimientos humanos.

El mando recaído en manos de un hombre amoral, es tanto más dañino y peligroso para los hombres que lo sufren, cuando más vengativo e inclinados sea a hacer el mal. Por tal motivo es que los puestos de mando no deben conferirse solo porque el favorecido conozca el trabajo que habrá de ejercer, sino que debe hacerse en atención a sus sentimientos morales. Carías Lindo hacia esto; pero en sentido inverso, pues con muy raras excepciones escogía a los hombres más perversos, malvados corrompidos para el mando. Por caso Rodolfo Lanza Varela y Gonzalo Paz García, eran dos ejemplares espantosamente horrorosos de su cuadro de esbirros.

Mientras yo estuve alejado de Carías Lindo, no recuerdo haber dejado de formar un solo día en las filas de la Mora. Si no había piedra en este destino para ir a hacer adoquín, era yo uno de los que se apuntaba para ir a meter leña, madera en rollo, adobes, o cualquier otra cosa que se tuviera que acarrear. El objeto era el de no hacerme en paz. Día hubo en que prácticamente no hubo que hacer. Sin embargo Gonzalo Paz hizo formar los moreros para tenerlos de plantón largas horas. Pero después de un largo meditar pensé en ofrecerme mejor el testimonio de su odio y de su anhelo de humillarme hasta el máximo envilecimiento. Fue a su celda a traer una tabla de apuntes y comenzó a llamar uno a uno de los elementos más reflexivos del destino, dentro de los cuales llamo, en primer término, al autor, después a don Arturo Coto Montero, luego al perito mercantil don Gunter Debber, etc. Y llamo a nuestra columna con el nombre de "Columna de Barrenderos". Lo hizo para reírse de nosotros, que lo dice en nuestras propias barbas y nos ordenó además, que en ningún caso debiéramos de retirarnos y que al solo grito de "esos barrenderos", debíamos marchar con versión a la puerta. Gonzalo Paz, que aborrecía al hombre por solo el hecho de notar en él alguna virtud que le distinguiera hasta por debajo de uniforme de reo, no perdía instante en satirizarle y humillarle. Recuerdo que una vez que el coronel Irene Zapata y yo, fuimos al montón de piedra sin pedirle permiso a nadie porque no hallamos de cerca de quien pedírselo, ordeno a uno de los capataces que nos pusiera a botar excremento en la letrina al río, que distaba la una del otro unos 50 metros.

Gonzalo Paz, ignorante sin ser analfabeta, era muy inteligente; pero su inteligencia solo la utilizaba para hacer el mal. Era presumido y vanidoso. Se sabía de memoria los nombres de Hipócrates y Escolapio, que ya era bastante para hacerse pasar por un sabio en opinión de aquella masa de ignorantes. Sin embargo, no obstante sus naturales aptitudes para aprender, sentía una estúpida satisfacción por humillar y ultrajar a los hombres de carácter y de alguna personalidad. Una vez, por caso, el poeta Daniel Laínez, quien a la sazón estaba arrestado en el penal, olvidó o descuido ir el día lunes a la Mora con su uniforme lavado. Fue viéndolo Gonzalo, quien pareció estar esperándolo de exprofeso, le pegó en las espaldas tres salvajes vergazos. Así procedía en todos sus actos aquella alma refleja de la de Carías Lindo.

Una tarde de noviembre de 1944 todo parecía tranquilo. Los reos ya habían regresado de sus destinos y todos hacían lo normal; pero de repente un grupo de oficiales entró corriendo al patio general, para ordenarnos a gritos que corriendo nos metiéramos a nuestras celdas. Aquellos hombres llevaban estampado en su semblante el terror que les amenazaba y es probable que la mayor parte de los reos nos habíamos asustado un poco. Fue esta la primera vez en mi vida de penado, que mire que se nos encerró sin lista y en desorden. Pasada la impresión del primer momento, los ánimos recobraron la tranquilidad y la calma; pero no sin quedar anhelantes de querer conocer las causas de aquel suceso. Más tarde llegó un presidente y le contó a uno de mis compañeros, que había oído decir en la guardia de prevención, que el general Carías había ordenado por teléfono al director, que se preparara para la defensa porque había sido descubierto un complot, el que creyó haber decapitado en la Guardia de Honor; pero que temía que pudiera existir el peligro de que aquello pudiera tener sus ramificaciones en algún otro lugar de la capital.

En casos como en el nuestro, el hombre vive deseoso de un cambio radical de cosas. En mi celda, exceptuando dos compañeros, todos éramos nacionalistas; sin embargo, no obstante que sabíamos que el general Carías solo podía ser derrocado por elementos de la oposición, lo deseábamos. Deseábamos una y mil veces verle volar por los aires como cenizas encendidas de una gran conflagración, pues sabíamos que cualquier otro gobierno que lograra instaurarse seria de reivindicación y entre nosotros había muchos ofendidos a quien poder reivindicar. Por caso en nuestra celda estaba el doctor Lázaro Romero Canaca, quien tenía tres años de estar preso ilegalmente.

Al día siguiente que se nos abrió la reja, Pedro Nufio y Emilio Crespo salieron al recinto con fiebre de hacer el escándalo. El uno y el otro inquietos y nerviosos se paseaban en el recinto, deteniéndose a cada instante para preguntar a unos y contar a otros todo lo que sabían a cerca del día anterior. El segundo de este par de intrigantes decía haber sabido por conducto de un reo que salía a barrer los parques, que estaba para venir una escuadrilla de aviones de guerra, en la cual iba una en bajada de no sé qué país poderoso, para exigirle al dictador que en virtud de ser público el disfavor de la opinión pública para sus aspiraciones de continuidad, entregara el poder a una constituyente compuesta por tres ciudadanos honrados del país, con la cual se evitaría la guerra que ya se tenía a las puertas.

El abogado Molina se reía a quijada batiente de estos disparates, porque tenía conciencia de que ningún país extraño tiene derecho a intervenir en los asuntos privados de una nación libre, soberana e independiente.

Sin embargo, ellos creían ingenuamente que eran cosas fáciles de realizarse, Salvador Zelaya previno a Pedro Nufio de lo que podía sobrevenir si le descubrían sus tontos ajetreos.

—¡Que me importa a mí! —contestó arrogantemente el anciano—. Para lo que a partir de hoy hace falta para que caiga el régimen del dictador, puedo hacer sus días hasta colgado de los testículos.

—¡Bah! — susurró fisgonamente un compañero—: Don Pedro está de vena ahora; quiere morir mártir del más bello de los ideales: ¡La Libertad!

Ciertamente que jamás se había visto tan entusiasmado y solícito como ahora, pues era tan indolente y dormilón, que ni para fumar se sentaba nunca. Una vez se quedó dormido con el cigarrillo en la boca, circunstancia que nos causó un gran susto, pues despertamos al salto que le hizo pegar la fogata que formo su almohada al encendérsele en la cara.

A la hora en que podrían entrar los destinos, Nufio estaba allí para mirar entrar uno a uno los reos y buscar entre estos los que podían traerle noticias frescas. Entre estos hombres había dos con quien más platicaba sobre el asunto y estos eran los coroneles Francisco Godoy y Francisco Valladares, que según él, pescaban más al vuelo las cosas.

Cuando observaron que ya pasaba mucho tiempo sin novedad, se descorazonaron. Al primero que se le enfrió un poco el entusiasmo, fue a Crespo. Pero siempre seguía creyendo en la inminente caída del general Carías. Solo que sus noticias las difundía más veladamente. Sus bolas no las dejaba rodar sobre lenguas vulgares, como lo hacía Nufio, sino que engallando la cabeza altivamente, agarraba del brazo a Cesar y al doctor Jiménez y tomando un aire de superioridad, los guiaba hacia un lugar apartado, para contarles las noticias que, según él, eran de muy buena fuente.

—Ahora sí, Cesar; ahora sí doctor —decía a ambos en voz baja y buscando con la mirada en torno suyo, no fuera a ver una tercera persona que escuchara aquellos peligrosos secretos de estado—. Hoy sí es cierto que se van al carajo estos bandidos, ya está aprobada por el departamento de Estado de los EE UU, la destitución del General Carías.

César y el Doctor Jiménez, que comprendían las cosas con más claridad que el ex gobernador y ex diputado Crespo, fingían sorpresa para complacerle, pues eran generosos. Apenas pasaba un avión por sobre los aires del penal, Pedro y Crespo quedaban en alboroto, haciéndose mil conjeturas de aquel aparato. Los seguían con la mirada hasta que se les perdían de vista, porque les parecía que cada aparato de aquellos, era un mensaje de muerte para Tiburcio Carías. Pero así seguimos empalmando uno y otro día, hasta que ya nadie volvió a pensar en aquellas cosas que tanto entusiasmo despertaron en el pecho de la mayor parte de los recluidos.

De las ocho de la noche en adelante, todo mundo dormía; y si el reo no estaba dormido, estaba acostado en su tarima y en el más absoluto silencio, pues a partir de esta hora, era terminantemente prohibido hablar aun a suave voz. Por esto era que para nosotros a las nueve de la noche, significaba lo que para el hombre de la calle las dos de la madrugada. Una de estas noches, pues como a eso de las nueve, los de la celda número 10 nos despertamos al ruido de las llaves del encerrador y la cadena de nuestra reja que la abrían. Luego vimos que un hombre bajo y gordo que calzaba botas franqueo la puerta y oímos que dijo estas palabras:

—Señores, aquí viene a acompañarles un ladrón. Yo soy Pancho Carías —continuó diciendo como hablando consigo mismo.

Nadie le hacía caso; pero él fue reconociendo de uno en uno a algunos de mis compañeros y les obligó a hablarles; cosa que ellos hicieron temiendo sufrir las consecuencias que por tales faltas se esperaba.

El recién llegado estaba listo para platicarles a mis compañeros, cuando llegó un presidente para hacerles guardar silencio y ordenara acto continuo, que de orden del director, quedaba terminantemente prohibido dirigirle la palabra a Pancho Carías y mucho más prohibido comprarle, venderle o fiarle alguna cosa.

Pancho Carías era medio hermano del general Tiburcio Carías Andino; pero este le aborrecía cordialmente por su conducta desastrosamente vergonzosa. Pancho Carías es semianalfabeto, sin embargo, tiene un sentido muy amplio de las cosas; tiene, sino es atrevido al decirlo, cierta personalidad. Pancho es de un tipo de inteligencia despierta y además es audaz para meterse a cualquier oficina y hablarle a cualquier personaje importante en cualquier sitio que le vea y no obstante su falta de preparación para poder desempeñar una función de valía, creo que bien podría desempeñar con mucho acierto una comandancia de armas o una gobernación política de segunda categoría; pero es informal, tramposo, estafador engañador y, en fin, es un hombre que puede dejar en la calle a todo el que se le descuide un poco.

Al día siguiente de su arribo al penal, Pancho se encontró solo en medio de tanta gente; sin embargo, había un hombre que estaba en desgracia y que sin temer las consecuencias de lo que podía sobrevenirle por ir a saludarle, fue a hacerlo cordialmente y a ponérsele a sus órdenes. Este hombre respondía al nombre de César T. Funez.

Era tal el enojo de Carías Lindo con Pancho, que le había condenado a comer el miserable rancho que comía la generalidad del reo; sin embargo, César hizo que le llevaran buena comida sin que le costara un centavo.

Es de muy buen agüero llamarse César, pues fue este el que rompió el muro de terror con que Carías Lindo le rodeaba y vedaba hablarle. Después que César le habló pudimos ver, entre algunos otros presidentes que llegaron a verle, al señor Herminio Recinos, persona que llego a sugestionarle a tal grado, que bien pronto le vimos manejarle como a una marioneta. Su situación de su misión no podía durarle mucho tiempo, pues era sobrino del director y hermano de útero de Carlos Reyes Carías, quien a pesar de que no tenía empleo legal porque le odiaba demasiado su medio hermano, general Carías, en el penal mandaba tanto como el propio director.

Pancho explotó como nadie pudo haberlo hecho su parentesco con el general Carías. Era con su nombre solo que podía arrancarles a moros y cristianos todo cuanto les hallaba en las manos. Si el ciudadano estaba empleado, le daba todo cuanto le pedía por tratarse del hermano del presidente de la república y si el ciudadano a quien quería despojar era de la oposición, también le daba todo cuanto le pedía por temor de que fuera denunciarle de creer conspirar contra el régimen, pues en aquellos tiempos cualquier perro hambriento podía formular la denuncia contra el más honrado de los ciudadanos, y era creído. De manera que por fas o por nefas, todos se dejaban robar y estafar de él sin pensar jamás en formularle denuncias o demandas.

Locuaz, chismoso, calumniador, especioso, en fin no hay palabras dentro de nuestro idioma capaz de poder reflejar la imagen exacta de un fenómeno tan raro como aquel, pues a mí me parecía que más que hombre, era una especie de alimaña producida por la copula de todos los vicios más repugnantes y degenerados y enviado allí al penal por la providencia divina para castigar nuestras culpas, pues a decir verdad, eran horrorosamente espantosas las deformaciones morales que sufría aquel pobre diablo que decía llamarse Pancho Carías.

El general Carías sabía que Pancho no tenía más patrimonio que la trampa y el enredo y por tal motivo siempre quiso tenerle en la cárcel toda su vida; pero siempre tuvo la protección de Víctor Carías Lindo y esto le favoreció. El comercio en toda la república le conoce bien, pues cuando se le cerraba el crédito en una ciudad, partía para otra con su caravana a cuestas, siguiendo así de norte a sur y de este a oeste durante toda la larga administración presidencial de su medio hermano, engañando a quien hallaba más a mano.

Ya cuando no halló dentro de su patria a quienes más poder sorprender, partió para Guatemala y El Salvador, donde en nombre de su hermano quito dinero prestado a los agentes diplomáticos acreditados ante los gobiernos de aquellos países. Pero fue capturado en este último, de donde fue extraditado.

Atentamente el general Carías había ordenado a todas las autoridades que tuvieran que ver con él en su camino, para que se lo llevaran esposado y que no le dieran ni agua, orden que según él que padeció sus rigores, se cumplió al pie de la letra.

No obstante que a donde quiera que fuera la gente le pegaban sus buenas amordazadas, Pancho era hombre que no se dormía nunca a quien siempre se le miraba desplegando sus actividades para llenar las necesidades de los suyos.

Al día siguiente de su ingreso al penal, comenzó a escribir al director. Su primer secretario fue don Pedro Nufio; su mensajero, el coronel Herminio Recinos a quien le apodó con el sobrenombre de Gureto. Pancho Carías fue el único reo que pudo escribirle día a día al director las cartas que quiso. Y de veras que aquel hombre sí que fue verdaderamente desaforado en este sentido, pues solo daba una vuelta en torno al recinto y ya venía con la redacción de una nueva carta en la cabeza. Los conceptos de la totalidad de sus cartas versaban sobre mal informes contra los reos que estaban bien, pues quería estarlo él también y era aquella la manera de despertar interés a su favor.

Antes de que aquel vil batracio llegara al penal, reinaba en el recinto el más absoluto silencio. Pero ya el miró a ver hombres sospechosos; al suponer en las amistades más sencillas y limpias, conspiradores peligrosísimos. Día y noche vivía tejiendo y urdiendo intrigas que dañaran a los mejores servidores de Carías Lindo. Recuerdo que una vez me rogó para que fuera a escribirle una carta que él me redactaría. Yo asentí y me acerque a un baúl que nos servía de mesa para hacérsela y aún no había puesto en orden el papel, cuando aquel crótalo comenzó a desatar su viperina lengua en una forma tan enrevesada que me costó trabajo invertir su pensamiento al castellano.

Después de citar varios nombres y de calificar de traidores a quien se le antojaba llamar, hacía imaginar al director que por todas partes crujía el peligro y que allí mismo dentro del penal, había una cadena de reos peligrosos a quienes siempre había que tener bajo de estricta vigilancia y de estar prontos a cortarles la cabeza al menor movimiento, porque si no —aseveraba con sorna— ellos lo harán a su vez con nosotros.

—Aquí —continuaba diciendo con la mayor desfachatez del mundo— somos Gureto y yo los únicos que le somos a usted verdaderamente leales. Recuerde que soy su sobrino, que nos une la sangre y nos encadena el ideal.

Bastaron unos pocos días para que todos los presidentes se avasallaran a Pancho, de tal manera que todos hacían lo que él deseaba.

Pocos días después de su arribo al penal se hizo enemigo de César porque no pudo pagarlo, pues le pidió dinero y aquel no tenía para comprarlo. Pancho se vendía muy caro y César estaba arruinado económicamente. Desde aquel momento aquel malvado comenzó a hacerle la guerra. César no se metía con nadie. El director lo había mandado a bajar del segundo piso, porque se había enojado con él y le tenía miedo; pero le había trasladado sin maltratarle y aquí en su nueva celda pasaba jugando ajedrez todo el día con el doctor Jiménez; pero como su celda tenía un entrepaño que le trasponía de las miradas de los reos que pululaban en el recinto, Pancho que era un hombre malvado que todo el día vivía paseando su mirada inquisidora por sobre todo lo que le olía mal, pensó en quitar aquel entrepaño para ver desde afuera, que cosa era la que pasaban haciendo detrás de él. Y al efecto, escribió al director diciéndole a saber que sarta de cosas fantásticas, pues ese mismo día llego un carpintero para desmantelarle todo aquello.

Esto prueba pues, que malvados como aquel es mejor no dejárselos acercar nunca, pues se les permití indignamente que nos conozcan bien para que luego que ya no podemos complacerlos, salgan a la calle a predicar nuestro descredito.

EL MEDIO HERMANO DE CARÍAS

A la mañana siguiente de una tarde en que Rodolfo Lanza fue a decirle al alcaide Sánchez que yo había regañado a un cocinero porque no me daba buena comida y que por tal motivo el crédulo vejete me ultrajó y me ofreció cadena, el toro de nuestra celda amaneció insoportable, pues yo estaba enfermo del estómago y me había defecado varias veces. Pero exceptuando al maricón de Emilio Crespo, todos sabíamos excusar de la mejor manera al compañero a quien sucedían tales percances, de manera que nadie andaba con pañuelos en la nariz ni diciendo "¡Ufa¡ ¡Qué hiede aquí!", como solía hacerlo el viejo Crespo.

Esta mañana y como era su costumbre, Crespo amaneció haciendo la alharaca. Pero después que en forma colérica viéndole a la cara le dije que yo había sido, se echó un bozal al pico y solo Pancho Carías siguió hablando, al cual le dije más o menos lo siguiente:

—Oye Pancho, otra vez que me toque defecar de noche, te voy a hablar para hacerlo en tu boca, pues así te la tragas tú y se evita el peligro de tener que estar aspirando emanaciones de olor desagradable.

El ofendido así guardo silencio; pero apenas salí de la celda, Crespo lo incitó en contra mía, diciéndole que como era aquello que todo un sobrino del director y hermano de Carlos Reyes Carías se dejaba decir todo aquello, de un reo tan mal visto en el penal como yo. Por estos tiempos era tal el odio que se me profesaba, que exceptuándome a mí, todos mis compañeros podían quedarse sin que nadie les dijera nada; de manera que al solo abrirla, yo me salía de ella hasta que tocaban la diana, que era la hora en que ya podía entrar a lavarme. Cuando Pancho me vio entrar nuevamente a la bartolina, comenzó diciendo de este modo:

—Pues sí, hombre. Otra vez que Sanabria vuelva a decirme lo que me dijo ahora, le voy a meter las patas, porque eso que él me dijo, no se le debe decir a nadie.

Yo guardé silencio a tales palabras, lo cual pareció alentarle para pasar adelante hasta el grado de tratarme de hijo de puta. Emilio Crespo, que allí estaba, sin reírse se le comprendía que en su fuero interno sentía delirios de alegría. Pancho sabía también que adentro y fuera del penal yo podía hacerlo lo que a mí me diera la santa gana; pero el silencio que yo debía guardar a la amenaza que el día anterior me hiciera el alcaide Sánchez, le hizo olvidar su cobardía y se excedió.

Esta partida, ganada sin un solo golpe, le había envalentonado a tal grado, que ya no podía oírme hablar para exteriorizar mi opinión sobre las cosas, sin que me estuviera riñendo. Ya entonces Pancho tenía acceso a la dirección y mandaba a los presidentes y el alcaide Sánchez le obedecía, de manera que yo tenía miedo de que me fuera a caer encima aquella gavilla de esbirros y me fueran a matar sin un arma en las manos con qué poder defenderme.

Pero un día se dio el caso que hallándome solo en la celda, entró el pasamanos del registrador Erasmo Santos, que era compañero nuestro, a sacar una ropa de este; motivo por el cual le llamé la atención para decirle, que la próxima vez que quisiera sacar algo de nuestra celda, que se entendiera con el asistente o el presidente de ella. El pasamano en mención procuró ver a Pancho para darle la queja y este, que siempre vivía esperando la ocasión de ultrajarme, me hizo llamar a mi celda para pronunciarme el siguiente sermoncillo:

—Oye, Salomón, el pasamanos dice que vos le reprendiste porque entró a esta celda para sacar una ropa de Erasmo Santos.

—No es cierto eso —le repuse con humildad— lo único que hice fue aconsejarle que la próxima vez que quisiera sacar algo de nuestra celda, le pidiera permiso al presidente o al asistente de la celda.

—Pero vos —replicó simulando grande enojo— no tenés porque decirle nada a nadie, porque vos aquí no sos más que un picador de piedra de La Mora.

—Así es —le repuse en forma calmosa.

—Entonces —gritó más furiosamente—. ¿Por qué te andás metiendo en babosadas que no te importan?

—Porque de repente —le replique a quemarropa— viendo los demás que a esta celda entran los que no son de ella sin pedirle permiso a nadie, se les puede antojar entrar y robarse algo y ya ves tú que como miembro que soy de esta bartolina, me sentiría moralmente responsable, si mañana hubiera algún compañero reclamando algo que se la haya perdido.

— Lo que pasa —dijo ya más groseramente— es que vos sos un pendejo metido...

—Bueno —le dije ya dispuesto ya a me llevara el demonio—, ¿qué has creído vos de mí, perro ladrón? ¿Creés por ventura, que si yo te soporte impunemente todos los ultrajes que hasta hoy has querido inferirme, es porque te tengo miedo?

—¿Cómo decís? —rugió bramando como un desatentado—. ¿Querés que te reviente la vida de un solo vergazo con este bote? —dijo, poniendo en alto la mano en que tenía un bote lleno de cebollas con chile y vinagre.

—Vaya —le dije, presentándole la cara y el puno cerrado con que le haría parar las patas al solo verle el menor ademán, pero no se atrevió.

Pancho comprendió que aquella mañana yo estaba dispuesto a todo. De esta vez fue mi revancha, pues le pegué una ultrajada verdaderamente sangrante. Mis compañeros Simón Molina y Lázaro Canaca mostraron satisfacción.

Gonzalo Paz pitó la Mora y yo tuve que ir a formar para pasar lista. A las 11 de la mañana que yo regresé de hacer adoquines, Pancho me salió al encuentro para decirme:

— Aj, Sanabria, ¿te enojaste conmigo hoy en la mañana verdad?

—No.

—Mirá, yo te quiero mucho a vos. ¿Acaso has olvidado que yo fui gran amigo de tu padre? Además, tú eres primo hermano de César, y ya sabes cómo lo quiero.

¡Qué cinismo de bárbaro! ¡Cómo se atrevió a decirme a mí mismo, que él quería a Cesar, teniendo conciencia de haberle ofendido públicamente y de saber que nosotros dos le habíamos visto dirigirle sus infames baterías para arruinarle lo más posible después que con bondad de corazón aquel le había ido a dar la mano, a darle palabras de consuelo y darle la alimentación cuando por temor a Carías Lindo nadie quería darle ni agua.

—No te preocupés por eso —fue mi respuesta— pues no estoy enojado.

Ahora yo sabía bien que Pancho era de los enemigos que le agradaba tratar con amistad a los que más aborrecía para meterles el áspid a estilo turco.

Un día en la mañana que yo venía saliendo de la enfermería por una gripe que me obligó a tomar mi tarima, Herminio Recinos estaba de presidente del recinto y obedeciendo órdenes de Pancho, fue a ordenar que se me mandara a quemar tarimas. Pero como yo todavía no estaba bueno, temiendo que si hacía aquel trabajo podía sufrir una recaída, le suplique al capataz que me dejara para otra vez; pero Recinos, que observaba mis excusas a corta distancia, gruñó furiosamente estas palabras:

—¡Qué! ¡A trabajar se ha dicho!

Pancho estaba observándolo todo desde las cocinas, porque todo esto era plan suyo, pues quería hacer una acción digna de mi reconocimiento, es decir, aparecer como salvador mío en el momento en que se me llevase al matadero; y fue así que cuando yo iba pasando junto a la cocina, me llamó:

—¿Para dónde vas Sanabria?

—A quemar tarimas.

—Andate para tu bartolina. No vayás —ordenó con una autoridad que no se atrevió a desafiar su testaferro Recinos.

Esto y todo lo que se les antojaba hacían aquellos hombres del poder personal de Carías Lindo con los que no teníamos ningún mando.

Rafael Chávez, por caso, una vez que vio pasar bien trajeado en torno suyo al coronel Erasmo Santos, quiso humillarle por placer.

—Vean a Erasmo —dijo, riendo burlonamente—. Ya lo van a ver bravo, ya lo voy a trabar. Ahorita va hecho el demonio porque los registradores le metieron unos fierros sucios en la comida; pero ya lo van a ver más enojado todavía.

—¡Ea, vos! —ordenó con petulancia a un pregón—, gritale a Erasmo Santos.

Al momento el coronel se le hizo presente.

—¿Quién me llama? —preguntó a los pregones.

—Yo —le dijo el interesado—. ¿Querés tocar vitrola Erasmo? —susúrrole fisgonamente.

—Qué voy a estar queriendo tocar ni mierda —bramó furioso el interpelado—. Esos chirizos (soldados) me han hurgado la comida con baquetas sucias.

—Pero vas a tocar vitrola aunque no querrás —le dijo Chávez, entre broma y en serio.

Don Erasmo comprendió la intención de humillarle por placer; y no tuvo otra alternativa más que agachar la cabeza y obedecer sin musitar. Aquello no era más que un capricho personal de Chávez; pero en el penal estos caprichos tenían el efecto de un ukase del zar, pues nadie ignoraba que desafiarlo significaba un reto a la autoridad del director, quien sin razón o con ella, infligía al supuesto engüevonado (rebelde) los más crueles castigos, tales como látigo, galones, tambos, manos arriba, grillos y encierro perpetuo.

Entre aquellos elementos del poder personal de Carías Lindo y con muy raras excepciones, existía cierta comezón de odio y afán de destrucción contra todo lo que significaba conocimiento, hombría o personalidad intelectual. Humillar a un hombre de letras era, para aquella prángana de ignorantes que servían el pensamiento del Director, una acción de deslumbrante heroísmo digna de los más nutridos aplausos. Recuerdo que una vez que pase junto a las cocinas, vi de pie junto a una zanja al escritor don Raúl Arturo Paguada y como comprendiera el sentimiento de tristeza que afligiera su corazón, me le acerque para preguntarle que hacia allí que le miraba tan taciturno.

—Cuidando la zanja —contestó, con el ánimo compungido.

—¿A qué imbécil se le ocurrió semejante canallada?

—Al coronel Herminio Recinos.

—Pero, ¿para qué?

—Tal vez sea para que no se vaya —contestó con tristeza.

Estas humillaciones injustas e indebidas había que sufrirlas sin hacer objeciones ni reclamaciones de ninguna clase, pues mientras ellos mandaban o fustigaban, nosotros no teníamos más derechos que ejecutar sus órdenes sin refunfuñar y sufrir entre quejido y quejido el hierro candente o el látigo desgarrador.

En 19940 que yo llegué al penal, la alimentación era hecha y servida por los mismos reos. Las cocinas eran tres y sus dueños ocho. Las cocinas eran del Director; pero él quiso llenar de dinero a cierto grupo de individuos de quienes se servía para ciertas labores verdaderamente inmorales. Cuando uno de los asociados obtenía su libertad, ya tenía en sus manos carta de solicitud de una veintena de individuos que se consideraban con derechos a tal granjería. El Director hacia la elección del favorecido en consulta con César, quien le explicaba las cualidades de cada uno, para que aquel escogiera el que más se pareciera a su propia fisonomía moral.

El nuevo asociado no tenía que aportar ni un solo centavo a la sociedad. El acuerdo del Director de nombrarle socio de una de las cocinas, le daba derecho hasta de pedir su comida a un hotel de afuera del penal por cuenta de las provisiones de la cocina y después de que se hacían tales cancelaciones, se dividían las partes, de las que un sábado le tocaba 50, 80 o más pesos a la semana; cantidad de que muchos de aquellos pobres diablos nunca la ganaron fuera de la cárcel ni en un mes de trabajo.

Desacostumbrados como estaban estos hombres a recibir tanto dinero semanalmente, lo derrochaban con la misma facilidad con que lo recibían. Cuentan de uno de estos tales tarambanas, que habiéndosele parado un reloj de oro que recientemente había comprado por 225.00 lempiras (112.50 oro) lo arrojó con todas sus fuerzas contra el empedrado y que después de haberle inutilizado con otra piedra, agarró sus restos y los arrojo a una cloaca para que no hubiera ningún necesitado que se sirviera de ella.

Mucho tiempo después que aquel destructor de relojes había obtenido su libertad, le vi llegar en harapos al penal, para rogarle a César que le prestara 15 lempiras. Fue después que aquel partió, que otro compañero me contó su historia como la imagen perfecta del tipo de hombres del poder personal de Carías Lindo.

Cada cocina tenía su representante. La número tres tenía para tal a Gonzalo Paz; la numero dos a Conrado Calona y la uno a César T. Fúnez.

Al principio este último se asoció al Coronel Herminio Recinos. Pero este era tan mezquino y necesitado y aquel tan amplio, tan abierto y desprendido, que bien pronto tuvieron que chocar. César le regalaba la comida a más de veinte reos, bondad que desagrado a Recinos. Mas su separación de la cocina le provino porque le parecía demasiado poco percibir unos 100 lempiras de utilidad a la semana, y creyó que poniéndoles mala cara a los protegidos de César, se retirarían; pero viendo que esto no le aprovechaba nada, comenzó a fiscalizar al administrador de la cocina y a cometer una serie de bajezas verdaderamente deplorables. Después de las horas de comida, Recinos llegaba para pedir cuentas, reparando en detalles tan mezquinos, que un día el administrador fue a suplicarle a César que le recibiera las llaves de la cocina, porque ya no aguantaba tanta intransigencia de aquel hombre.

—Lo único que tiene que hacer usted —le replicó César— es decirle a Recinos que de orden mía, se le suspenden sus derechos de socio de la cocina y que si vuelve a poner las patas en ella le voy a pegar una verguada.

No obstante el robo de unos, por una parte; y el despilfarro de otros, por otra, el reo de entonces no comía tan mal, porque pagaba un lempira y medio a la semana, y su comida de regla era la siguiente: en la mañana, frijoles sancochados, un pedacito de queso, cuatro tortillas y un poco de café, que entonces no se tomaba sin café. A mediodía el reo de La Mora comía sus frijoles con garras de puerco y su poco de arroz sancochad. Para la cena algunas veces había chicharrones. Pero si no había más que los puros frijoles sancochados, el hombre disponía de diez centavos más con los que podía comprar dos centavos de arroz, un chorizo (cuatro centavos), un trozo de queso (cinco centavos) o una semita (cuatro centavos). Pero viendo Carlos Reyes Carías que su tío estaba dejando ir tontamente de entre sus manos un hermoso caudal, pensó en estancar todo aquello aunque fuera contra la vida de aquellas masas. Y al efecto, se puso a inventar el pretexto que justificara a ojos nuestros los móviles que le harían despojar a los beneficiados.

¡La Mora! He aquí el trampolín. El caso lo motivó un pequeño incidente ocasionados por descuidos anejos a la organización de trabajo de Carías Lindo. Y fue un día que habiendo escaseado la tortilla para darles el desayuno a los trabajadores de aquel destino, se les quiso mandar a trabajar sin comer; pero ellos se negaron a salir del patio general sin comer.

La frase exclamada por ellos: "Sin comer no podemos ir a trabajar", sonó a coro en más de cuatrocientos labios; pero esta frase no era realmente una insurrección, sino un llamado a la conciencia y a la razón de los jefes del penal. Pero como en tiempos de Carías Lindo había que practicarse hasta el bárbaro Harakiri de los japoneses, sin exclamaciones de dolor alguno, Carlos Reyes Carías estuvo pronto a invertir el sentido de la frase para darle carácter de insurrección a la justa demanda de los moreros. ¡Qué bárbaros! Que infames ¿En qué otra mente en que no esté dominada por el espíritu de maldad de ellos, podría caber pensar que en el ánimo aterrorizado de aquella manada de hombres débiles, desarmados, aherrojados y medio muertos de hambre, podría abrigarse la idea de insurreccionares? Por cierto, en ninguna. Eran Carías Lindo y los suyos, los únicos que constantemente vivían espantándose de la sombras de sus propios crímenes y viendo en todas partes imaginarias insurrecciones.

Los trabajadores estaban formados, esperando, sin el espíritu de belicosidad que Carlos Reyes Carías les achacaba, que se tenía que comer para ir a trabajar. Pero ellos, en vez de proceder a darles de comer, corrieron a subir ametralladoras sobre las plataformas altas que amenazaban contra el patio general, para amenazarles con hacer una masacre sino se aplacaban. La expectación en el penal era tremenda; por todas partes se miraban rostros llenos de asombro. Entre tanto, el tunco Horacio Sarmiento, uno de los verdugos más crueles y despiadados del penal, llegó a la guardia de cárcel, para llamar uno a uno a los que llevaban la voz cantante de aquella reclamación.

El primero que llamaron fue a Ricardo Paniagua Martínez, individuo servil y cobarde, quien viendo en aquello la ocasión de poder medrar, procuro dar conformidad a las aviesas ambiciones de Carlos Reyes en presencia del cual y del propio Carías Lindo, dijo que los insurrectores de aquel movimiento eran los señores Ernesto Hernández, Miguel Martínez Ortiz, Miguel Yanes Ríos y Rosendo Bolaños.

Siendo Ricardo Paniagua entre todos los reos, el único individuo que pudo declarar aquella infamia, ¿podrá el lector creer que aquellos señores ciertamente trataron de insurreccionar a sus demás compañeros? Por cierto, no.

Después de Paniagua fueron llamados sus acusados, quienes dijeron que eran inexactas las acusaciones de que les hacía objeto el compañero Paniagua. Pero no conforme con las excusas presentadas por estos, llamaron una multiplicidad de hombres más a quienes les formularon una serie de preguntas, para ver si alguno de todos caía en lo que buscaban. Carías Lindo y Carlos Reyes habían fracasado en su intento; pero había llegado la ocasión de sacrificar unos cuantos carneros a Moloch y al efecto, separaron del grupo a los señores acusados.

DOS ESTAFADORES MEXICANOS

Por estos tiempos estaban presos dos estafadores de fama internacional y de nacionalidad mexicana, quienes respondían a los nombres de Jesús Rubén Franco Jiménez y Juan Samoano Coe, los cuales desde su arribo al penal fueron objeto de la estimación y el afecto de don Víctor, pues para este señor solo eran virtuosos quienes tenían la exquisita habilidad de ensenarle algunos nuevos aspectos del crimen moderno y aquellos extranjeros pudieron deslumbrarle en este sentido.

Al primero que hicieron pasar a la bodega del almacén, fue al señor Ernesto Hernández, persona a quien se le ordenó que se acostara en una tarima que habían colocado allí a propósito. Cuando la víctima se hubo acostado, dos hombres encapuchados, que no eran otros que los dos mexicanos nombrados, lo sujetaron con lazos. Era esta la acción inicial del gran suplicio, pues querían atormentarle para obligarle a aceptar la inculpación de que el compañero Paniagua les había hecho objeto. Todo esto no era más que ludibrio y crueldad, pues tenían el poder y por consiguiente la palabra, el derecho la razón y la justicia. Nosotros éramos, por nuestra parte, lo que ellos querían que fuéramos: ladrones, bandidos, asesinos, corruptores, etc. Y debíamos aceptar todos los tormentos y todas las culpas de que quisieran hacernos acreedores, pues no teníamos otra alternativa.

El compañero Hernández se comportó, aunque valientemente, tontamente, pues ya amarrado y viendo que aquellos hombres tenían el propósito de atormentarlo, insistió en negarse culpable de lo que se les acusaba, pues sus palabras honradas se mancharon y murieron ahogadas vilmente entre aquellas paredes pobladas de sombra de muerte. Los mexicanos y Carlos Reyes comenzaron con vapulearle bárbaramente; pero como el insistiera en negar, le pusieron un tortol de alambre en la cabeza, el cual le fueron ciñendo lentamente, el hombre era menudo de cuerpo; pero fuerte de espíritu y sin embargo, a medida que el alambre se le fue enterrando en la cabeza hasta hacerle sangrar, comenzó a quejarse más y más, hasta que la fuerza con que aquellos bárbaros le presionaban, le hizo arrancar gritos profundamente conmovedores. Un copioso sudor helado y una intensa palidez de muerte le cubrió el rostro hasta hacerle perder el conocimiento y dejarle en estado inconsciente.

—Desgraciados —exclamaron sus verdugos al verle desmayado— que no son ni hombres y tanto que les agrada andar jodiendo.

—Saquen a este perro —ordenó Carlos Reyes con mayéutica petulancia.

Y dos enterradores sacaron entre sus brazos al compañero Hernández. Los verdugos continuaron su oficio con nuestros compañeros Miguel Yanes Ríos, Miguel Martínez Ortiz y Rosendo Bolaños, a los cuales les fue algo peor que al primero, pues no solo les pegaron en la cara hasta hacérselas sangrar, ni se limitaron a ponerles el tortol de alambre que le pusieron en la cabeza al compañero Hernández sino que llevaron su sadismo hasta el grado de conectarles la corriente eléctrica en los testículos. Los gritos que este bárbaro sacrificio pudo arrancar aquellas miserables víctimas fueron tan agudos y desgarradores, que con hondo sentimiento se pudieron oír a una muy considerable distancia.

Exánimes se les llevó del lugar del tormento a un foso en donde al despertar de su fatal letargo, se encontraron engrillados en compañía del compañero Hernández, que fue el primer atormentado que perdió el conocimiento.

Este crimen, impune como todos los que diariamente cometían con nosotros, nos dolió a todos, pues fue tan descarada la maldad que les indujo a perpetrarlo, que por mucho que se empeñaron por hacer aparecer culpables a nuestros compañeros, no pudieron hallar justificación aun ni en opinión de los más ingenuos.

En la tarde de este mismo día, Carlos Reyes Carías informo a los dueños de cocina, que el incidente ocurrido por la mañana había provenido por los descuidos de organización de sus cocinas y que para evitar en lo sucesivo incidentes similares al que acababa de ocurrir, el Director había decidido regentearlas de parte suya para ayudar con las utilidades que de ellas se pudieran sacar semanalmente, a los gastos de la Escuela Correccional de Menores. Pero que, sin embargo, siempre se les tendría como asociados y que semanalmente se les daría algunos centavos.

Con el corrompido corazón desbordante de malvado júbilo, Carlos Reyes Carías entró en posesión de la gerencia de las cocinas y como es más cómico que un payaso, desde que entró a ellas lo hizo en uniforme de cook (cocinero); es decir con gorro y delantal blancos. Los primeros días este esbirro ofreció darles más y mejor comida a las masas y al principio todos creíamos que así sería; pero como después comenzó a ceñirles la cuerda en el estómago, de igual manera que les ceñía el alambre en la frente cuando les hacía pasar a su cámara de tormento.

La primera semana Carlos Reyes Carías sacó cuatrocientos lempiras de utilidad liquida. Estas ganancias se ensancharon aún más sus ambiciones y vio la posibilidad de poder enriquecerse fácilmente. A los asociados les regaló diez pesos a cada uno; pero les exigió que le extendieran un recibió a favor del Director, escrito más o menos en esta forma:

Por: Lps. 10.00

Recibí de mi General don Víctor Carías Lindo, la suma de Diez Lempiras, valor con que nuestro gran benefactor me ayuda semanalmente para mis gastos. Penitenciara Central, 15 de Marzo de 1945

(Firma) Gonzalo Paz García

César T. Fúnez no obstante haber caído ya en desgracia, continuaba como asociado de una de las cocinas; pero cuando le presentaron ese recibo para que lo firmara, rechazo con dignidad la bajeza del beneficio.

Cuando Carlos Reyes Carías conoció bien el negocio, se quitó el delantal y el gorro de cocinero y comenzó a reasumir tal soberbia, que ya todos los que estaban trabajando al lado suyo comenzaron a temerle. Al principio él les había dicho a los reos que cuando tuvieran queja alguna de la comida, que la presentaran. Pero pronto le vimos repartiendo pescozadas a la cara de todo aquellos desgraciados que le buscaban para ensenarles que los encargados de repartir la comida, casi no les habían echado frijoles en el plato. Desde este momento, Carlos Reyes fue el terror del patio general. Pero ya casi no paraba aquí, ni salía de aquí. Su entrada y salir eran incesantes. Su ajetreo, marcadamente visible, se hacía más notable porque el aglutinamiento de las masas era compacto y tenía que abrirse en dos a su paso, pues lo hombres ya sabían que él que se quedaba inactivo era apartado a pescozadas y patadas.

Mucho tiempo antes de que Carlos Reyes Carías se constituyera en las cocinas para matar a los reos de hambre y de bofetadas, ya le aborrecíamos pues ya le habíamos visto pescocear a los reos del telar e insultarles con un lenguaje más sucio que el que usa la más degenerada de las prostitutas; pero llegamos a odiarle aún más, desde un día que bajo de la enfermería un reo bajito y excesivamente flaco, para mostrarle la ración que le habían mandado a su sala de enfermo:

—Con permiso, mi capitán, quiero hablarle —dijo el hombre tan trémulo de miedo como de su debilidad física.

Carlos Reyes que entendía por capitán, giró la cabeza hacia la derecha para ver al hombrecito:

—¿Qué querés vos? —inquirió petulantemente.

—Mi capitán —prosiguió el enfermo— que quiero que me permita mostrarle mi plato para que vea que estos hombres casi no me echaron frijoles y que a una de mis tortillas le hace falta un pedazo.

Carlos Reyes, que era soberbio y violento; Carlos Reyes que tenía bien lleno el vientre con sus hijos y su mujer, y que ahora, a costas del hambre desesperante a que había condenado a aquellos pobres hombres, se echaba a la bolsa un promedio de 800 pesos a la semana, se levantó furioso como un domador de fieras y pegándole un grito salvaje dijo al pobre hombrecito:

—¡Tomá, perro hambriento! —dijo le propinándole tal pescozada en la cara, que con cacharro, plato y todo, le hizo caer patas arriba a tres metros de distancia.

El desparpajo de gente fue tremendo, pues tortillas, frijoles y café, fueron a caer regados sobre los hombres, espaldas y piernas de los circundantes. Pero tales escenas, que las repetía con mucha frecuencia, las amenizaba con el insulto dirigido a todos nosotros. Su prostibulario speech (discurso), que siempre fue uno e invariable, comenzaba de esta manera:

—¡Hijos de puta! ¡Hijos de la gran puta! ¡Perros desgraciados hambrientos, den gracias a la bondad de corazón de mi tío que siquiera les da de hartar; pero ustedes creen que es fuerza hacerlo; suponen que hay obligación de hacerlo, ¡No! ¡No! Es caridad; caridad pura pero yo ya me los toco con el dedo y estoy dispuesto a tratarlos con la brutalidad que merecen.

Carlos Reyes Carías tenía razón de usar este lenguaje, pues según informes, dicen que las primeras personas que le enseñaron a hablar nuestro idioma, cuando era niño, fueron las prostitutas de un prostíbulo, a quienes les sirvió de mandadero hasta que ya pudo ser rufián de ellas.

Ya Pancho Carías se había reconciliado con su hermano Carlos y se había metido muy adentro de la administración de las cocinas, o para mejor decir, las administraba. Por sus manos entraban y salían las provisiones. Pero la mayor parte de lo que pedía, lo mandaba a casa de su mujer. Es decir, me refiero a ciertas cositas que jamás comía la generalidad de los reos. Por caso, si Pancho pedía 200 huevos, de estos enviaba 150 a su casa y los otros 50 los dejaba para ciertas comidas especiales que enviaba afuera del patio general. Igual división solía hacer con la manteca y la carne de cerdo que compraba para hacer ciertos platos especiales para ellos y para sus parciales.

Gonzalo Paz García, que era uno de los antiguos asociados y que estaba profundamente disgustado por habérsele reducido a aquella miserable limosna que Carlos Reyes les daba ahora, quiso sabotear las cocinas con la esperanza de hacerlas quebrar y al efecto, una noche que le tocó hacer su turno de ronda, entre las 12 y dos de la mañana, botó unos sacos de frijoles en las cloacas del recinto; pero como dicen que el que conoce el loco conoce sus acciones, se hizo fácil descubrir el autor de aquel hecho y se le calificó de culpable.

A partir de aquel momento, Pancho Carías hizo pasar su propia tarima a las cocinas, para dormir aquí y poder cuidar mejor las provisiones. A Gonzalo Paz ya le aborrecía desde mucho tiempo antes que este botara los frijoles; y le odiaba, porque ya le había pedido dinero varias veces, y no siempre le había podido dar todo el que le había pedido; pero hasta entonces, no había tenido oportunidad de dañarlo; pero ahora que su suerte le hacía tenerle sujeto por el estómago, quiso vengarse y so pretexto de apremiarle por aquella conocida falta, hizo que no le dieran más que frijoles sancochados las tres veces del día.

Como Pancho era hermano de Carlos Reyes, aquel hacía en las cocinas lo que tenía bien. Esta circunstancia puso en sus manos el poder de todos los presidentes, quienes al ver que aquel les ponía el plato en las manos, tuvieron, a cambio de que se los sirviera lleno, que rendirle obediencia y sumisión.

Empero, a decir verdad, no importaba que Pancho humillara tan groseramente a quienes durante mucho tiempo estuvieron haciéndole de igual manera con quienes nada podían hacer para defenderse; pero él, que es una hiena que se alimenta de cadáveres putrefactos, hizo algo verdaderamente ingrato, verdaderamente inhumano y reprobable, pues sin apiadarse del dolor y la miseria de aquellos desgraciados que sufrían más hambre y peores desnudeces de la que padecen los esclavos de la Siberia comunista, sin tocarse la conciencia, decomisaba, para su beneficio personal, las carnes saladas, los quesos, las mantequillas los panes, los huevos, el café y dulces que las familias de los reos les enviaban.

Recién mezclado Pancho en los asuntos de la cocina, y conociéndole Carías Lindo sus raterías, pensó frenárselas, e interés propio naturalmente y al efecto ordenó al cocinero mayor, Justo Bonilla Martínez, que no permitiera que aquella rata mandara nada para su casa. El señor Bonilla Martínez olvidó que la camisa se tiene más cerca de la piel que el smoking. Carías Lindo mandaba desde la dirección y Carlos Reyes, que era el que le apañaba sus raterías, desde el fogón; de manera de que un día que el cocinero mayor quiso impedir, en nombre del Director, que Pancho enviara 50 libras de carne de cerdo para su casa, lo que alcanzó, sin lograr su objetivo, fue una ultrajada que le pegaron los dos hermanos. Al tercer día lo inculparon de una infamia para desecharle de la cocina.

Desde aquel instante el cocinero mayor Bonilla Martínez, fue enviado a La Mora a tallar adoquín y quiso su mala suerte que poco tiempo después de hallarse picando piedra, se le fuera una china en un ojo y se le dañara. Cuando esto ocurría, que era frecuente y por no haber oculista en el penal, se enviaba a los pacientes al hospital general para que el médico de allá les operara. De esta vez Reyes Carías vio que le llevaban para el hospital y antes de que le sacaran a la calle, hizo que le pusieran un enorme grillete al pie como una dulce represalia por haberse opuesto cuando estaba de cocinero mayor, a que su hermano Pancho mandara las 50 libras de carne para su casa.

Hay plebeyos que nacen nobles y nobles que nacen plebeyos; plebeyos quienes a pesar de que la vida les trato groseramente, no se envilecieron en la prosperidad y en la adversidad ocultaron su dolor para dar conformidad a sus amigos. Justo Bonilla Martínez, compañero nuestro, es uno de estos pocos hombres: no obstante haber sido tratado rudamente por los demás hombres, nunca pudo corromperse a su contacto, ni mucho menos devolverles mal por mal.

Cuando Justo Bonilla Martínez fue retirado de las cocinas, la ración del reo fue más reducida. La cucharada de arroz que se le servía a mediodía; también fue suprimida; asimismo se le redujo desconsideradamente la cucharada de frijol. En tal caso, el reo comenzó a sentirse más trágicamente afligido, pues ya había sido retirado de las cocinas el único compañero que se interesaba por ellos. Pancho Carías, después de ponerles sitio de hambre a los hombres, quitándoles la cucharada de arroz, reduciéndoles la cucharada de frijoles y atrapándoles todo cuanto sus familiares podían enviarles, le habló al Director para pedirle que prohibiera la entrada de portaviandas para los reos que percibían su comida de la ciudad. Pero dichosamente para quienes de tal manera se vieron amenazados sin ellos saberlo, el carcelero no consintió.

La parte más lesiva de los regímenes de fuerza contra el derecho a la vida de la colectividad que oprimen, reside precisamente en la ocasión que estos ofrecen a ladrones sin entrañas, quienes sin miramientos al dolor de los que atormentan con sus propias manos, los estrangulan hasta el máximo agotamiento para chuparles hasta la última gota de sangre que les haga alentar vida.

Pancho Carías, por caso era uno de estos apaches crueles respaldados y autorizados por Víctor Carías Lindo, para decomisar, como ya dije antes, las carnes salada, los huevos, los quesos etc., que los parientes de los reos, muchas veces renunciando a la necesidad propia, les enviaban para atenuarles el hambre que suponían que padecían en el penal, ¿y para qué?

¡Qué bárbaros! ¿Habrase visto alguna vez en la historia de los carceleros infames, algún otro que como Carías Lindo, haya autorizado a algún ratero como Pancho Carías, para que decomisara a los reos los miserables mendrugos que sus parientes les enviaban para atenuarles el hambre que allí padecían? Por cierto ninguno.

Pero Víctor Carías Lindo lo hacía por temor de que los favorecidos con aquellos miserables bocados, fueran a llenarse con ello y dejaran por tal motivo de gastar en sus cocinas, los escasos cincuenta centavos que podrían alcanzar en caso de que el hambre no les forzara a comprometerlos mucho tiempo antes de recibirlos.

El sueldo que teníamos asignado era de dos lempiras y medio (2.50) a la semana, el cual se nos pagaba los sábados, día en que por tal motivo los destinos eran reconcentrados a la 1:00 pm. Ya desde que entraba el ultimo reo, los presidentes silbaban para que formáramos en orden al número de las celdas. Estas formaciones tenían lugar en el patio general, a donde se miraban los presidentes de bartolina repasando el orden de sus listas con todos sus hombres, para luego dar cuenta de los nombres de los no presentes, pues los trabajadores de las cocinas y los enfermos no recogían sus pagos en las ventanillas.

El pago comenzaba con la celda número 1. El alcaide Sánchez estaba sentado allí al lado como cancerbero, para observar quién metía la mano derecha, en vez de meter la izquierda. El equivocado era inmediatamente enviado a las letrinas para que lavara su culpa con excremento, acción que ejecutaría hasta que pasara el pago. De la ventanilla de pago el recluso se iba directamente a los puestos de los cobradores de las cocinas para entregar generalmente todo.

Y, ¿cómo podía ser que el reo pudiera quedarse con dos centavos de aquel pago, si la ración que invariablemente le daban los tres tiempos de comida, era de cuatro miserables tortillas con una cucharada de frijoles sancochados? De aquí que los hombres forzados por el hambre, se viesen precisados a tener que pedir siete tortillas más diariamente para aliviar en parte su necesidad y poder, sufriéndolo todo, economizar diez centavos en toda la semana, con los cuales comprarían un trozo de jabón para lavar su ropa y poder presentarse limpios al trabajo el lunes venidero.

Sin embargo, por sobre el flagelo implacable del hambre (he llorado estas páginas porque las he sufrido yo mismo) de vez en cuando el reo se miraba forzado a ceñirse aún más la faja, pues tenía que comprar algún servicio postal para escribirle a la madre distante, pues tenía inmensa necesidad moral de consolarla, de reforzarle las esperanzas de que ya muy pronto estaría de vuelta dándole un fuerte abrazo contra su corazón, descarnado por el dolor y el sufrimiento. Empero, ¡Ay¡, la carta de los reos no salen del penal sino en muy raras ocasiones.

Víctor Carías Lindo había ordenado a sus censores de cartas, señores Carlos Carías Díaz, Horacio Sarmiento y a un empleado de la oficina, para que no dejaran salir cartas en que los firmantes hablasen a sus familiares de sus vicisitudes, secuelas de dolor de los penados de que jamás dejarían de hablar mientras estuviesen allí. Sin embargo, entre estos censores, el oficinista era un filatelista, quien en vez de devolverles las cartas a los firmantes, quitaba las estampillas a los sobres y por medio de otra persona de allí del penal, se las hacia vender a los vendedores del patio general, para que estos a su vez volvieran a vendérselas a quienes las pagaban para que el mismo se las volviera a robar.

Esta probado hasta la evidencia que cualesquiera que sean los efectos psicológicos que un régimen provoque en el consenso social que sirve, los agentes que dan actividad a su existencia siempre se complementan en sentimiento.

Tenemos por caso la cuestión de los censores de las cartas de los recluidos, quienes después de no dejarles pasar su correspondencia y de que el filatelista mencionado se robaba las estampillas para vendérselas nuevamente a ellos mismos por interpósita persona, el tunco Horacio Sarmiento tenía por costumbre entrar después del encierro al patio general, para andar sobre sus dos muletas buscando de reja en reja a los firmantes de aquellas cartas, en las cuales pedían a sus familiares que les mandaran ropa, comida o medicinas.

—Quiero ver quién es José Pérez —decía Sarmiento al presidente de celda.

—¡Ese José Pérez! — repetía el presidente de bartolina.

—¡Presente! respondía a gritos el aludido.

—Venga para acá.

—¿Vos sos José Pérez? —gruñía el Tunco Sarmiento.

—Yo soy, mi capitán, ordene usted —respondía el reo un tanto desconcertado.

—¿Vos le decís a tu familia que te mande comida, ropa y medicina etc?

—Sí mi capitán, porque necesito esos artículos.

—¿Qué te falta a vos, pendejo? ¿Para qué querés ropa? ¿No tenés tu rayada? ¿No vivís harto que estás pidiendo comida? ¿Te hace falta algún purgante, que es lo más que podrías llegar a necesitar? Pues andá allí al botiquín para que te lo den; pero deja de andar jodiendo, escribiendo esas cartas pendejas, que la gente puede llegar a creer que en verdad se están muriendo de hambre.

El tunco Horacio Sarmiento, capitán de compañía de la guarnición del penal, no conocía la necesidad porque además de que en el penal tenía las medicinas más costosas que hubiera podido necesitar, cuando necesitaba intervención médica, se iba a una casa de salud por cuenta del penal; no obstante de que tenía un sueldo bastante fabuloso para un invalido de su categoría, pues además de los ochenta lempiras (L.80) que le daban mensualmente como capitán de compañía de la guarnición, estaba de alta en la plana mayor del ejército y percibía sueldo de la Tesorería General de Caminos, con todo lo cual se hacía más de quinientos lempiras mensuales (L500). Y en cuanto a su alimentación cabe decir, sabemos que la tomaba buena y sin costo alguno, pues su mujer se la regalaba por tal de que le asegurara el monopolio de la venta de tortillas en el centro.

Esto si es feo, indecente, indecoroso, injusto e ilegal; sin embargo, Sarmiento no se avergonzada de tales codicias e impudicias; pero en cambio, siempre estaba pronto a ultrajar rudamente a los pobres que no tenían otra manera de poder remediar sus necesidades, que pidiendo con el dolor del sufrimiento lo que querían obtener a quienes de ninguna manera podían negarles nada.

EL TUNCO SARMIENTO

El poder discrecional que el Gobierno del General Tiburcio Carías había conferido a todos sus colaboradores, había hecho de los más audaces, verdaderos censores de la vida pública y privada del pueblo hondureño. Víctor Carías Lindo, por caso, no era más que un simple carcelero, cuya función se circunscribía, según la ley, única y exclusivamente a la guarda de los recluidos que con tal fin se le llevaban ya amarrados al penal; sin embargo, aquel hombre tenía pagados con sueldos que percibía de la Tesorería General de la República, una cuadrilla de gángsters, quienes vivían fuera y distantes del penal, para que vivieran observando que pasaba allá de los dinteles del centro, pues deseaba intervenir hasta en los asuntos que solo correspondían a la policía nacional.

Un día de tantos, aquellos infames fueron a decirle que en la granja de don Genaro Matamoros, había aparecido un hombre muerto. El lugar distaba algunas leguas fuera de la capital; sin embargo, envió una comisión para que fueran a capturar al dueño de aquella granja. Al día siguiente los gánster llegaron al centro con un anciano que frisaba los setenta años. Todas sus referencias hacían constar que el viejecito era un labrador honrado y de un pasado limpio. Y además hay casos en que el hombre no tiene necesidad de buscar quien acredite su honradez; su semblante solo deja traslucir a quienes saben ver hasta lo más recóndito del alma de quien se observa.

El preso de la granja, por caso, era un anciano de carácter pacato y de mirar ingenuo, no tenía las pupilas, como el propio Carías Lindo, aquella expresión tenebrosa del criminal nato, que sin que él lo quiera, refleja en su mirada el mar de delitos que lleva en sus pensamientos. Se comprendía, tanto por su temperamento como por la impotencia a que le había reducido aquel fardo de años que llevaba encima, que él no era el autor de aquella muerte que nuestro carcelero quería achacarle.

El supuesto culpable fue puesto en "Las Marías", celdas aisladas para incomunicados. De aquí lo sacaba *el semana* al tormento cuando el inquisidor Carlos Reyes Carías se lo ordenaba. El anciano tuvo que sufrir sus golpeadas porque no quería aceptar la culpabilidad de un delito que no había cometido. El tunco Sarmiento también solía hacerle algunas visitas a su celda, para forzarle a golpes a aceptar la responsabilidad de aquel asesinato. Y acaso el anciano hubiera preferido la muerte paulatina que aquellos hombres tenían en perspectiva darle, antes que aceptar su deshonra; pero un día fue a visitarle su nieta, quien iba criando una niñita de dos meses y Carías Lindo ordenó que no le dieran visita y que también se la dejaran presa.

Era noviembre de 1945 y como a eso de las nueve de la noche, la criatura lloraba de frío en los brazos de la madre que no tenía con qué envolverla. Arriesgando que fueran a verme, traje una de mis frazadas y se la regalé con disimulo, como si me la hubiera robado, pues yo sabía lo que podía pasarme si llegaba a ser descubierto regalando un abrigo para la niña de quien Carías Lindo quería aterrar.

Durante su primer día de reclusión, la mujer ya había sido interrogada repetidas veces para que declarara los motivos que su abuelo había tenido para darle muerte al hombre. Pero como tanto aquel como ella, eran inocentes del asunto, siempre se encontraron con su negativa. La primera noche la hicieron dormir con su niña en el torreón de la guardia de prevención. Al día siguiente continuaron en juego los interrogatorios de nieta y abuelo. Allá más adelante amenazaron a la joven señora con que si no declaraba que su abuelo era el autor de aquella muerte, se le iba a fusilar a él y que ella iba a ser condenada a sufrir doce años de presidio mayor, como cómplice de aquel asesinato. Por otra parte, dándole bofetas y de patadas, el anciano fue amenazado con que si no aceptaba la inculpación que se le hacía, que tendría que morir con su nieta y su biznieta en un torreón de aquellos.

Viendo el anciano de lo que eran capaces aquellos viles sicarios, y que la salud de su biznieta se había quebrantado considerablemente en cuatro días con sus noches de estar encerrada en aquellos húmedos torreones, por fin les dijo con el ánimo levantado:

—Vaya, infames, si por el hombre muerto que encontraron en mi propiedad y que a saber que bandido le asesino quieren ustedes inculparme a cárcel perpetua o hacerme cumplir la pena capital, háganlo conmigo, pero no añadan al delito que cometen al inculparme de un delito que no perpetré, el delito de asesinar a mi nieta y mi biznieta en un torreón, tal como veo que lo están haciendo a vista y paciencia mía.

Estas eran las maniobras, pues, de que nuestro Sherlock Holmes, alias Carías Lindo; sabía servirse para condenar a quienes quería arruinar. Los jueces, que daban validez legal a todos los mamarrachos que él les enviaba ya hechos, a sus oficinas para que les pusieran el visto bueno, solo se encargaban de apuntar el número de años que harían de presidio mayor las víctimas de sus cómplices y fue así que don Genaro Matamoros salió condenado a cumplir doce años de presido mayor.

La pauta invariable y permanente de la vida diaria del penal, consistía ver desde el interior de la celda propia la mirada inquisidora del presidente del recinto que con ojo amenazador la paseaba sobre uno. También formaba parte de aquella fatídica pauta, el oír los pregones llamando a gritos a los presidentes de bartolinas para darles alguna nueva orden de la dirección, las cuales llamadas debían de ser por lo menos cuatro diariamente. Mas, estamos tan acostumbrados a la infamia de aquellos hombres, que todo lo demás, tal como el oír el chasquido de los látigos restallando cruelmente en las espaldas de los trabajadores o ver que le pusieran cadenas o grilletes a quienes no los habían llevado, era algo que también ya lo considerábamos como parte de aquella miserable pauta. Pero una noche en que ya dormíamos profundamente, sí que ocurrió algo verdaderamente anormal y esto vino a provocar algo así como un golpe de ciclón que, haciendo un estruendo *resonantísimo,* fue a estrellar su fuerza contra la parte norte de la pared del segundo piso del dormitorio de los niños del reformatorio. Este horroroso sacudón no esperado cuando más silencio deseábamos para reposar mejor, de un solo golpe nos sacó a todos de nuestras tarimas, por lo que, locos del susto, corrimos aterrados sobre las rejas como para querer salir al patio, pero la tirante rigidez de los barrotes nos detuvo el paso.

Después que nos pasó la impresión y que pudimos darnos cuenta de lo ocurrido, soltamos la risa; y no obstante que era prohibido hablar a tan altas horas de la noche, algunos compañeros se pusieron a chancear. Y acaso todo hubiera pasado sin incidente alguno que lamentar; pero el compañero Santiago Baca, que era el más molestador, comenzó a hacerles burlas a los coroneles, lo que dio lugar para que los que se daban por aludidos, tales como don Erasmo Santos, etc., se pusieran a ameritar su propio valor y lapidar a los demás. El Doctor Lázaro Romero Canaca, que gustaba de bromas pero que no podía sufrirlas con serenidad, comenzó a tirarle fisgas agudas al coronel Santos y entre ambos fueron formando tal disputa, que estuvieron en un tris por llegar a las manos; y acaso hubieran llegado hasta esto, pero la intervención amistosa del licenciado Molina obró el milagro de la paz.

El presidente de turno no se dio cuenta del bochinche; pero a las cuatro de la mañana del día siguiente, Pedro Nufio dio parte de lo ocurrido al alcaide Sánchez, quien hizo llamar por medio de los pregones a Santiago Baca y al señor Canaca. Cuando estos se le hicieron presentes, les pegó una dura recriminada y los mando a la guardia de cárcel, para que el comandante de esta los metiera echados sobre su vientre debajo de una tarima, suplicio que padecieron durante tres días con sus noches.

Al coronel Erasmo Santos no le impusieron el mismo castigo porque lo tenían de registrador, motivo por el cual el alcaide no quiso que desamparara su ocupación diurna; pero en cambio ordenó que se le encerrara a las cinco de la tarde para que de esta hora en adelante se le pusiera manos arriba hasta las nueve de la noche durante tres días.

Entre nuestros compañeros había uno de carácter susceptible y violento; pero nada rencoroso. También había otros de carácter pasivo a quien casi nunca se le vio exacerbarse y quien por casualidad lo hacía, se observaba que sus enojos eran de lapido hervor. El primero tenía una posición nada grata en opinión del Director; el segundo sí que la tenía muy bonancible. Su posición estaba muy por encima de los más privilegiados, pues además de que todos los días iba a casa del Director para educarle sus hijos, estaba de Director de la escuela correccional de menores Marcos Carías Reyes, la cual estaba anexa al penal, por cuya razón el pedagogo vivía en más contacto con ese mundo exterior a que todos los demás vivíamos ajenos. Esta circunstancia y la de que la mayor parte del personal docente de dicha escuela debía de componerse de recluidos, le hacía mucho más importante, pues le daba la ocasión de poder elegir los que debían ir a darles las clases. Con tal motivo el profesor don Augusto Villafranca, que no era otro del Director de la escuela, pidió al licenciado don Simón Molina, que tal es el nombre del otro personaje de esta historia, que fuera a la escuela a darle una clase de instrucción cívica a los muchachos. El licenciado asintió.

En estos días estaba como profesora de grado de dicha escuela, la señorita Dora Rodríguez, moza pizpireta de atractivos encantos con quien el profesor Villafranca venia deshojando rosas de amor desde que ella llegó a la escuela.

Más, si hemos de ser leales con la verdad, la moza no era un fenómeno de extraordinaria belleza, pero allí no había más mujeres que ella. De modo que uniendo esta circunstancia a su coquetería, Dora fue la dueña del corazón de la generalidad de los profesores, dentro de los cuales se destacó el profesor Lázaro A. Mejía; pero quien comprendiendo que si le daba rienda suelta a sus amores con aquella mujer, el profesor Villafranca podría retirarle de la escuela por celos, evitó seguir relacionándose con ella, cosa de que no se puso a dieta el licenciado Molina, pues habiéndose insolentado a su contacto, la buscaba con ansiedad.

El profesor Villafranca ya no vio con buenos ojos aquella solicitud, pues también él estaba perdidamente enamorado de ella y puede decirse, que hasta cierto punto, temió que la muchacha fuera a sentirse más atraída por las cualidades de su rival, además de que tenía un porte más distinguido que el suyo y que era más joven que él, era universitario; armas bastante pesadas para poder resistirlas solo, pues se sabe que las mujeres son vanidosas y versátiles y el profesor, en este caso, para poder salir avante, tuvo que recurrir a una arma que no se cree, pues antes y después de esta acción, jamás se le vio cometer un acto vulgar. Una tarde el licenciado Molina trató de franquear la reja para salir a las aulas a dar su clase, pero el llavero le detuvo y dijo que había orden del alcaide Sánchez de no dejarle salir.

Dígaselo lo que se quiera para descartar al profesor Villafranca como supuesto culpable de tal bajeza; pero de ninguna manera se puede creer que no haya sido él el inductor a la suspensión de su licencia para que pudiera salir a la escuela. Esta circunstancia rompió las relaciones amistosas entre ambos y dio lugar para que se dijeran unas tantas palabras groseras en nuestra celda. Sin embargo, damos por excusado todo lo ocurrido, pues sabemos que el amor y los celos hacen olvidar sus deberes hasta al más perfecto de los hombres.

Viendo el problema de la amistad de los recluidos desde un punto de vista esencialmente particularista, se puede creer que la igualdad de desgracia les ha de hacer quererse mucho más y con más sinceridad que como se estiman los hombres en la vida libre.

Pero una cosa es reflexionar sobre el asunto con la razón y otra el haberlo sentido con el corazón.

Emilio Crespo, por caso, era un viejo aborrecido por intrigante y esquilimoso. Nosotros siempre le tuvimos como el asiento vital de los agrios fermentos que muchas veces nos disgustaron. Sin embargo, no obstante que solamente era un costalón de repugnantes podredumbres, siempre pudo hallar satélites que le secundaran en sus perversas intenciones, pues así como los había hallado para expulsar a José Barrios de la celda No. 11; ahora había hallado a Miguel Arturo Castañeda, a Salvador Zelaya C. y a Pedro Nufio Gallardo, para presentar una solicitud tendiente a expulsarme a mí de la celda, sin más motivo que el que todos cuatro eran unos afeminados a quienes más de alguna vez acaso y sin acaso les herí el amor propio.

Pedro Nufio se acusó culpable, pues estaban encerrados en mi celda tramando el asunto, cuando entré yo y les hallé en sesión. No les oí nada; pero aquel lo creyó, pues al verme entrar, exclamó mirándome a la cara:

—Pues si como Sanabria no se lleva bien con nadie...

En el primer momento yo no pude compenetrarme del sentido íntimo de aquella frase dicha casi al azar; pero el licenciado Molina, que me quería bien, me dijo que era que Pedro Nufio trataba de expulsarme de la celda a cuyo efecto había reunido el citado grupo de ancianos. Ciertamente, yo sé muy bien que no soy nada simpático; pero tampoco soy tan pedante, como para presentarme como la nota discordante entre un círculo de compañeros con quienes por hallarnos sufriendo la misma desgracia estaba moralmente obligado a llevarme bien con ellos. Pero el carácter esquilimoso y lenguaraz de unos, y el servilismo y la bajeza de otro, no daban lugar para la realización de la feliz armonía que yo hubiera deseado vivir con ellos.

El único compañero que no solo no me negó jamás los consuelos que necesitaba para calmar mis penas, sino que llevó su generosidad hasta el hecho de compartir conmigo todo cuanto podía conseguir para calmar nuestra hambre, fue el licenciado Simón Molina Ramos, persona por quien gracias se han dadas a su congénita bondad, el autor aguantó menos hambre durante algún tiempo.

El licenciado Molina también estaba en la miseria; y su precaria situación era tanto más apremiante, cuanto que poco tiempo después de haber caído al penal, fue abandonado por la única familia que en tal caso no debió haberle dejado sin su apoyo. Sin embargo, tuvo la buena ventura de que el carcelero le pagara en lo particular unas clases de economía política que daba su hijo Francisco Carías y cuyo valor ponía íntegro en mis manos para que yo comprara algunas provisiones, tales como manteca, huevos, queso, mantequilla, café y azúcar, las cuales almacenaba en una caja de cartón que nos servía de guarda comida.

Mas, séame decir el licenciado Molina no solo me dio para el estómago, sino que también para el espíritu, pues me dio sus libros y las pláticas instructivas de sus vastos conocimientos, pues puede decirse que era él el oráculo de nuestra celda. Aquí todos le prestaban mucha atención y respeto a todos sus actos y a despecho de todos, debo decir que era yo el tipo de su predilección personal.

Aquella amistad tan rica en atenciones con que el licenciado sabia distinguirme, parecióme causa de la manera petulante con que algunas veces solía mirarme el talentoso Perito Mercantil don Arturo Cáceres Ávila y de las bruscas acometidas con que más de una vez me agredió el cirujano dentista don Lázaro Canaca. El primero, ofendido no recuerdo porque razones de una discusión que sosteníamos acaloradamente, una vez me dijo encendido en cólera:

—No trabe; si usted no es más que un reflejo del licenciado Molina.

Opinión personalísima de la que no me di por ofendido por reconocer que aquella frase con que él trataba de lapidarme, no era más que una manera pueril de salir airoso en el debate, pues sabía que aun el mismo, que tiene una inteligencia bastante despejada, comprendía que si bien era cierto que una enorme afinidad de ideas nos hermanaba más que con ningún otro, también lo era que las opiniones que yo vertía sobre cualquier tema en cuestión, no era un reflejo del espíritu de aquel cultísimo protector mío.

El señor Canaca, dicho sea en su honor, era un tipo bastante generoso; el muchas veces quiso asociarse a nosotros para que hiciéramos la comida en común, pero su carácter irascible y delicado hacía de él un hombre agresivo con quien por mucho que hice por guardar el equilibrio en su amistad, no pude conseguirlo. Una vez que yo estaba sentado sobre la tarima de Nufio cuando, al dirigirle la palabra al licenciado Molina acerca de un café que queríamos tomar, el señor Canaca, quien estaba sentado escribiendo el parte de encierro, se levantó súbitamente y se me arrojó a la cara como una verdadera fiera. Estoy seguro de que si el licenciado no hubiera intervenido, nos hubiéramos despedazado. Algunos días después y por la tarde, le dirigí la palabra al licenciado para preguntarle si ya quería que hiciera servir la cena y como el señor Canaca oyera que aquel me contestó con exquisita amabilidad, se sintió como sobrecogido de unos celos de amistad rabiosos y tomando uno de los zapatos que tenía debajo de su tarima, me lo arrojó con todas sus fuerzas, haciendo blanco en mi pecho; mas detrás del zapato se me tiró encima como un tigre; pero entonces sí que le pegué tal puñetazo en la cara, que lo tire de espaldas sobre una valija de madera de Pedro Nufio, en la cual se rompió el coxis, pues inmediatamente comenzó a chorrearle la sangre.

En la noche que precedió a esta tarde, en tanto que yo estaba acostado y el señor Canaca estaba sentado frente a la reja para dar las novedades a los presidentes de turno, llegó Pancho Carías y me llamó a la reja para decirme a grito pelado:

—¡Ea! Sanabria, ¿Es cierto que vos te peleaste con Canaca?

Pancho no era jefe ni era nada aquí en el penal; él no era más que un vil mequetrefe que por su audacia y por su carácter de intrigante y chismoso, se había absorbido todos los poderes conferidos al Alcalde; y sin embargo, no obstante saber esto, todos teníamos que atenderlo y soportarlo, si era que no queríamos que nos fuera algo peor, razón por la que yo estuve pronto a decirle que no era cierto. Cuando Canaca fue interrogado de igual manera, contestó lo mismo; de manera que en tal caso, lo único que hizo aquel usurpador de poderes y de todo lo que se le ponía por delante, fue pegarnos una especie de paternal reprimenda, que era la forma con que él nos simulaba una amistad en la que envolvía el cuchillo que nos metía bajo capa.

Minutos después de haberse retirado Pancho, Canaca fue a mi lecho para reconciliarse conmigo.

Ciertamente, no soy yo un modelo de nobleza; pero tampoco lo soy de bajeza. De manera que si yo hubiera sido el culpable de aquella disensión, hubiera sabido presentarle mis excusas; pero en este caso, no, porque el señor Canaca ya hacía tiempo me venía haciendo una guerra baja y soez. Al propio Pancho Carías le había dicho que yo había expresado que le iba a matar con un palo dentro de nuestra celda, y al Perito Mercantil Arturo Morales le había dicho que yo decía que odiaba oírle hablar por lo insulso de sus conversaciones; absurdos todos inventados por él para perjudicarme, pues nadie mejor que él sabía que las pláticas del señor Morales no solo no empalagaban nunca, sino que encantaban por la expresión clara y brillante que se encuentra en el giro espiritual de sus ideas.

Hacía algún tiempo ya que el señor Morales me había retirado sus consideraciones, y comprendiendo yo que todo esto era injusto, un día le pregunte el motivo de su disgusto y él tuvo la bondad de explicármelo; cosa que yo le agradecí y procure darle toda clase de satisfacciones, con lo que bastó para que me devolviera el honor de su amistad. Con Pancho Carías hice todo lo contrario, pues un día que me preguntó si que era cierto que yo hablaba mal de él, le conteste que sí.

Por otra parte, no hallaba de que medios valerme para retirar de nuestra celda las visitas de don Arturo Cáceres, pues este señor, que gustaba dependencias, sabía que nada me desagradaba tanto como que se pusiera a tramar discusiones cuando yo estaba leyendo; y como él tomaba gran gusto en disgustar a alguien, por maldad se metía en nuestra celda para suscitar escandalosas discusiones con Nufio. En este caso yo sabía que nada podía servirme presentar quejas contra él, pues todos los presidentes, con el Alcaide Sánchez a la cabeza, auspiciaban todo aquello que tendiera a mortificarme. De manera que para defenderme de las importunidades de aquel gratuito ofensor, no disponía más que de una arma: la inteligencia apoyada en la maldad.

Un día hallábame leyendo sentado en mi pequeña silla de madera, cuando don Arturo, como de costumbre entró a la celda, yéndose derecho a la tarima de Pancho Carías, para levantar el colchón que estaba echado sobre aquel lecho. Este abuso, cometido inopinadamente o por un rapto de intensa soberbia, me dio la ocasión de darle con la reja en la nariz. Inmediatamente me fui a las cocinas a decirle a Pancho:

—Oye, tú... ¿Qué le has robado a Arturo Cáceres?

—¡Nada! ¿Por qué?

—Porque le vi entrar a nuestra celda a remover el colchón de tu tarima. Si tú quieres confirmarlo, llámalo y dile que yo te lo dije.

Pancho no se hizo esperar; inmediatamente le dio el grito y Arturo Cáceres llegó. Después me llamó a mí para presentarme como acusador; lo cual ratifiqué en su presencia. Yo sé bien que el señor Cáceres no es ladrón, ni tenía la menor intención de hacer aquello. Pero la maldad era la única arma con que yo podía combatir su maldad y he aquí que don Pancho, el gran señor del centro, en mi presencia le ordeno, que no volviera a poner los pies en nuestra celda y el señor Cáceres no volvió a vérsele más allí.

Así las cosas, la opresión de aquella tiranía que cada vez me ceñía con más furia, puso tal sitio la torre en que me encasquillaban mi orgullo dignidad, que acabo por hacerme capitular. Si el honor militar en muchos casos, representados por hombres de superior talento, valentía y respaldado aun por grandes contingentes de tropa, se ve precisados a ceder terreno, a evacuarlo y hasta huir, aunque a esto se le llame altivamente, honrosa retirada, ahora no digamos un solo hombre, desarmado, en la miseria y reducido a la más indignante humillación, como me hallaba yo. Fue pues, el dolor de la opresión que aumentaba sus furias en la extensión de mis días, el que me aconsejo escribirle al Director en forma conciliatoria. Y fue así que por fin logre disipar el rencor que aquel energúmeno me tenía y hacerle entrar en un trance de reconocimiento y bondad a favor mío.

UN PADRE BUSCA LIBERAR A SU HIJO

Por este tiempo estaba próximo a obtener su libertad el apuntador Pedro Martínez Lara y el Director ya había dicho que yo iba a ser su sustituto. Este vaticinio provoco muy mala impresión en la opinión de individuos como Camilo Mejía, Rodolfo Lanza, Gonzalo Paz, Herminio Recinos y Pancho Carías, pues a ninguno de ellos le convenía que estuviera cerca del Director un elemento como el autor, quien si bien es cierto que nunca ha tenido la pretensión de presentarse como redentor, también lo es que en su presencia, y hallándose en igualdad de armas con un malvado, nunca deja que nadie humille impunemente la humildad de un hombre inofensivo. De manera que desde este momento el grupo precitado se concitó para desplegar todas sus actividades tendientes a quitarle la intención al señor Director de favorecerme. Y triunfaron.

Pero esto no fue óbice para que el autor se abstuviera de continuar haciendo sus maniobras tendientes a conquistar una posición que le hiciera un poco más llevadera la vida, pues aún le faltaban cuatro años de presidio para cumplir la sentencia que los tribunales de justicia le habían impuesto.

Es conclusión de incontestable verdad, que la conducta del gobernante en la vida de relaciones, siempre está en razón directa con su parte afectiva. De manera que si este sabe ser agradecido, sabe ser justo; mas si es desagradecido, es injusto y abusador de la ley. Véase, pues, un aspecto de la vida íntima de Carías Lindo en razón directa con sus obligaciones morales.

Dos ayos de la educación de sus hijos habían cumplido el tiempo de presidio mayor que la ley exige, para que si han observado buena conducta, con derecho legal pueden presentar su solicitud para la obtención de una condonación. Los ayos en mención respondían a los nombres de Cesar T. Fúnez y Augusto Villafranca Ramos.

Ambos, por el trato íntimo con el Director tenían y por las muestras de afecto que este les presentaba, se creyeron con derecho al certificado de buena conducta, que, como requisito primordialísimo, exige la ley al presentar el escrito de solicitud de indulto o de condonación. Ellos pues, creyeron de más importunar al Director para pedirle una cosa a la que por su conducta intachable, tenían derecho. Al efecto, el hermano del profesor don Augusto Villafranca, licenciado don Daniel D. Villafranca, llegó a las oficinas de la dirección para pedir que se le extendiera el certificado de conducta de su hermano Augusto; pero los empleados de dichas oficinas le dijeron que el señor Director no había ordenado aquella disposición. En vista de tal negativa, el licenciado trató de ver al Director en su oficina, pero este se negó a recibirlo. Comprendiendo pues, que era inútil porfiar a un hombre tan terco como aquel, recurrió a la vía legal, como fue la de dar cita a audiencia al juzgado de letras al Director de la Policía.

El carcelero asistió a la cita y cuando el licenciado Villafranca le dijo en presencia del señor Juez, que se le había llamado al juzgado solo para que declarara si la conducta del reo Augusto Villafranca era mala o buena, el carcelero, volviéndole la espalda, contestó que nadie podía obligarlo a dar aquella declaración. He aquí, pues, a ojos vista, la moneda con que Carías Lindo pagaba los favores a un noble maestro, que con paciencia y bondad dio a las hijitas de su carcelero la parte más bella de su espíritu.

A César T. Fúnez, el niño mimado del Director, aquel de quien gritaba desde la puerta de la dirección, diciendo:

—Aquí afuera mando yo, y allá adentro manda César.

Le pasó lo mismo que al profesor don Augusto Villafranca. No creyó César necesario tener que hacerle la venia al carcelero para que le diera un certificado de buena conducta, porque de consumo se creía con derecho a él. Pero cuando su abogado se presentó en las oficinas de la dirección para recoger el consabido certificado, se encontró con la misma negativa en que se había estrellado el anhelo del profesor.

El papá de César, anciano venerable quien invirtió todo su capital en las necesidades de los que se acercaban a él para pedirle un favor, vino de la Costa Norte del país para pedirle al dictador permiso para presentar trabajo de condonación para sacar a su hijo y el dictador le dijo que sí; visto bueno que al candidato anciano le pareció honrado. Mas cuando este se presentó a la guardia de prevención para pedir audiencia y ver al Director, este le dijo al comandante de guardia que le dijera al solicitante que no iba a poder verlo. El anciano siguió porfiando durante algunos días, pero inútilmente. El carcelero siempre rehusó recibirlo. En vista de lo cual, César se resintió profundamente por el desaire que el carcelero le hizo a su venerable anciano; mas como en su pasado ya tenía un antecedente de rebelión glorioso, el Director, conociendo su audacia y su prestigio en el centro, temió que fuera a repetir el asalto que en 1926, hallándose de reo en el presidio de La Ceiba, le había hecho dueño de esta plaza y en tal caso, hizo que lo bajaran del dormitorio que compartía con los muchachos del reformatorio y que lo pasaran a una celda en que le harían dormir bajo llave.

Entre los hermanos Nazzar Bonilla había uno de habilidades extraordinarias para la mecánica y el cual respondía al nombre de Abraham. Este compañero comenzó a conquistarse el afecto del Director en los talleres de los telares, donde tuvo oportunidad de estudiar la forma en que estaban hechos los muebles para mejorarles sus condiciones. Después paso a la herrería, en donde hizo prodigios de habilidad. El delito porque estaba recluido Abraham con sus hermanos Nicolás y Juan, estaba penado, según el Código Penal con la pena capital, la que se hubiera cumplido al pie de la letra, si el Director no le dice al Dictador que los hermanos Nazzar eran hombres de aptitudes extraordinarias para el trabajo y que convenía, para explotarlos hasta el máximo agotamiento, conmutar la pena capital que les había caído, por la de presidio mayor. Sugerencia que el Dictador tuvo por buena y los Magistrados de la Corte Suprema de Justicia no pudieron hacer más que pasar el edicto.

Para nosotros, a decir de corazón, los hermanos Nazzar fueron buenos, no obstante que, como sucede con toda aquellas personas que tienen un gran ascendiente en el destino de las actividades de una gran comuna, muchos se quejan de ello, razón por la que nos debemos precisados a rendir algunos apuntes acerca de la situación de cada uno de ellos.

Lo que yo puedo decir de Abraham es que era un muchacho de ideas revolucionarias. Pero como en tiempos de Víctor Carías Lindo ninguno de los que gozaban de prerrogativas dirigía nunca la palabra a ninguno de los reos que estaban calificados como de la oposición, y como Abraham lo hacía abiertamente, la voz publica llego a calificarlo de oreja del Director. El autor no lo cree, porque sabe que este no le hubiera permitido entrar mucha literatura subversiva que aquel hizo circular subrepticiamente.

César T. Fúnez había caído en desgracia y un día en que Abraham me vio en torno al caracol, me dijo que viera a aquel para ver que me decía de un asunto que tenían entre manos. Obedecí; pero al abordar al hombre, quien me tenía plena confianza, me dijo que Abraham le había dicho que iba a llevar quince pistolas a su celda para armar quince hombres de los buenos y darle un golpe de mano al carcelero; pero también me dijo que él no le tenía confianza, porque al decírselo, el joven no le había visto a los ojos.

César sabía que en el centro había hombres profundamente lastimados por Carías Lindo quienes además que eran valientes y magníficos pistoleros, vivían constantemente dispuestos a jugarse el pellejo en la mejor ocasión. De manera que todo estaba planeado ya. El golpe de la ofensa del amigo traidor había provocado en el ánimo del amigo leal, el enemigo feroz. Su pensamiento era subirse a una caseta que había sobre la guardia de cárcel de donde como fino pistolero que era, se prometía poner fuera de combate el artillero de la máquina que queda enfrente de la guardia de la cárcel y de donde se prometía volarse al artillero del torreón que queda al lado de la máquina, para poner desbordar sus hombres sobre la guardia de prevención y apoderarse de los jefes principales, pues sabía que no había que temer por el personal de los otros torreones, donde solo había indios rudos e ignorantes del honor militar. Empero, como me había dicho, no tenía confianza en Abraham.

Desde que los reclusorios fueron inventados y encerrada en ellos gente a perpetuidad o por largos periodos de la vida, los sodomitas se produjeron espontáneamente en ellos. La penitenciaría central, pues, no carecía de los suyos.

Poco tiempo después de mi ingreso al penal, ingresó Chepita, sodomita muy relajado y públicamente conocido en toda la Costa Norte del país. Tenía aquel extraño invertido todas las gracias y los mimos de la mujer coqueta. Se empolvaba la cara y se pintaba los labios. Al andar miraba a los hombres con la vista morbosa de la mujer prostituta y movía las caderas con tan graciosa cadencia, que realmente daba la sensación de estar viendo a una mujer.

No cabe duda que cuando Chepita ingresó al penal, su primer pensamiento fue el de que allí viviría cambiando de marido como cambiar de traje. Pero al intentarlo, palpó los garrotes de que estaba rodeado y se decepcionó. Su principal galán respondía al nombre de Choncito Urbina.

Más en el centro no solo estaba Chepita; había otros más que como él, eran homosexuales. Muchos desvergonzados llegaban a enamorarse de algunos muchachos como quien se enamora de una mujer, pues los besaban y los acariciaban y los celaban como quien cela a una mujer. Muchos jóvenes, por hambre, cedían a la incitación de aquellos perversos, quienes generalmente eran individuos que tenían alguna consideración y disponían de algunos centavos con que poder halagar a quienes querían seducir. Víctor Carías Lindo ponía mucho celo en evitar estas cosas. Pero hubo un tiempo en que la degeneración de los invertidos llegó a tal grado de desenfreno, que el Director se vio precisado a tener que ordenar a los presidentes de bartolinas, que se echara a dormir en el suelo y frente de la reja a todos los sodomitas conocidos y aquellos a quienes se sospechaba en vía de llegar a serlo. Pero todas estas medidas, hasta cierto punto no aprovechaban nada, no obstante aquellas horrorosas vergueadas que en cueros les pegaban a los que hallaban en el hecho. Últimamente el Director ordenó separar en una sola celda a todos los maricones. Pero tampoco aprovecho en nada esta nueva disposición, pues ellos mismos se usaban unos con otros. El vicio, siendo vicio, es, grosera comparación, como la virtud siendo virtud, que una vez que ha comenzado a florecer, solo arrancándole la vida se le puede impedir que de sus frutos. Los invertidos, sin llegar nunca a cobrarle miedo al brazo implacable del verdugo, siempre llenaban la necesidad de sus vicios.

Había muchas razones para que la penitenciaría fuera un centro sumamente sucio. Éramos dos mil veinte reos en un diámetro de cien metros cuadrados. El plantel era más grande; pero más allá de nuestro círculo estaban las guarniciones. La generalidad de los reos se componía de hombres de primitivas costumbres a quienes no les agradaba bañarse ni asearse. Pero había en estos muchas otras circunstancias que favorecían considerablemente aquel desaseo. La mayor parte de los reos apenas si tenían un pantalón y una camisa propios. Por otra parte el penal solo les daba un uniforme, que era con el que trabajaban toda la semana. El domingo, día de descanso general, lloviera o no, ellos tenían que lavar su uniforme; cosa que se les dificultaba debido a que solo había una llave o paja de agua, de la que se servían colectivamente para lavar y bañarse.

Con frecuencia ocurría que en todo el día no hiciera sol o que pasara lloviendo. Tegucigalpa tiene un clima frío y más aún cuando llueve. A las cuatro de la mañana, todo mundo y aunque no se tuviera que hacer, tenía que estar en pie y en el recinto, sin importarle a sus autoridades si estaba o no lloviendo. Sucedía, pues, que los días lunes en que se reanudaba el trabajo, al tirarse de la tarima el reo tenía que ponerse el uniforme mojado porque el día anterior no había podido secársele, y esto, como es de saber, no eran cosas inadvertidas del Director. El autor mismo en incontables ocasiones se lo había dicho, pero él había puesto a esto oídos de burro.

Recordamos que un domingo Carías Lindo tenía vestidos de gala a los muchachos de la escuela vocacional, porque según él un agente diplomático de la Gran Bretaña había ofrecido ir a hacerle una visita al penal. En efecto el agente llegó y desde que este franqueo la entrada fue muy bien recibido. Los muchachos de la escuela también lo esperaban armados de fusil para hacerle unas cuantas cabriolas que bajo el nombre de maniobras militares, les había ensenado el coronel don Chon Turcios. Pero el agente, que lo era de observación, fingiendo interés y entusiasmo por tales niñerías, se deslizo en dirección a la muralla de la guardia de cárcel, a donde le acompañaba un pichingo negro lleno de charreteras que se hacía pasar por capitán; conjuntamente con el esbirro Carlos Reyes. Según ellos, le harían dar la vuelta en torno al recinto exterior para despacharle satisfecho de haber visto los grandes adelantos en el peno logo moderno que Carías Lindo le había impreso al penal. Pero no sucedió así, pues cuando iban pasando enfrente de la guardia de cárcel, el inglés se desVio hacia la izquierda y franqueo el caracol que le hizo hallarse en el patio general, donde vio aquellos enormes tendales de ropa mojada y el panorama paupérrimo de aquel recinto lleno de gentes laceradas, de rostros terrosos y cuerpos flacos y descarnados por la deficiente nutrición con que pasaban.

Carías Lindo tenía en la mayor parte de sus disposiciones, la inconsecuencia pueril de un muchacho de siete años, pues a pesar de sus setenta años, era infantil en todos sus actos.

Un día, sin antes poner al alcance de todos los medios que permitieran al reo hacerse mejor el aseo, se le antojo ordenar que todas las tardes se requisara la ropa de todos, y que se pegara dos vergazos por cada chichuiza que le hallaran a uno. Quiso la mala suerte que dentro del grupo de los que estaban recluidos por contrabando, se encontrase un anciano como de sesenta y cinco años de edad, de nombre Antonio Moreno y originario de San Antonio del Norte, departamento de la Paz, en quien se encontraron tres chichuizas y a quien el presidente de dichas celdas señor Héctor Mendoza alias "Bleck", le pego seis vergazos bien jalados. La noche que precedió a esta tarde, el anciano sufrió una fiebre que le fue aumentado progresivamente a grado tal que al día siguiente tuvieron que pasarlo a la enfermería en donde al tercer día falleció.

Había en el penal muchos otros viejecitos a quienes los mataban los verdugos del Director pues se trataba de ancianos quienes nunca se bañaban porque el sereno de las cuatro de la mañana, hora en que se les levantaba por fuerza, les hacía vivir acalenturados y un día cualquiera se le antojaba a un presidente de recinto ordenarle que se bañara, y el anciano tenía que hacerlo, a pesar de los pesares; pero en la noche le sobrevenía la fiebre y el día siguiente era pasado a la enfermería y al tercero o decimoquinto, el anciano no amanecía vivo.

Cada vez que el penal recibía nuevas remisiones de reos, era costumbre nuestra verlos entrar y rodearlos enseguida para verlos de cerca. Todos esperábamos ver entre ellos mas de algún conocido o encontrar al menos alguno de aquellos caracteres que más se asimilasen al nuestro. Pero también ocurría que no siempre podíamos hacerles aquella apoteosis, pues con frecuencia sucedía que cuando aquellos hacían su entrada al patio general, ya se nos había encerrado. Pero al día siguiente siempre los buscábamos para verlos, pues aunque el recinto pasaba constantemente congestionado de gente, nosotros siempre podíamos reconocerles entre los viejos compañeros.

Una mañana de estas en que esperamos ver nuevos huéspedes, pude oír u observar un joven que platicaba vivamente con Emilio Crespo y el licenciado Simón Molina. Mal saludo le había hecho por cierto, pues llevaba prendido el tobillo un gruesísimo grillete. Su voz grosera y el aire pedantesco que imprimía sus palabras me revelaron al punto la imagen exacta de su fisonomía moral. Este sujeto respondía el nombre de José Rodolfo Espinal.

Espinal había ocupado puestos de regular importancia. Estando en la guardia de honor había pasado a ser comandante del puerto de San Lorenzo, lugar que queda al Sur del país sobre el mar Pacífico. Pero se asegura que abuso escandalosamente de su posición y el dictador se irrito contra él y lo retiro de su cargo. Mas antes de desempeñar este empleo ya había estado de comandante del aeropuerto de Toncontín, pero también de aquí había sido relegado por similares desordenes. Últimamente, para quitárselo de encima, el dictador lo había enviado no sé con qué empleo a las Islas de la

Bahía, de donde lo habían enviado amarrado para la Penitenciaría Central, por cinco estafas que había cometido allá.

Estudiado el carácter del sujeto, comprendí que no era nadie que pudiera interesarme. Día a día estuvimos juntos picando piedra en la Mora durante mucho tiempo. Su puesto de trabajo estaba algo alejado del mío; pero siempre que terminaba de hacer su tarea, se acercaba a mi puesto para platicar con unos compañeros que trabajaban a mi lado. Un día se preparaban para presentar al Director no sé qué queja contra el esbirro Gonzalo Paz. Pero sin duda alguno de los que tenían conocimiento del asunto, fue a denunciárselo al pillastre, pues pronto les corto la retirada poniéndolos en cuarentena. Esta circunstancia hizo creer al de las cinco estafas, que el autor había sido el delator. Y fue así, que, un día, inocente de la falta de que me inculpaba, le dirigí la palabra.

—No, manito —fue su respuesta— con usted no se puede ser amigo.

No atribuyo a otra cosa tal actitud, sino a que Espinal había llegado al conocimiento, de que allí jamás medraban los que hacían amistad con los que habían caído en desgracia como yo. Y digo esto, porque el primer día de haber llegado preso un primo mío, se encontró con él, que ya le conocía y le pregunto que donde podía verme.

—Lo que puedo aconsejarte como amigo —le contestó Espinal— es que no le hable a ese primo suyo porque está muy mal visto aquí en el penal.

—¡Eh! ¡No trabe! —replicó aquel—. Salomón es mi primo y debo hablarle en cualquier situación que lo coloque la suerte.

Acostumbrado a como estaba a pasarse la vida de alta en los cuarteles, lo más del tiempo Espinal pasaba refugiado en las enfermerías, huyéndole al trabajo. Mas reacio a comerse el pan del presidio con la sumisa humildad con que el reo del penal lo hacía, cada vez que le llevaban la comida se ponía a renegar furiosamente. Y una de tantas el "Pasamano" llego a la cocina diciendo que Espinal había escapado de retirarle la comida en la cara.

—A ver quién es ese pendejo —dijo Carlos Reyes Carías— llámenmelo ya.

El inquisidor se fue hacia la mesa que quedaba enfrente de la celda de los Presidente. Poco después Espinal llegó a su presencia.

—¿Qué estabas hablando vos de la comida? —preguntó el inquisidor.

—Nada —contestó Espinal.

—Aquí no estás libre pendejo —increpó Carlos—. Aquí te vas a hartar lo que yo te dé; y para que no vuelvas a hablar babosadas, tomá.

Fue la de comenzar, tirándole al suelo de la primer a pescozada que le pego en la cara y otras más que le dio en el suelo.

Espinal, el hombre de exquisito tino para poder estar bien, siempre fue tratado con brutalidad y mientras estuvo en el penal, nunca le quitaron el grillete.

Cuando Rodolfo Espinal salió libre, renegó del nacionalismo, partido político a que perteneció en un tiempo. En esta ocasión quiso hacerse pasar por mártir del despotismo del Dictador, haciendo creer a los elementos de la posición, que había estado preso por liberal y no por estafas, ardid que le valió el subsidio económico de los miembros del partido liberal.

Fue, pues, de esta manera cómo José Rodolfo Espinal llegó a Guatemala. La emigración hondureña en el exterior lo reconoció como un miembro de los suyos, dándole la protección que se le puede ofrecer a un hermano del ideal en el ostracismo. Mas cuando se vio de lleno en todos los planes que aquellos tenían para invadir el territorio nacional con objeto de derrotar al dictador, denunció los planes y entregó a quienes pudo. Hoy vive en la capital del favor oficial, pues está de alta en la plana mayor del ejército devengando 80 lempiras mensuales como empleado fantasma.

ODIO A LOS INTELECTUALES

El hogar, como las instituciones, siempre tiene el carácter de las inclinaciones morales y espirituales de sus representantes. Si el hombre es culto lo es su hogar, donde sus hijos y su mujer le hablan con libertad y no como sus prisioneros. Este sentimiento de libertad vivamente auspiciado por una constante elevación cultural, trasciende majestuosamente de él hasta el plantel de las instituciones que sirve, donde sus subalternos, merced al trato suave y respetuoso en que sabe dirigirlos, sienten íntegra la dignidad que da personalidad al hombre. Pero si se trata de un bárbaro, su casa es un presidio, donde todos los suyos le hablan de rodillas y con la cabeza baja, trascendiendo de este modo su terror hasta el plantel de las instituciones que sirve, donde todos le miran y le obedecen aterrorizados y donde, aunque haya hombres de brillante talento que piensen o estudien el sentido de las cosas con más cordura que él, deben circunscribirse a obedecer y aun hasta aplaudir las tonterías que el bárbaro que tienen por jefe, prescribe como disposiciones sublimes de su genio creador.

Víctor Carías Lindo, quien era uno de estos bárbaros metido a genio por los poderes omnímodos que le había conferido el Dictador, odiaba a los hombres de letras y a todos aquellos que dieran visos de poseer inteligencia. Les temía más bien que les odiaba. Por este motivo los tuvo súper vigilados. Pancho Carías, que era uno de sus buscadores de riesgos en los hombres de talento, un día se detuvo a observar de lejos al escritor don Raúl Arturo Paguada y, después de un momento de reflexión, exclamó justificador:

—Ciertamente que este poeta Paguada no huele ni hiede.

Felizmente para el poeta, Pancho había realizado para Carías Lindo, el primer trabajo honrado de su vida. No obstante de ser el poeta Paguada un hombre bien creado, pues nació en la opulencia y se educó en los colegios de los EE UU, siendo muy joven este noble amigo nuestro sufrió un golpe de mala suerte que le hizo perder el equilibrio y caer, fatalmente, en la cárcel. Se dice que en Trujillo, lugar donde cayó preso, se enamoró de una muchacha que tenía sus mismas inquietudes literarias; pero quiso su mala estrella que también se enamorara de ella el juez de letras, persona de corazón bastardo quien no dejó de aprovechar el haber ocurrido un crimen del que Raúl se halló muy lejos, para mezclarlo como cómplice del odioso hecho que lo hizo estar preso durante doce años.

Antes de entrar al presidio, Raúl era un muchacho que dividía su tiempo entre estudiar los mejores autores y escribir conferencias que le hicieron objeto de honrosos aplausos. Pero el golpe sufrido y las sombras de la cárcel le habían transformado en un hombre indolente y retraído. Si era cierto que a veces leía y escribía, ya no lo hacía con aquella vehemencia y brillos de otros tiempos. Hallándose preso murió en una acción de armas su señor padre, que era el único que le subvencionaba. Muerto el autor de sus días, Raúl quedó abandonado de los hombres, pues no tenía quién le llevara al penal un harapo con que cubrir su desnudez ni un mendrugo con que calmar el hambre.

El color político con que se le tildaba, hacía que se le viera de reojo. Trabajaba en el destino de Birichiche hostigado por los esbirros de Carías Lindo, cuando un día cayó enfermo de un dolor que lo inutilizo para el trabajo. ¡Era la apéndice! Pero quiso su buena suerte que el Director, impulsado por uno de esos arranques de humanidad que de repente arrebata el pecho de los malos, lo enVio al hospital general para que fuera operado y fue así que aquella preciosa vida fue salvada.

En cuanto el poeta salió del marasmo en que le dejó la cuchilla del cirujano, comenzó a servirse de las armas que aconseja el buen sentido para estar bien. Y fue así como empezó a escribir en el diario oficial "La Época" incensando la actuación del Director, ensalzando las extraordinarias actitudes del Director del Hospital y deidificando las virtudes del carcelero. Se dice que fue tan grande el cariño que Raúl logró despertar en el Hospital a favor suyo, que fueron muchas las veces que le dejaron ir solo a pasearse la ciudad. Pero como Carías Lindo era un enemigo acérrimo del bienestar de los que están bajo su dependencia, se acordó del poeta y aunque no estaba bien de salud, lo reconcentró.

La maldad efervescente del centro mantenía en actividad a todos sus agentes. A César T. Fúnez lo había aislado en una celda donde estaba acompañado de tres personas; pero después de estas, los esbirros no permitían que fuera tratado por nadie más. Pero Raúl Arturo que era un tipo sano que siempre gustó buscar la amistad de los hombres más ilustrados del centro, no quiso hacer caso de tales niñerías y se metió a la celda de aquel para platicar con él y sus acompañantes; pero don Juan Nazzar, quien a la sazón estaba de presidente general de reos, fue informado de tal insubordinación y se fue a la celda para sacarlo a empellones y pescozadas. Inmediatamente Raúl fue uniformado y llevado a trabajar a La Mora y al día siguiente se le envió a trabajar al destino del Birichiche.

No fue mucho lo que Raúl Arturo estuvo trabajando en Birichiche, pues su enfermedad era realmente manifiesta. De aquí tuvo que regresar al hospital para que se le hiciera una urgente operación. Cuando recobró un poco su salud, publicó en el Diario Oficial La Época, su separación del liberalismo, partido político a que pertenecía por abolengo, haciendo su adhesión al Partido Nacional. A partir de este momento Raúl presentó una solicitud, pidiendo su condonación, pero a pesar de su irreprochable conducta y de los ditirambos que le había estado tirando al Dictador y su carcelero, no se la dieron.

Cuando felizmente cumplió su sentencia, el carcelero no quería dejarlo ir; pero gracias sean dadas, a los ruegos que por su salida hiciera su señora madre, logró conseguir que el carcelero lo pusiera en libertad. Mas cuando Carías Lindo preguntó a Raúl Arturo que para dónde quería irse, este le respondió que quería quedarse en Tegucigalpa...

—No —dijo balanceando negativamente la cabeza—. Andate para Olancho, tu pueblo —fue la respuesta lacónica del carcelero.

Pero como Raúl Arturo sabía que si le contradecía lo metería nuevamente, aceptó.

La violación de la norma jurídica de las instituciones que se sirven, siempre constituye delito, aunque con ella se realice un acto de justicia de conciencia, tal como el caso de Carías Lindo en relación con el caso del señor Eduardo A. Gutiérrez.

Aún no se sabe por qué medios el aventurero Eduardo A. Gutiérrez, de nacionalidad salvadoreña, supo que el marino Obdulio Benegas, de nacionalidad hondureña, pasando por San Pedro Sula, dejó su valioso equipaje en manos de su familia, gente ante la cual Gutiérrez se presentó para decirles que el joven Benegas le había rogado que le recogiera su equipaje y se lo llevara al penal.

La familia Benegas, que es gente muy honesta y honrada, no creyendo que se trataba de desvalijar al joven Obdulio, hizo entrega del equipaje al señor Gutiérrez, pero no sin avisarle telegráficamente al consignatario. Cuando este se impuso de los conceptos de aquel informe, rogó al Director que por intermedio de la policía de San

Pedro Sula, se capturara al atrevido ladrón; acción de la que de esta vez, buenamente el carcelero procedió a la persecución de la rata.

La manera incauta como Gutiérrez procedió para llevarse la valija de Benegas, demuestra que el caco empezaba a iniciarse en el robo o que era muy tonto, pues en un país tan desorganizado como Honduras, donde se carece hasta de la cedula de identidad, solo hubiera bastado que se cambiara de nombre para despistar a la policía.

La policía le echó el guante, pues, inmediatamente fue trasladado a la Penitenciaría Central, donde sin más se le pasó a la calera. Cuando este sujeto hizo su ingreso al penal, yo estaba de apuntador y tuve ocasión de verle salir de la calera portando un par de esposas en los puños y con su ropa hecha una lástima de sucio. Cinco días después de tenerle prácticamente incomunicado, fue trasladado al patio general, donde se le alojó en la celda para ladrones.

El carácter de Gutiérrez es el del tipo perspicaz, chabacán y mordaz. Cuando entró al patio lo hizo con tanta desenvoltura, como el pez que ha caído en tierra y es arrojado nuevamente al agua. Lo primero que hizo fue conseguirse una guitarra, a la que hacía sonar de mala manera; pero que le servía para acompañarse algunas canciones que cantó en el recinto, de donde fue llamado por el presidente general, para tomarle el pulso como guitarrista, pues sentía afición por las guitarras; mas como no le hallara méritos ni como aficionado, le echó fuera. Pero optimista como era en sus propósitos, Gutiérrez no se creyó fracasado. Salió, pues, de la celda y siguió cantando a grito pelado, con lo que logró impresionar al Comandante de guardia de la cárcel, el cual le pidió que le diera copiada la canción que estaba cantando. El señor Gutiérrez sin vacilar se la dio, pues con ello se miraba en camino de encontrar las consideraciones que desde el primer momento buscó. Pero para él hubiera sido mejor que no se hubiera metido con el comandante, pues inmediatamente el presidente general de reos ordenó que lo desnudaran y lo metieran al hoyo del excremento para que lo estuviera batiendo con la mano durante tres días seguidos. No había sido esta una disposición del presidente general de reos, sino del señor Víctor Carías Lindo, quien había prohibido a los reos que entraran en amistad con los oficiales y soldados de su cuartel. Día a día y a manera de sermón, Carías Lindo había ordenado a los soldados que siempre trataran a los reos como a sus peores enemigos, puesto que eran los que día y noche vivían estudiando la manera de apoderarse de sus fusiles para matarles. Huésped voluntario de un antro lleno de necesidades y miserias, tal como lo es el penal y para los que no tienen quien les lleve un mendrugo, el señor Gutiérrez bien pronto quedó sin ropa y en la más absoluta indigencia. Su inteligencia siempre estuvo en la actividad para poder salir de aquel trance, pues escribía cartas halagadoras al Director del centro y el presidente general de reos. Uno de esos días apareció arrastrando una cadena como de tres metros de largo. Él decía que se la habían puesto por habérsela hallado una guaca de cinceles en la Mora; cosa prohibida por la dirección. Pero los compañeros, que le suponían un delator al servicio del Director, creyeron que aquello era un ardid con el que se trataba de descubrir algo. Los muchachos confirmaron sus suposiciones cuando al tercer día le vieron capitaneando a los reos que hacían el aseo interior. Como el penal nos hacía vivir en común, pudimos, en largos lapsos de vida íntima, conocernos más o menos bien. El señor Gutiérrez fue, para todos los que lo tratamos, un mentiroso con quien pasamos divertidísimos momentos. Por caso, al licenciado Molina le había dicho que él era educado en los EE UU y que a estas circunstancias debía él saber inglés.

—No trabe, licenciado —díjole un día el profesor de inglés Carlos Goff —Gutiérrez no sabe inglés ni ha estado nunca en los EE UU.

Un día que íbamos saliendo del patio general a picar piedra a la Mora, este mentirosísimo capo nos iba contando que había vivido en Managua y que durante su permanencia allá no había habido un tan solo baile en las altas esferas políticas y sociales de aquella metrópoli al que no se le invitara.

—Un día —continuó diciendo con la mayor desfachatez del mundo— me había escapado del palacio presidencial con una de las hijas del general Somoza. La alarma fue general; pero cuando al padre se le dijo que la muchacha había salido conmigo, respiró tranquilo y dijo estas palabras:

—¡Ah, vaya, si ella anda con Gutiérrez, pues les deseo buena suerte!

Sin embargo, no obstante todas sus zalamerías, Gutiérrez no mejoró gran cosa la situación en que se le colocara desde su arribo al penal. Cuando cumplió su vergonzosa sentencia, el Director le puso un par de esposas y lo hizo escoltar hasta las fronteras de su patria con la nuestra.

Mucho tiempo después de la partida de aquel capo estuvimos haciendo memorias suyas. Horacio Sarmiento, que nos oía y que era uno de los esbirros más crueles del centro, exclamó sonriendo:

—Cuando Gutiérrez salió libre nosotros creíamos que hubiera hablado algo en contra nuestra, pues se da el remoquete de letrado; pero resultó que puesto en el Salvador se convirtió en nuestro mejor polizonte, pues con mucha frecuencia ha hecho varias denuncias a cerca de los movimientos de la emigración. Y era cierto y con tal motivo Carías Lindo había conseguido que el General Tiburcio Carías le asignara 300 lempiras mensuales, con los cuales vivía como un potentado y mediante los cuales había logrado, mintiendo, contraer matrimonio, con algunas mujeres de buena familia de aquel hospitalario país.

Hay vidas oscuras como el misterio y que no obstante que viven en íntimo contubernio con almas de sentimientos lombrosianos; son vidas de corazón sano, quienes si no pueden impedir la delincuencia, al menos se abstienen de practicar el mal en lo general. Don Belén Lanza Padilla, por caso, campesino humilde de modestas costumbres, fue uno de estos pocos hombres del penal que siendo presidentes, jamás abuso del poder que Víctor Carías Lindo había puesto en sus manos para que maltratara a sus compañeros.

Ciertamente, era tan bueno don Belén, que aún me pregunto a mí mismo cómo fue que el déspota pudo soportarle tanta calma y condescendencia para con las masas, puesto que para él solo eran buenos los esbirros crueles como Rodolfo Lanza y otros verdugos de su especie.

Después de Miguel Ángel Durán, Jesús Hernández y Antonio Sierra, que eran tipos de muy buena índole, era don Belén el presidente modelo a quien la indiada quería, pues fueron muchas las veces que su bondad le llevó hasta el hecho de disimular las imprudencias de sus compañeros.

De carácter retraído, don Belén no gustaba de andarse rodeando de amigos. El tuerto Camilo Mejía me había dicho más de una vez que aquel señor le olía a brujo. Y no tenía mal olfato, pues hallándonos una vez con la salud quebrantada en la sala de enfermos, estuvimos platicando muchas cosas de carácter íntimo y me contó de manera confidencial, que huyendo de las justicias en las selvas de Olancho y de Colón, se hizo de un amigo que también huía por haber dado muerte a varios hombres; pero a quien jamás podían capturar las autoridades porque dicho sujeto vivía bajo la protección de Lucifer. Me contó, además, que huyendo con el delincuente, más de una vez había visto a su amigo platicando con el diablo. Llevado por mi curiosidad, le pregunté a don Belén que por que no se había hecho amigo de Lucifer él también; y me contó que había sido presentado a él con tal objeto; pero que en el primer momento no le pidió su protección, porque el demonio le reprendió, haciéndole recordar que en varios momentos de la vida él le había detractado.

—No es cierto, señor —dice don Belén que le dijo a Satanás.

—Yo no soy señor —dice que le replicó Satán en término de mayor enojo—. Señor solo hay uno.

Según cuenta don Belén, en el primer momento no pactaron nada porque no tuvo valor de pedirle nada; y después no pudo volver a verlo porque en ese medio sobrevino la revolución que llevó al General Tiburcio Carías al poder, movimiento en que se enroló alentado por la esperanza de que le perdonaría su delito.

Queriendo saber algo más de ese personaje a quien muchos le temen y a quien acaso nadie vio jamás, le pregunté si que podía explicarme el tipo de ese fantasma y me replicó que no muy bien, porque las veces que le había visto había sido al anochecer; pero que le había parecido que era un hombre extraordinariamente alto y grueso, de piel oscura, y que tiraba un tufo fuerte oliente a azufre quemado y al que cuando hablaba se le oía una voz cavernosa que sin salirle el sonido de la voz por la boca se le oía un murmullo en la garganta. Deseando saber más sobre el asunto, le pregunté que por qué no lo llamaba ahora en su auxilio y me respondió que al demonio le estaba vedado penetrar los muros del penal.

Don Belén era el hombre que menos dormía en el centro, pues jugaba solo las cartas y se acostaba muchas veces hasta después de las dos de la mañana, hora en que encendía el fuego de las cocinas. Mas en el orden del trabajo él tenía sus turnos durante la noche; pero siempre esperaba su hora despierto o en pie. Cuando regresaba del trabajo, no se echaba a dormir, como lo hacía la generalidad de sus compañeros, sino que se ponía a leer. Respecto a su estado mental, yo no podría decir que estaba loco, pues todos sus actos siempre fueron los de una persona completamente normal; tampoco fue que fuera mentiroso como para negarle veracidad a su misteriosa historia. Sin embargo, como quiera que haya sido, yo le quise mucho y me es muy grato hacer constar, que por pequeñas que sea la posición del hombre en un estado de barbarie, siempre puede atenuar en lo posible el sufrimiento de los oprimidos.

En los grandes cataclismos, el dolor de la tragedia une a los hombres de todo corazón; y sin embargo, el penal, que es un cataclismo a cámara lenta, por el contrario, lo separa. Pero a pesar que el odio que el trabajo de facción de Víctor Carías Lindo había logrado instaurar entre los reos, había un momento de la vida en que todos los corazones palpitaban al unísono de sideral contento y era este cuando un compañero lograba fugarse. Si el reo escapaba ileso, todos rebosábamos contentos; pero si lo herían y aún peor, si lo mataban, todos padecíamos una infinita tristeza.

Muy bien recuerdo como si lo estuviera viendo aun, la dolorosa tragedia que sufrieron los compañeros José Manuel Torres y José Antonio Aguiriano. Ambos muchachos eran originarios del departamento de Olancho, lugar de donde fueron enviados al penal por desconocidos.

Considere el lector que delito puede ser que el hombre no sea portador de algún documento que acredite su identidad personal, si el Estado o sus legisladores no lo han impuesto aun. Sin embargo, ambos jóvenes ya llevaban ocho años de estar presos ilegalmente, injusticia que con razón les hacía vivir con el alma enferma, les hacía no omitir domingo que no le escribieran al carcelero suplicándole que les diera audiencia, con el objeto de pedir su libertad, pero como Carías Lindo ya sabía para que le pedían audiencia, nunca se las concedía. De manera que desesperados por el estado de desesperanza en que se hallaban, un día se pusieron de acuerdo para escaparse del destino. Empero, ¡Ay!, fatalmente para José Manuel Torres, los guardias lo acribillaron logrando escapar milagrosamente el compañero José Antonio Aguiriano. Al padre del joven muerto que guardaba prisión a la sazón y que responde al nombre de Félix Martínez Moncada, no se le permitió ver el cadáver de su hijo.

A los quince días de este suceso, fue recapturado el joven Aguiriano en un lugar ya cercano a su lugar natal. Mas al vérsele entrar al penal, se le derribó de un golpe mortal que se le pegó en la cabeza. El hombre cayó medio muerto; pero los esbirros no se conformaron con verle inerte, sino que le emprendieron furiosos a patadas y a latigazos sobre aquella especie de cadáver. Aún no había salido muy bien de su letargo, cuando se le pasó al taller de herrería, donde le pusieron una cadena de cuatro metros de largo con cincuenta libras de peso. Mas no se le llevó directamente al patio general, sino a un torreón, donde el tunco Horacio Sarmiento llegaba a cada rato seguido de sus funesto cortejo para obligarle a decir el nombre de la persona que le había regalado el pantalón y la camisa que le permitió botar su uniforme de reo. Pero el prófugo no podía dar el nombre de su favorecedor porque no lo conocía, limitándose únicamente a dar una idea de su tipo, lo que dio lugar a que se llevara presos a casi todos los campesinos de aquellos aledaños, hasta que por fin llevaron al verdadero caritativo. Pero ¡pobre de él! Pues se le tuvo picando piedra en la Mora por más de un año. Pero la barbarie de Carías Lindo no se circunscribía únicamente a proceder de la manera que dejo anotada, sino que extendiendo su grosería hasta por sobre de los que no tenían nada que ver en la evasión de un reo, mordía en su furia de perro rabioso al que hallaba más cerca y este siempre debía ser el presidente del destino. De manera que cuando se fugaba un reo, no solo castigaba a los jefes de custodia, sino también a los presidente de destino, a quienes inmediatamente que le daban parte de un suceso de estos, les hacía poner una barra de grillos o un grillete, y los metía en un torreón o en la calera, de donde no salían antes de dos meses.

Del torreón o calera los presidentes salían arrastrando cadena o grillete. No se les quitaba el cargo de presidentes; pero el carcelero les hacía estar yendo de este modo a picar piedra durante un mes o el tiempo que se le antojara, pues necesitaba probar a todos que para él nadie valía nada.

En cambio cuando un soldado o un clase cualquiera mataba a algún reo que intentaba escapar, lo promovía a un grado superior y lo llenaba de honrosos elogios. A propósito de esto recordamos muy bien ahora que hubo un reo que al recibir su carta de libertad, suplicó al carcelero le prestara una cadena para ponérsela al pie e ir a pagar una promesa a la Virgen de Suyapa. El infame le satisfizo; pero no tuvo la precaución de avisar al centinela del torreón por dónde pasaría el hombre, de manera que creyendo este que se trataba de un prófugo, le dio la señal "¡Alto!"; pero el hombre que iba muy gozoso con sus propios pensamientos, no oyó las voces del centinela y este le disparó un tiro con el que le quito la vida. Visto lo cual, Víctor Carías Lindo felicitó al centinela y lo ascendió a Sargento.

EL LOCO DIRECTOR DE LA CÁRCEL

No se puede calificar más que de loco al jefe que después que ha ordenado que se haga alguna cosa, reprenda o castigue a los subalternos que la han hecho. Cosa que Víctor Carías Lindo hacia a cada rato en detrimento de quienes tenían la desgracia de estar bajo su potestad. No había víctima suya que no estuviera en condiciones de poder comprobarle que habían cumplido ordenes suyas; pero nadie se atrevía a contradecirle, pues todos sabíamos que si aquel loco se le antojaba decir que era de noche cuando el meridiano marcaba en su pleno esplendor, había que decirle que así era, porque ya se tenía la experiencia de las consecuencias que le sobrevenían al que cometía la quijotada de contrariarle.

Había casos en que puede decirse que Carías Lindo por pura maldad simulaba haber olvidado que había dado una orden, o así lo entendemos en el siguiente caso.

En la guardia de prevención había una pieza donde se registraban las comidas y se llevaba el control de muchos negocios que explotaba Víctor Carías Lindo; cuyo ecónomo de tales monopolios siempre era un reo, que era el que le atesoraba mucho dinero, y el que tenía la orden de darle a su esposa cuatro lempiras diarios para los gastos de comida del día. A la hora del encierro, el registrador daba parte al Director del movimiento de entradas y salidas del día y también informaba de los centavos que además de los cuatro lempiras de ordenanza, le había pedido su esposa. Pero hubo un día en que Carías Lindo creyó que su mujer pedía demasiado y al efecto ordenó al registrador, que a la sazón era don Erasmo Santos y Santos, que no le diera ni un centavo más de los cuatro lempiras que ya le había ordenado. Cuando la señora volvió a pedir más de cuatro lempiras, Erasmo le presentó sus excusas; pero ella se enojó con este, ultrajándole y amenazándole con que le conseguiría una trabada con su marido. Después de la señora llegó el hijo del Director, que como el reo también respondía al nombre de Erasmo, a pedirle dinero; pero como el registrador sabía que el Director no reconocía los valores que le dieran a su hijo, no le quiso dar ni un centavo. Exacerbado el hijo del carcelero por aquella negativa, le tiró un puñetazo en la cara al señor Santos y Santos, quien solo se limitó a meterle el antebrazo para que descargara su golpe, pues no le convenía estrangular a aquel hombrecito, quien probablemente podía caberse dentro de la mano y todavía podría sobrarle espacio.

Pero desdichadamente para el señor Santos y Santos, la cosa no llegó hasta aquí, pues el hijo y la esposa del Director se confabularon para arruinarle y como era de esperar, triunfaron. Víctor Carías Lindo comenzó por sorprender al señor Santos en momentos que este estaba haciendo alguna cosa que aquel le había ordenado, para ultrajarle, diciéndole con palabras groseras, que él no le había ordenado que hiciera aquello. Así las cosas, un día el carcelero le ordenó que comprara once cargas de maíz. Pero como ya tenía pensado matarle a golpes ese día, espero que el camión que vendía el maíz, se fuera para preguntarle después si le había comprado las veintidós cargas que le había dicho; y como el aludido Santos le dijese que no, porque solo once le había ordenado, el infame estalló hecho una furia, desatándose en improperios soeces y groseros contra el señor Santos; y no satisfecho con estos crueles ultrajes que le infería cobardemente, lo envió a la máquina.

La máquina, en tiempos de Carías Lindo, era sinónimo de terror. El señor Santos entró a este horroroso suplicio seguido por tres verdugos, quienes lo desviaron hacia una parte oscura que quedaba pospuesta a los ojos de los demás recluidos. El tormento consistía en forzar a la víctima a que dejara al aire las rotulas para que se estuviera desplomando de rodillas sobre la grava. Desde la primera vez que el individuo se dejaba caer, se le desangraban y como la acción era cuestión de estarse levantando y desplomando, las rodillas de la víctima se convertían en dos verdaderas fuentes de sangre; más si la victima vacilaba en dejarse caer, los esbirros comenzaban a hacer la otra parte de la obra, como era la de despellejarle las espaldas con los látigos, oficio para el que los esbirros eran expertísimos y fuertes.

Si a los hombres jóvenes arrancaba gritos lastimeros aquel bárbaro tormento, no era de esperar que un hombre alto, inmensamente gordo de cuarenta y cinco años de edad, como era don Erasmo Santos, pudiese sufrir aquel tormento sin gemir; y fue así que al desplomarse sobre la grava, aquel hombre pegó un grito horroroso que escandalizó de espanto y conmoción a todo el penal. Los esbirros no esperaron mucho para hacer estallar sus chicotes sobre las espaldas del hombre, quien exclamo desaforadamente: "!Ay, ay, ay! No me maten, muchachos, que yo soy puro nacionalista y cariísta. A mí me cuesta la causa del general Ca...", pero lo menos que a los esbirros y a Carías Lindo les importaba, era saber si la víctima era o no nacionalista o cariísta. Sin embargo, aquella grava y aquella lluvia de látigos habían enloquecido de tal modo al hombre, que creyendo hallar clemencia en el nombre de Carías, continuaba dándole vivas bajo la acción implacable del látigo de sus verdugos.

La resistencia física cesó y el hombre cayó desmayado. El carcelero ordenó que lo pasaran a la "calera" y aquí lo tuvo catorce días. Don Erasmo no volvió más al registro; pero tampoco se le echó a picar piedra a La Mora. Mucho tiempo después de este incidente, se le envió a trabajar como capataz al destino de Birichiche. Trabajando aquí estaba cuando cumplió su sentencia. Pero como era costumbre de Carías Lindo posponerles la salida a todos los que aborrecía, no quiso poner en libertad a don Erasmo y así, so pretexto de seguirle una información a todos los juzgados para ver si tenía pendiente algún otro proceso, retenía a los hombres por tiempo indefinido. En lo referente a Erasmo de Puerto Cortes se le había informado de un tal Erasmo Santos que había herido a un hombre en Río Blanquito y el que aún no había sido capturado; pero ¡ay! El caso había ocurrido hallándose recluido el señor Erasmo Santos y bajo la vigilancia de Carías Lindo; además, el prófugo de la justicia se llamaba Erasmo Santos Ortiz; y el nuestro, Erasmo Santos y Santos. Así las cosas, un amigo de don Erasmo queriendo influir en el ánimo del carcelero a fin de vencerle su terquedad y poder obtener su libertad le dijo de este modo: "General, la señora de don Erasmo dice que le quiere mucho a usted porque ha sido como un padre para ella y que no duda que esta vez le ha de sacar pronto a su marido".

Acostumbrado como estaba el carcelero a exhibir donde quiera su rudeza natural, explotó encendido en cólera y dijo estas palabras contra ella:

—Sí, esa gran puta. Muy agradecida. Me quiere mucho y por eso tomó la camisa ensangrentada de su Erasmo y se la llevó a Tiburcio Carías. ¡Pendeja de mierda!

Esta serie de sucesos ocurrió en el año de 1945; época en que el pueblo hondureño en masa mostró abiertamente su odio al tirano, quien queriendo reconquistar la confianza de sus compatriotas, franqueó en lo posible la entrada a la casa presidencial, circunstancia única en que la esposa del señor Santos pudo entrar a ver al dictador para pedirle justicia en bien de su marido. Pero todo esto no fue más que burla al pueblo, pues nadie se encontró con el beneficio que espero sucedería a sus demandas. De manera que don Erasmo no obtuvo su libertad sino un año después de haber cumplido su sentencia.

La parte más desagradable del poder personal está en el peligro de las condiciones morales del llamado a ejercerlo, ha dicho Sebastián Gomilla. Su ascensión, que parte de un luminoso aserto de sus largas reflexiones sobre historia universal, tiene el mérito de verse constantemente complida en todos los países regidos dictatorialmente. El pueblo hondureño, quien hasta entonces no había sufrido estos eclipses, pudo, con el arribo del General Carías al poder, constatarlo en los cuarteles y demás puestos públicos.

Víctor Bonilla Burgos, compañero nuestro de la celda número quince, un domingo por la mañana, hablando en común acerca de todos los horrores que habíamos visto cometerse en el penal, nos dijo que un día por la tarde en que regresaba de su destino, se le sacó a él y a otro compañero suyo hasta la calle, y que aquí se encontraron de mano a boca con un carro fúnebre, del cual sacaron una caja mortuoria, siendo ordenados por Carías Lindo para que la agarraran apresuradamente.

El comandante de guardia de prevención los guió escaleras arriba para entrar a un cuarto que quedaba sobre la oficina de la Dirección. El joven dice que al entrar a dicho cuarto pudieron ver a un hombre acostado, el cual, al ver que se puso el ataúd junto a él empalideció. El hombre calzaba botas altas y era de cómo de cuarenta años de edad y con una barba como de quince días; ellos salieron dejando la caja mortuoria junto al hombre. Un momento después de haber abandonado el lugar donde dejaron la caja, fueron nuevamente llamados; mas creyendo que se trataba de ir a sacar la misma caja, subieron a donde la habían dejado. Ya habían entrado aquí sin ver al hombre ni la caja, cuando subió detrás de ellos el comandante de guardia, para ordenarles que bajaran y que se reconcentraran a sus celdas, porque los soldados ya habían sacado la caja. ¿Qué se hizo el hombre? ¿Lo ahorcaron?

Oyendo Pío Rodríguez, quien estaba de aguatero de Birichiche, aquel cuento tan espeluznante, nos contó que una vez se le sacó a él mismo a ese mismo lugar, para sacar una caja conteniendo un cadáver ensangrentado; pero que como la tapadera de la caja no estaba clavada, tuvieron que tomar un martillo ensangrentado que estaba allí al lado para clavarla. Pero dice que al intentar ajustar la caja al cajón se les cayó de las manos y pudieron ver al muerto con la cabeza ensangrentada y llena de horrorosas contusiones.

La soledad y el silencio que por las tardes sucedían al encierro de aquellas multitudes diseminadas embarazosamente en el patio general, asumía la solemnidad de un cementerio sin cruces. Los de la celda número diez éramos pocos y después del encierro acostumbrábamos acumularnos en torno a la reja, para ver caer las primeras sombras de la tarde. Una tarde de estas en que el véspero comenzó a entenebrecerse y las primeras estrellas a brillar, el coronel Herminio Recinos llegó a nuestra reja para decirnos que en aquel instante estaba entrando al penal una remesa de reos procedente de Yoro y que entre estos había podido notar la presencia de un poeta.

—¿Que le hace creer a usted que se trata de un poeta? —inquirió el licenciado Molina.

—Pues desde que entró está con la vista clavada en el cielo; lo que denota que si no es un poeta, debe ser un loco.

Todos estábamos riendo de la ocurrencia del coronel Recinos, cuando vimos que un grupo de reos nuevos franqueó la reja del patio. Una hora después abrieron nuestra reja para meter en ella tres compañeros más. El poeta de Recinos, que no era otro que Martín Baide Galindo, autor de un poemario, no fue llevado a nuestra celda, cosa que no esperaba el licenciado pues conocía su labor de escritor, y nuestra celda era el lugar para los reos de distinción social que por desgracia iban al penal. Sin embargo, como a las ocho de la mañana del día siguiente tuvimos la visita del poeta, quien con su característica locuacidad, nos estuvo relatando el historial de las circunstancias que habían dado lugar a su reclusión y de los proyectos que tenía pensado realizar en represalia contra todos los que se habían confabulado para imposibilitarle la defensa y enviarle al penal. El poeta es hombre de mucho talento, por lo que no dudamos que bien pronto hubiera escalado en el penal una posición ventajosa; pero tenía un enemigo muy malvado allí en el centro, quien no perdió oportunidad en hacerle todo el mal posible y este enemigo era Pancho Carías, tipo perverso y excesivamente vehemente en sus odios personales, quien aprovechó como nadie pudo haberlo hecho, su parentesco con el carcelero para absorbérselo todo y vengarse con cobardes ventajas, de todos los que éramos sus enemigos.

La causa generatriz del crimen es la ociosidad. El penal, no obstante que era el centro donde nadie debía pasar sin trabajar, tenía como una docena de individuos a quienes jamás se les echaba a trabajar y estos eran los señores: Doctor Salvador Jiménez, Cesar T. Fúnez, Juan Samohano, Emilio A. Crespo, Pancho Carías, Constantino Suasnávar, Raúl Arturo Paguada y Martín Baide Galindo. Pero entre todos estos desocupados era Raúl Arturo el único que estaba pronto a buscar la amistad de aquellos recién ingresados que como Suasnávar, tuvieron alguna notabilidad como escritores. De manera que cuando este ingresó, buscó su amistad. Pero bien pronto disintieron, pues Raúl tiene la virtud de ser idólatra del mérito de ciertos intelectuales, y un día el poeta Suasnavar enjuició a su manera el valor intrínseco de cierto literato por quien Raúl tenía una admiración llena de ciega obcecación.

Sin embargo, con Suasnávar no le fue tan mal como con el poeta Baide Galindo, autor de un poemario del que Raúl en compañía del mexicano Juan Samohano Coe, le declararon plagio de Salvador Díaz Mirón, Amado Nervo, Juan de Dios Pesa, José Santos Chocano y otros célebres vates de la literatura americana. Baide conoció la censura que le habían hecho aquellos señores; cosa que le hizo enojarse sobremanera, pero su disgusto se pronunció principalmente contra Raúl Arturo, pues excusó su infamia al mexicano por considerarle como un vil mercenario. Pero Baide no se limitó únicamente a sufrir en silencio los escozores de la crítica, sino que comunicó a sus criterios en términos cauterizantes.

El poeta Martín Baide Galindo, sufrió, como el autor, hambre, desnudeces ultrajes y humillaciones de quienes solo en aquella ingrata situación pudieron habérselas inferido. Sin embargo, no obstante que todos aquellos elementos de mayor consideración le volvían las espaldas, tenía, después del doctor Jiménez, un personaje muy culto con quien se dispensaban mutuo afecto y este personaje responde al nombre de Simón Molina. Molina tenía en sí dos cualidades que le hacían la estrella de atracción de aquellos satélites de apolo y ellas eran su bondad y su superioridad cultural.

Pero con elementos como los que regían al penal, nadie que fuera intelectual podía hacerse una vida medianamente tranquila, razón por la que se les dio mala vida a los poetas Raúl Arturo

Paguada, Martin Baide Galindo, Daniel Laínez y otros más. Carlos Reyes Carías, por caso, ignorante pedantón y presumido que se la picaba de intelectual, mostraba sentir un alto desprecio por quienes sabía que sí realmente lo eran y a quienes se empeñaba en humillarles, pues creía que ultrajándoles con su vocabulario de prostituta, los superaba en lo que eran.

Recuerdo que una vez el vil rufián tuvo la osadía de llamar a Baide Galindo a las cocinas, para pegarle una insultada tan fuera de todo decoro, que nosotros creemos no poder encontrar prostituta tan depravada, que no hubiera sentido vergüenza de exhibirse en la forma tan baja y soez como lo hiciera Carlos Reyes Carías.

Muy pocos países se conocen en la actualidad que ejerzan la justicia en la forma rudimentaria como se ejerce en Honduras. Pero nadie que no haya estado en la Penitenciaría Central conoce el fenómeno. Por la idea universal que poseo de otros penales en relación con el nuestro, he podido sacar en conclusión que los tribunales de justicia de Honduras tienen una organización tan empírica como su propia legislación y son tanto más ruines, cuanto que están servidos por hombres que en su mayor parte son venales y corruptos.

En países como los Estados Unidos, por caso, las sentencias que se imponen a los delincuentes que aparecen como supuestos culpables, no son definitivas. Y así es como, si mucho tiempo después de haberse sentenciado a un hombre se descubre a su favor algún indicio de su inocencia, todos los órganos de publicidad, tales como la prensa y la radio, se ponen en actividad; y los abogados deseosos de apuntarse un triunfo que les dé celebridad, gratuitamente se apersonan en la investigación del asunto hasta salir airosos entre los aplausos y el beneplácito del pueblo norteamericano.

EL CASO DE LOS HERMANOS YANES

Pero en Honduras nadie está pensando en imitar los procedimientos de la legislación social de un país de ideas más avanzadas que él. He aquí, como ejemplo, el caso de los hermanos Yanes Ríos.

Irene y Rosalío Yanes Ríos eran dos labradores hermanos que vivían en el campo, los cuales se dedicaban con empeño a las labores agrícolas. Pero ocurría con ellos lo que sucede siempre entre los campesinos, los cuales siempre tienen entre sí sus enemigos por cuestiones de terrenos y por la tenencia de animales dañinos. Una noche, como es costumbre entre los hombres de campo, salieron a echarle un vistazo a sus maizales y platicando muy desprevenidamente iban, cuando los acometió un grupo de hombres que los atacó a tiros y a machetazos. En el primer momento Rosalío huyo espantado; pero luego reaccionó y se detuvo a una distancia respetable, de donde vio a la luz de unas hachas de ocote, que su hermano Irene tenía partida la cara de un feroz machetazo; sin embargo, se defendía como un león del ataque furioso de sus tres agresores. En vista de aquello, Rosalío recobró algún valor y pudo disparar un escopetazo, con el que, gracias sean dadas al estruendo de la detonación, los hombres se asustaron, e Irene pudo acabar con ellos. Consumado el hecho y sabiendo que ellos no podían poner nunca bastantes pruebas para convencer a los jueces de que habían sido asaltados y de que aquellos muertos eran el fruto de su defensa personal, huyeron.

Los hechores tenían tres hermanos más, quienes vivían a muy larga distancia de su rancho y del lugar de la tragedia, razón por la que no sabían nada; sin embargo, a las autoridades de Choloma y otras de San Pedro Sula, de igual obtuso criterio, se les antojó deducir culpables a Enrique, de 20 años de edad, a Sabino de 17 y a Miguel de 12. El primero y segundo de los nombrados fueron condenados a veinte años de presidio mayor y el niño de 12, a doce años.

Tenían ya siete años de guardar prisión los jóvenes Enrique, Sabino y Miguel, cuando cayeron presos en el departamento de Atlántida los verdaderos culpables, los que conocieron la injusta prisión de sus hermanos, pidieron su excarcelación y para conseguirla, se acusaron a sí mismos como únicos y verdaderos autores del hecho.

Pero esto no aprovechó, ni se les vio ni se les oyó; ni hubo prensa tampoco que hiciese un llamado a la conciencia cívica del pueblo hondureño para que con más fuerza moral enrostrase a los representantes de la justicia social su corrupción, su negligencia y sus desaciertos en materia penal. Lo único que consiguieron los jóvenes Yanes Ríos, en tiempos de la dictadura del General Tiburcio Carías, fue represión y crueldad de parte de su carcelero Carías Lindo, pues viendo Enrique que hacía diez meses que el carcelero tenía esposado y engrillado a su hermano Miguel, por una fuerza que no arrojaba bastante motivo para tenerle de aquel modo, se dirigió por carta a él suplicándole con sumo respeto, que hiciera el favor de perdonar a su hermano y de sacarle de aquel suplicio en que le tenía incomunicado. Motivo que el ensoberbecido demonio de Víctor Carías Lindo halló bastante ofensivo para meterle con otra barra de grillos y un par de esposas a la celda en que estaba su hermano Miguel y por lo cual le tuvo en tal situación durante siete meses.

Sociedad es la reunión de personas, familias o naciones, sociedad es la agrupación de personas que cumple un fin mediante la mutua cooperación. Por caso la sociedad de comerciantes tiene su fin a seguir; la de obras pías, la suya; la de proteger a la infancia, la propia y así en todo lo que es sociedad, hay un fin a seguir. Pero entre esas diversas sociedades que hay en la vida de los pueblos, existe una que es enemiga implacable de todas las demás y esta es la sociedad de los bandidos. Víctor Carías Lindo, que era uno de estos, odiaba las sociedades pías y se sentía ofendido por aquella persona que en un momento de emotiva compasión, tenía un arranque de bondad para con aquellos pobres reos a quienes a pesar de verles muertos de hambre y desnudez, sin la menor conmiseración humana les hacía restallar en látigo sobre sus míseras espaldas.

Un día el jefe del resguardo de los reos que Carías Lindo tenía trabajando en el campo San Cristóbal, le telefoneó diciéndole que el señor Gilbert, un yanqui hacendado del lugar, le había entregado un novillo para que lo desatara para los reos.

—No —gruñó furiosamente el déspota, arrojando el audífono con violencia—. Hijos de puta. ¡Hijos de puta! —continuó diciendo como hablando consigo mismo.

—¡Eh! ¡Eh!, quiere regalarles una res a los reos que tengo trabajando en San Cristóbal, para después salir diciendo que si él no los mantuviera ya se habrían muerto de hambre. ¡Eh! Eh! ¡Gilbert! ¡Gilbert! —continuó gritando.

Víctor Carías Lindo era maníaco. Repetía con insistencia el nombre de las cosas que estaban en contradicción con sus propósitos, así como el de las que se inclinaban fuertemente a favorecer sus perversos deseos o malos instintos.

Cuando los clubes rotarios y de leones iban al penal para ofrecerles a los recluidos algún banquete, ropa y reconstituyentes, los comandantes de guardia de prevención salían al encuentro de las damas para preguntarles el objeto de su visita. Las señoras les explicaban y ellos, volviéndoles las espaldas entraban a la dirección para informarle al director.

—Díganles que no estoy y que sin mi autorización, en ningún caso puede usted permitirle a nadie entrar al penal.

A todo esto, él estaba detrás de la puerta expiando y barbullando:

—Pendejas, como si los reos se están muriendo de hambre para que vengan a darles babosadas; lo que ellas andan buscando es publicidad, pues después del acto andan diciendo en la prensa que estuvieron en la penitenciara medicinando y dándoles de comer a los reos. ¡Pendejas, Viejas Pendejas! —repetía una y mil veces más, en tanto que se paseaba de un extremo a otro de la oficina con las manos dentro de las bolsas del pantalón o del saco.

Sí, Víctor Carías Lindo era así. Y su actitud no solo se limitaba a hacerle la guerra a las sociedades pías que de vez en cuando intentaban invadir el penal con sus vagones llenos de comida, ropa y medicinas para quienes sabe Dios que bien las necesitaban, sino aún más: para las fiestas patrias, el jefe del distrito siempre mandaba camiones llenos de dulces y de galletas para que fueran repartidas entre los niños de la escuela correccional; pero Víctor Carías Lindo, olvidando que aquello no era mandado en lo particular para socorrer la necesidad de sus propios hijos, sino la de unos niños que carecían de todo, ordenaba al empelado del Distrito que regresara sus babosadas, porque los muchachos de la escuela no necesitaban dulces. Impedir que se les regale un juguete o un dulce a un niño, no tiene nada de malo cuando quien lo estorba se los ofrece a manos llenas; pero impedirle que lo reciba de quien se los da cuando el que se lo estorba no les da nada, es mil veces culpable. Carías Lindo no les daba dulce ni juguetes a los niños de la escuela correccional; pero tampoco consentía que alguna institución o sociedad generosa se los diera.

Ser ignorante por no haber tenido quien nos haya dado los beneficios de la instrucción no tiene nada de malo, pues no todos los hombres tuvieron la suerte de tener unos padres que se esforzaran con fruto para darle alguna instrucción; pero ser ignorante a medias, es decir, tener conciencia de los beneficios que deja la lectura a quien la acostumbra, y sugerirle insistentemente que le vuelva las espaldas, es odiosa maldad. Emilio Crespo, por caso, casi día a día vivía aconsejándome insistentemente que dejara los libros, que no leyera tanto, que de repente me iba a pasar igual que no recuerdo a quién, al cual se le fue la luz de las pupilas en tanto que leía. Otras veces me reprendía el hecho de que yo dejara de comprar ropa por comprar libros. Con él había otro sujeto igualmente malvado y de la misma mala fe de Crespo que de igual manera me aconsejara que no leyera; y al efecto me metía bulla como un maligno chiquillo para que no leyera y este sujeto era Pancho Carías. Pero a Pancho lo excuso de todo corazón, porque a decir verdad, era un plebeyo; pero no exculpo al noble anciano Crespo, quien se daba el remoquete de haber nacido envuelto en suntuosas sabanas de blonda y haberse criado en un ambiente de razón, razón doblemente poderosa para que por ello pudiera apreciar en su más alto grado, lo que significa cultura, que debe ser en el caso suyo, la base y el clima en que se desarrollan esos nacimientos felices.

Llevaba ya tres años seguidos de estar picando piedra en la Mora y no obstante que yo había hecho un refugio de mi trabajo y mis libros, no podía quitarme de encima el grito ultrajante y la amenaza hiriente de Gonzalo Paz y Rodolfo Lanza, que eran las hienas probablemente encomendadas por Carías Lindo para hacerme vivir lo más intranquilo posible. Esta infamia, pues, me hizo sentir la necesidad de atenuar la ferocidad del carcelero por los medios de que podía disponer: la inteligencia.

Viendo, pues me faltaban más de seis años para cumplir mi condena y que daba la situación en que se localizaba la Mora, mi único destino, no podía fugarme para apartarme de aquel infierno, decidí romper aquel silencio que hasta entonces había guardado para con mi carcelero, y comencé a escribirle cartas de carácter político.

Al principio no me hizo caso; pero con los días supe que él había vertido algunas palabras a favor mío. Estos signos, como el ¡uchu! o el ¡cuidado! con que el hombre azuza o detiene los impulsos de su perro, producían su efecto consiguiente en el ánimo de todos sus esbirros. Los verdugos comenzaron a atenuar su ferocidad y hasta el propio alcaide Sánchez comenzó a hacerme ciertas bromitas, que ya eran un sinónimo del cambio producido por mis cartas, pues aquel esbirro siempre fue un vivo y activo instrumento del sentir de Víctor Carías Lindo. Por estos tiempos estaba por obtener su libertad un apuntado, función que daba una posición preponderante a quien la desempeñaba. La gente decía a viva voz que yo sería su sucesor; y el propio Abraham Nazzar me había dicho que él había oído decir al carcelero, que yo le sustituiría. Pero este rumor, que cada día se hacía más denso, provocó su reacción consiguiente en el ánimo de mis enemigos, quienes inmediatamente se pusieron a trabajar con el fin de apartar al Director de aquella idea.

Habían triunfado, pues el Tuerto Camilo Mejía estaba ensayando al señor Alfredo Romero, para que este llenara la vacante del apuntador saliente. Pero quiso mi buena o mala suerte, que aún no había salido libre el apuntador en mención, cuando el diario oficial "La Época", que por entonces estaba pronto a publicar en fotograbado hasta el remiendo de una pared, publicó la fotografía de un puentecito que se hiciera en el departamento de Santa Bárbara, circunstancia que me daba la ocasión de recurrir a un exabrupto patético para poder salir de aquel trance de humillación en que me mantenían mis principales esbirros, pues el dolor me había enseñado, que era preferible soportar al carcelero solo, que a todos aquellos infames y fue así que con sumo cuidado, recorté el fotograbado de aquel puente para adjuntarlo a una carta que envié al Director, en la cual le decía cosas tan conmovedoras, que inmediatamente ordenó, contra el querer de todos sus subalternos, que se me pusiera de apuntador. Esta nueva disposición quebró el corazón al señor Alfredo Romero, quien ya estaba entrenado y hasta había pasado su tarima a la celda de los presidente; también había provocado un doloroso desorden moral en el ánimo del tuerto Camilo Mejía, su protector y amigo.

El cielo me sonrió. Aquellos rostros que bajo una sombra de ferocidad me habían mostrado los dientes amenazadoramente, también me sonríen ahora; la presión había aflojado y la tempestad amainado. Al ordenarle al comandante de guardia que se me franqueara el caracol para entrar y salir a la hora que se me ocurriera, pase a la dirección para saludar y agradecer al Director. No hablaba nunca este soberano señor; sabía que en su voluntad se incrustaba todo el poder dictatorial de su amo y que como su gobierno era de fuerza, a fuerza tenía que humillársele todo el que quisiera estar bien. Después que salí de la dirección de saludar al Director, me encontré con las miradas, otras veces hostiles, del alcaide Sánchez, del tunco Sarmiento y Carlos Reyes Carías, quienes todos por igual, de esta vez me hicieron la venia. También los comandantes de guardia y aun hasta los mismos barrotes del penal, puedo decir, me sonrían con fingido afecto.

La función que se me había asignado me colocaba en una situación preponderante, pues me daba acceso a la secretaria del penal, donde podía ayudar a arreglar sus asuntos a mis compañeros, y además me ponía en contacto directo con el Director, lo que me permitiría poder hacer bien o mal. Pero el sufrimiento que había padecido hasta hacerme morder las manos de amargura, me había hecho prometerme como única misión, favorecer a mis compañeros lo más posible. Sin embargo, tenía un colaborador que hasta entonces había dispuesto de mi antecesor como quien dispone de un esclavo. Camilo Mejía, que este era su nombre, conocía más que nadie la inquebrantable reciedumbre de mi carácter, pues había sido subalterno mío, y ya me había lamido hasta la suela de los zapatos para poder medrar. Sin embargo, ahora estaba tan ensoberbecido y había perdido de tal modo la memoria de la historia de esos ascensos, que con la mayor avilantes del mundo, decía en presencia mía, que él solo debía su posición al dictador, olvidando con ello, que si cuando a mí se me echó picar piedra a la Mora, yo lo tomé del patio general como quien se sirve de un mueble viejo y lo puse para que hiciera mis veces, fue en atención a lo mucho que se me había arrastrado y servilizado, llevando esta bajeza de comprarme su estimación, hasta el hecho de querer regalarme un par de zapatos que mandó a hacer, aunque trampeando, para obsequiármelos.

Ciertamente que la reputación de Camilo siempre estuvo emborronada por una serie de actos deshonrosos. Siendo presidente de la celda número 22, se le perdieron 15 lempiras al reo Enrique Yáñez y aunque halló a quien inculpar, la responsabilidad era solo suya. Yo sí puedo decir con pruebas palmarias, que no es honrado, pues cuando yo caí castigado en presencia de varios compañeros, me robó mis reglamentos tácticos y otros libros anejos a la milicia, para regalarlos a quien era tan bruto como él; además, se puso mi reloj de puño y lo uso a vista y paciencia de todos los que sabían que era muy mío y hasta que me lo arruinó, volvió a echármelo en mi baúl.

Ciertamente que nada noble se puede esperar de un tipo como Camilo, pues es una abominable tramposo que acostumbra a quitar dinero prestado a los reos que olía que lo tenían, a cambio de ponerlos a aprender oficio o darles alguna gollería, pagándoles después con la ruin moneda, de retirarlos a algún campamento lejano para quitárselos de encima y no pagarles, tal como lo hiciera con Albino Bonilla, Isabel Enamorado y otros más. Sin embargo, no obstante ser tan conocida su vergonzosa conducta, el tuerto Camilo Mejía, era muy estimado por el tunco Horacio Sarmiento, Carlos Reyes Carías y el alcaide Luis Sánchez. Este último, que era tanto más ilustrado que aun ni sabía leer, de vez en cuando llegaba a nuestra celda llevando consigo dos frutas y tomando una en una mano, se dirigía al tuerto Camilo o a don Juan Nazzar, en éstos términos:

—Tome, Camilito; tome, Juancito. Ya saben ustedes —continuaba diciendo sin dejar de verme de soslayo— que yo soy bueno con los que se portan bien conmigo; así como ya saben que soy duro con los que se portan mal. Esto lo decía por mí, pues siempre me aborreció. A propósito de esto, recuerdo que una tarde que yo tenía a Emilio Crespo leyéndome el periódico "El Cronista" vi que dos enterradores llevaban casi a rastras a un hombre que parecía estar en estado inconsciente, acción verdaderamente grosera que yo reprendí por considerarla salvaje; mas no había reparado que detrás de ellos iba el alcaide Sánchez, quien al oírme, me recriminó en estos términos:

—¡Y qué, pendejo, qué te importa a vos! ¿Por qué no te lo trabás en el lomo si tanto te duele ese bandido?

El paciente que los enterradores llevaban casi a rastras era el coronel José Ángel Mejía, persona quien el alcaide aborrecía porque decía que hallándose aquel de inspector de Hacienda Y Policía, había torturado bárbaramente a una prima suya. Sin embargo, él no se cuidó de hacer algo peor con los que cayeron en sus manos, pues una vez supe de un hombre que mato impunemente de una serie de fatales cinchazos que le pego en las espaldas.

No trato de escribir la biografía de Víctor Carías Lindo y sus esbirros más crueles, pues tanto él como estos, no tuvieron más actuación en sus miserables vidas que la horrorosa que llevaran a cabo en el penal durante los 16 años de dictadura del General Tiburcio Carías. Sin embargo sabemos que el antropófago Víctor Carías Lindo, nació en Taulabé, pequeño pueblo del departamento de Comayagua. Fue hijo bastardo de no sé quién. Su vida entera la pasó en la miseria. Según dice él mismo, tiene muchos años de vivir bajo la protección del General Tiburcio Carías Andino, quien siempre lo ha tenido de caballerizo suyo, circunstancia por la que creyendo el caudillo que los delincuentes se merecen un trato igual al de las bestias que Víctor le ha cuidado, le ha hecho director de la Penitenciara en distintas ocasiones.

A Víctor Carías Lindo le vino el grado de general por apodo, pues es un vejete ignorante, incapaz de poder contestar con éxito las preguntas que en examen se les dirigen a un Cabo de Escuadra. Los que le conocen me cuentan de él solo cosas de un perfecto cobarde.

LA MUERTE DEL ALCAIDE SÁNCHEZ

En el año de 1940 que yo fui trasladado del presidio de Sinuapa a la Penitenciaría Central, el Alcaide Luis Sánchez frisaba en los 60 años de edad; aunque de raza india era de buen aspecto. Era moreno, cara aguileña y acaso por el peso de los años, se veía un poco cargado de espaldas. Era de hombros caídos, pies grandes y planos y tenía buena estatura. Su carácter era irascible y a decir verdad era valiente. Luis Sánchez no sabía leer y el mismo decía que si su General lo había puesto de Alcaide, lo había hecho por hacerle el favor y no por que fuera, a decir del propio Sánchez, digno de desempeñar aquel honorifico cargo. Sánchez tenía que ser un craso para que no reconociera que si el Director del centro era semi analfabeto, el Alcaide tenía que ser analfabeto, pues en esos tiempos en que él sirvió no se necesitaban cerebros para discernir sino manos fuertes que manejaran el látigo con dureza para que lo hicieran restallar a diestra y siniestra y sin ningún miramiento, sobre las espaldas de los recluidos. El Director no quería a Sánchez. Se servía de él como de un instrumento útil a sus necesidades personales. Cuando este hacia algo que no era del parecer de aquel, le llamaba a la dirección y aquí le recriminaba acremente, brutalmente, y fueron varias las veces que le hizo volar el sombrero de la cabeza por alguna pescozada que le tiró a la cara. Ya en el año de 1945 que a mí se me volvió a poner en contacto con el Director, Sánchez estaba muy enfermo del hígado. A veces se ausentaba del centro por ocho o más días de cada mes. Otras veces se internaba en la casa de salud por cuenta del Director del Penal. Pero un día en que Sarmiento estaba platicándole a Carías Lindo, Sánchez llegó de la calle y se acercó a este para hablarle de algunos trabajos que estaban a cargo de la Penitenciaría y que él dirigía. Recuerdo, como si estuviera viéndolo, que platicaba muy animadamente a su jefe, cuando de repente se le vio palidecer y perder el equilibrio, Sarmiento no podía socorrerlo porque estaba amputado de una pierna y Carías Lindo le vio irse de espaldas con despectiva indiferencia, por manera que si yo no salto junto a él para tomarlo entre los brazos, Sánchez se hubiera matado en ese preciso momento, pues hubiera pegado con la nuca contra una base de cemento que había a sus espaldas. De aquí le llevé en mis hombros a su cuarto, y al día siguiente murió.

Cuando Sánchez murió, Carías Lindo estuvo tres días encerrado. Nadie le miraba la cara. Al día siguiente de aquel deceso entró a visitar la farsa del penal una comisión de 25 diputados, los cuales preguntaron por él y él se negó a verlos. Lo único que recuerdo haberle oído exclamar indignado, fueron estas palabras muy suyas:

—¡Pendejos! Como ellos solo andan vagando, creen que los demás tienen la obligación de atenderlos.

Carías Lindo estaba descentrado. La muerte de aquel hombre le había desquiciado. Yo mismo le oí decir repetidas veces como un demente que habla consigo mismo:

—Sánchez eran mis brazos y mis manos. Sin Sánchez yo me siento maneado.

Sí, ahora que aquel esbirro había muerto, manifestaba sentirlo; pero no como se siente el deceso del amigo que se había hecho un hueco en nuestro corazón, con la constante abnegación de una alma noble, amplia, abierta y desprendida. El sentimiento palpable de aquellos gimoteos era el del hacendado que aun mismo tiempo ha perdido su mejor perro y su mejor caballo.

Ególatra como jamás he visto hombre alguno, Carlos Carías Díaz era un vejete ignorante, soberbio e infatuado, quien cuando hablaba de los hombres de mérito sólo lo hacía para detractarlos y tratar de ameritarse a sí mismo.

Su empleo en el penal era el de jefe de resguardo. Sin embargo, el Director le odiaba cordialmente. Este sentimiento le hacía mantenerse con el cuello debajo de sus pies, pues no le permitía inmiscuirse en los asuntos del centro.

Rigurosamente examinado, Carías Díaz no podía ser ni soldado; sin embargo, decía que era coronel. Pero acaso era un coronel hecho por la gracia divina, pues dice que jamás fue subalterno de nadie.

Carías Díaz era aficionado al juego de gallos. Mientras estuvo aquí yo recuerdo haberle visto hasta dos docenas de estas aves, las cuales estaban al cuidado de un reo para el jamás se le cayó una miserable propina.

Según este tarambana, nadie tenía sus méritos para sacar de un gallo cobarde una fiera invencible. Cuando se los mataban, cosa que era frecuente, siempre se lo achacaba al hecho de que le habías amarrado mal la cuchilla u otras niñerías por el estilo. Según él, nadie tenía cosas iguales a las suyas. Él era raro en todo. Sus zapatos, sus sombreros, sus vestidos y sus camisas eran como inventadas trotón que, según él, ni los Djerids de la Arabia eran tan rápidos en el correr como el suyo.

Oficioso y diligente aunque siempre en pro de la maldad, cuando Carías Díaz no estaba entretenido haciendo alguna de aquellas jugarretas con que solía entretenerse como un chamaco, a la hora de comida de los reos tomaba un garrote que se metía debajo del brazo, y muy quedamente se les iba por detrás a aquellos que habían apoyado el codo sobre la mesa, para asestarles tales golpes, que siempre les hacía volar lejos la miserable ración que después de dar su trabajo hasta el máximo agotamiento les servían con mezquindad. Mas cuando se aburría de darles palos o pescozadas a los reos, se salía al portón de la guardia de prevención para insultar a las mujeres de los reos.

Cuando Carlos Carías Díaz inició sus labores (¡qué ironía!) en el penal tanto el alcalde del presidio, señor Luis Sánchez, como el capitán de compañía, señor Horacio Sarmiento, le daban las novedades ocurridas en sus servicios. Pero cuando Víctor Carías Lindo le tomó ojeriza, les prohibió que le dieran novedades. Era disposición del Director que Sánchez se encargara de la organización de los trabajos del penal. Pero como a Carías Díaz no se le podía desvanecer la presunción de su autoridad en el centro, sucedía que con frecuencia trataba de contrariar las discusiones coléricas. Pero Carías Díaz tenía miedo a la hombría de Sánchez, razón por la que siempre evitó tener con él un encuentro trágico.

Por estos tiempos, año de 1947, Carías Lindo se hallaba sufriendo serios quebrantos de carácter moral, y queriendo hallar lenitivo a sus males en el rincón hogareño, se retiró a su casa. Ya había muerto Sánchez y el mando del penal, en defecto del Director, correspondía al Secretario, P. M. don Manuel Medina F., pero Carlos Carías Díaz vivía ávido de mando y creyó llegado el momento de figurar como Director. Pero también allí estaba el tunco Sarmiento, quien estaba autorizado por el Director para que hiciera la organización de todos los servicios. Y he aquí que esta circunstancia hacía chocar constantemente a este par de ambiciosos. Don Manuel Medina, hombre prudente y de un enorme bagaje intelectual, disimulaba estas puerilidades y sólo intervenía cuando los altercados podían resultar mal.

Así las cosas, la situación de aquellos dos hombres estaba tirante, y puede decirse que lo que salvó a Carías Díaz de que

Sarmiento no le pegara una pateada fue la invalidez de la pierna de éste. Un día en que la terquedad de Carías Díaz le llevó hasta el hecho de abusar de las limitaciones que Sarmiento le había puesto, el inválido llamó a Carías Lindo para ponerle las quejas. El carcelero que lo era de todos, no se hizo esperar. Llegó al centro y reprendió al inválido, diciéndole que por qué no le había dado parte más antes. Inmediatamente hizo llamar a Carías Díaz a su oficina, donde al hallarse en su presencia le pegó tal ultrajada, que Carías Díaz, queriendo volver por su dignidad, dijo a su jefe algo que éste acepto como un ultraje, e incorporándose, lleno de ira le acometió, pegándole en la cara. Acto continuo lo envió a la fatídica calera.

Aquí, en este mismo suplicio adonde Carlos Carías Díaz había mandado a muchos reos sólo por lucir su autoridad, estuvo durmiendo, si cabe decirlo, con más consideración que aquellos infelices, pues a él no se le había desnudado. Poco tiempo después de hallarse saboreando los sinsabores de su nuevo dormitorio, don Manuel Medina, haciendo uso de su habitual bondad y a riesgo de que el Director le fuera a reprender, ordenó que le metieran una tarima y que durante el día se le sacara afuera para que pudiera asolearse un poco. Un mes tendría Carías Díaz de estar bajo la acción de aquella tétrica humillación, cuando el Director le suspendió el castigo. Pero más tardaron en informarle que quedaba suspendido su castigo, que él en presentar su renuncia de carácter irrevocable.

Cuando Carías Díaz se retiró del penal, tenía bienes por valor de quince mil lempiras. Pero poco tiempo después Carías Lindo le entabló demanda por unos diamantes de un reo que ya no existía. Por estos tiempos Carías Lindo todavía mandaba en los juzgados, y pudo ganar el pleito, con la cual C. D. quedó sin blanca en la bolsa.

Horacio Sarmiento. Tal el nombre del capitán de compañía, el cual era originario de Esquías, pueblecito del departamento de Comayagua. atorrante sin oficio ni beneficio, desde muy temprana edad se había ido a aventurar a la Costa Norte del país. Incapacitado intelectualmente para poder trabajar en alguna oficina, y haragán para agacharse con energía a trabajar con el hacha o con el machete, Sarmiento tenía que pasar la vida de soldado de guarnición. Había hecho profesión de esta actividad, y fue así como pasó a la capital, donde se presentó al cuartel de San Francisco para darse de alta. Aquí estuvo y de aquí pasó al penal, siempre de soldado.

Hombre hecho como en los deformados moldes de depravación moral en que se formara Carías Lindo, Sarmiento bien pronto fue ganándose la estimación de su nuevo jefe, quien poco tiempo después de su arribo al penal, le dio el grado de Sargento primero, nombrándole luego como jefe de uno de los campamentos de trabajadores dependientes del penal.

La actuación de Sarmiento como jefe de campo fue verdaderamente cruel. Contaba un reo reconcentrado de aquel campo, que tan pronto como este bárbaro recibió el mando, organizó el servicio a su manera, reduciéndoles la ración de comida, y prohibiéndoles a los vecinos del lugar, que fueran a venderles comidas a los reos. Antes de que Sarmiento llegara, ellos compraban queso, mantequilla, huevos, cuajada, carne y verduras, con lo que podían alimentarse bien. Pero llegando este esbirro, los redujo a comer frijoles sancochados por única norma. Con el antecesor de Sarmiento, los reos no trabajaban más de ocho horas diarias; ahora la jornada era de doce horas diarias. Si alguien desmayaba o mostraba cansancio, Sarmiento se le acercaba y le decía:

—Ajá, pendejo, ¿y vos ¿qué te pasa?

—Que mire jefe que estoy enfermo. Tengo calentura. Tiénteme.

—¡Qué! ¡Pendejo! Vaya a trabajar.

Pero cuando esto decía, era haciendo restallar el látigo varias veces en las espaldas del paciente.

Cuando Sarmiento llegó a aquel campo, llevó consigo el infierno para todos. Nadie escribía a sus casas ni nadie recibía cartas porque Sarmiento, quien recibía los paquetes postales, no acostumbraba entregar correspondencia a nadie. Intratable y brutal con todos los que estaban bajo su potestad, bastaron pocos días para que sembrara el terror. Un día un campesino iba camino de su rancho cargado de provisiones para sus hijos. Sarmiento le llamó; pero como el campesino no le oyó porque era un poco sordo, se incorporó furioso y levantando el alto la culata de la Thompson, se la descargó en la cabeza, abriéndosela brutalmente. Mas este no fue el caso único en que Sarmiento delinquió impunemente. Muchas fueron las veces que los caritativos campesinos del lugar, ignorando que para aquel esbirro, como para su amo, era un crimen regalarles comida a los reos, fueron bestialmente maltratados al intentar ofrecerles algo.

Empero, como cuando no hay ley humana castigue las acciones del malvado, interviene el dedo de Dios, un día en que Sarmiento había amanecido más nervioso que nunca, hacía pocos minutos que había fustigado bestialmente tres reos y dos soldados, cuando, encendido en cólera aún, se subió a un camión balastrero, y al sentarse en el cojín, la escuadra Star calibre 45, se le disparó sola y le atravesó una pantorrilla. El camión mismo en que pasó el caso lo condujo a Tegucigalpa, donde fue internado en una casa de salud por cuenta del feroz carcelero. Pero Sarmiento había comenzado a engangrenarse y los médicos tuvieron que amputarle la pierna.

Así las cosas, quiso el destino fatal de los recluidos, que en los días en que Horacio Sarmiento pasó de la casa de salud al penal, salió de baja un salvadoreño de apellido Panameño, quien estaba de capitán de compañía, y quien fue sustituido por el inválido Sarmiento.

Ahora le tenemos aquí con media pierna menos. Dos poderosas muletas le permiten pasearse por todos los recintos para observar, reprender y castigar. Por estos tiempos Sarmiento frisaría en los cuarenta años de edad (año de 1940). Era hombre de temperamento nervioso y de groseros modales. Fumaba sin cesar. Al principio, y por no tener mucha confianza con el Director, se conducía con prudencia y timidez; pero a medida que su jefe le fue aflojando las riendas, fue descubriendo toda su ferocidad, y esto, como es de saber, agradaba mucho a su amo. Por manera que bastó poco tiempo para que Sarmiento se convirtiera en uno de los inquisidores más inclementes del penal.

Cuando Carías Lindo húbose entregado de todo corazón al tunco Sarmiento, retiró a Carlos Carías Díaz la autorización de pagar la tropa para que lo hiciera Sarmiento. Ahora era él, pues, el llamado a organizar el servicio de vigilancia del centro, a organizar la custodia de los distintos destinos que salían a trabajar diariamente fuera del penal; asimismo enviaba los reos que los jueces pedían al tribunal para inquirir o comunicarles su sentencia. Sarmiento se encargaba además de ordenar que se les pusieran grillos, grilletes y cadenas a los presos, asimismo de enviarles a los torreones por tiempo indefinido.

De dos a tres de la tarde durante los seis días de la semana, la afluencia de reos que de regreso de su trabajo franqueaban la guardia de prevención, era como de mil cuatrocientos hombres. Entretanto, Horacio Sarmiento estaba sentado dentro de la jaula en que estaba la máquina Hoch, despachando preemisarios para que salieran a hacer sus compras al comercio. Los necesitados de realizar tales menesteres eran innúmeros, de los que principalmente se hacían observar los recluidos de los talleres, que también eran los que tomaban más a mano la presencia del tunco Sarmiento. Sin quitarse el cigarrillo de la boca, ya que nunca lo apagaba, Sarmiento comenzaba de este modo con los reos permisarios:

—Vaya vos, papón —indicaba a alguien con la colilla del cigarrillo que engarzaba en la boca y que tan bien sabía manejar con los labios—. ¿A dónde vas vos?

—Al comercio, mi capitán.

—No estés jodiendo vos —era su respuesta lacónica y grosera—; andá buscá qué hacer.

—Haga Ud. el favor de mandarme capitán —rogaba suplicante el reo—, vea que tengo urgente necesidad de comprar manta, hilo, botones o suela según el oficio del interesado.

—Vaya, vaya, dejá de estar jodiendo; andate para tu taller —era toda su respuesta, y el interesado sabía que lo mejor era obedecer.

—Y vos, ¿qué querés? —decía a otro de los que esperaban ansiosos que se les enviaran al comercio.

—Que me mande al comercio, mi capitán.

—Vaya, vaya, andate para tu taller si no querés que te meta una jodida.

Y así, enviando uno de cada diez reos de los que le pedían permiso, pasaba hasta las tres de la tarde. Llegada esta hora, tomaba las muletas y decía los demás recluidos que esperaban les enviara:

—Bueno, ustedes dejen de estar jodiendo; vayan a buscar quehacer a sus talleres.

Estas palabras en labios de Sarmiento, era como el hágase y deshágase en labios de Jehová; de manera que tan pronto como él daba de tan grosera manera la orden de retirarse, no quedaba nadie delante de él.

Carías Lindo había descubierto tanto espíritu de maldad, de actividad y vigilancia en aquel inválido, que para premiar en él con abundante mano tantas virtudes, había acordado reconcentrar en su sola actividad el desempeño de la diversidad de funciones con que se habían organizado los servicios del penal. Por caso la censura de cartas, como la de hacer el encierro de las reas, era algo que había estado a cargo de Carlos Carías Díaz, y que ahora lo estaba a cargo del tunco Horacio Sarmiento, relegamiento que hacía a Carías Díaz sentirse moralmente deprimido, pues nada le hacía sentirse tan grande, tan superior y tan importante, como entrar de tarde en tarde al recinto de las recluidas y ver su mayestática personalidad rodeada de aquellas miserables mujeres, quienes infaliblemente le exponían más de tres quejas, de las que él decidía su castigo o su perdón.

Ciertamente que no hay nada más deplorable para un casquivano engreído por el poder, como sentirse de la noche a la mañana reducido a ser un don nadie entre los que durante mucho tiempo humilló a gritos y bofetadas.

Ahora era Horacio Sarmiento el diástole y sístole de todos los servicios del penal. Por las tardes que entraba a encerrar a las reas, llamaba a la que le agradaba. La muchacha se le acercaba llena de timidez.

—A ver qué llevás aquí —la decía, metiéndole la mano dentro de la blusa.

Pudorosa la joven se les escurría de las manos; pero él, haciendo uso de su autoridad, la obligaba a regresar y ella, por temor a su grosera represión, a sus crueles castigos, tenía que dejarse manosear por aquel criminal.

Amistad y compasión eran dos sentimientos de que el pecho de Sarmiento vivía huérfano. Jamás se le vio platicar con cordialidad con nadie. ¡Vení!, ¡hacé!, ¡andá!, eran en sus labios términos fríos y cortantes como el acero. Carlos Reyes Carías le odiaba porque jamás le obedeció ni le rindió la pleitesía de que él se suponía digno. Efectivamente, el tunco Sarmiento sólo respetaba y obedecía a dos personas del penal, y estas eran el Director y el Secretario.

Carlos Reyes Carías. Este sujeto, quien tan mal huele a la memoria de todos los reos del penal, es originario de Tegucigalpa, Según dice él mismo, es medio hermano por línea paterna de Tiburcio Carías Andino, quien, conociendo el récord vergonzoso y tragicómico que tan vil patán ha llevado en la vida, le desconoce como pariente. Siendo muchacho, su madre se lo llevó a Puerto Cortés. Fue aquí donde se crió arremolinado por la parvada de muchachos vagos y matreros del lugar. Entrado a esa edad en que el hombre es compelido por el instinto de emotividad, entró a los prostíbulos para hacer vida marital con las venéreas. La vida torbellinezca de la taberna fue su alborada. Aquí aprendió todos los vicios que en los mostradores de esta clase de escuelas se aprende, inclusive aprendió a chapucear el inglés incoherente y pero pronunciado que los negros traídos del África han aprendido al lado de sus amos. Últimamente, según informa él mismo, decidió embarcarse, no como turista, sino como sirviente de cocinero. Pero siendo un sujeto de quien nadie puede confiar, luego quedó en el aire; es decir, sin empleo, y comenzó a deambular dentro de los predios patrios, hasta que el general Carías subió al poder.

En Tegucigalpa anduvo llamando de puerta en puerta; y a decir verdad, nadie se las defendía; pero al entrar a las oficinas para pedir que le dieran empleo, todos a una se lo negaban, pues todos conocían el alto desprecio que su propio medio hermano sentía por él. Fue el general Camilo R. Reina quien a las cansadas se apiadó de aquel desventurado sujeto, y le dio una plaza de agente de policía, pues debido a su impreparación para trabajar siquiera como oficinista de cuarta categoría, no podía darle otra cosa.

Una ininterrumpida sucesión de quejas contra el nuevo agente hicieron al Director General de Policía retirarle de su puesto.

Con lágrimas en los ojos Carlos Reyes Carías contó su desgracia a Carías Lindo, quien le ordenó se trasladara al penal. Helo, pues, ahora y aquí, paseando entre los reos su miserable persona con más soberbia que la que afectaba Hitler cuando arengaba a los nazis.

Desde que Reyes Carías llegó al penal, trato de hacerse temer, cosa que no era difícil realizar, porque si los reos temíamos grandemente a los simples soldados rasos, ahora no digamos un crótalo tan venenoso como Reyes Carías, el cual se le había enroscado cariñosamente a C. L. para que le apoyara y le permitiera lucir su coraje con los indefensos reos. A Gonzalo Paz García, por caso, sólo porque éste no quiso dejarse quitar cincuenta lempiras, le metió a las bodegas del almacén, y desde que lo recibió fue a vergajos. Felizmente para el reo, el chino (Carlos Reyes Carías tiene el tipo exacto de un chino) es de contextura débil, y bien pronto se cansó de darle con el látigo y los pies. Pero Reyes Carías no se limitó a hacerlo de esta sola vez, sino que por la misma cuenta continuó haciéndolo muchas veces más.

El ofendido era malvado con sus compañeros, pero todos reconocíamos que su actitud era justa. Este sentimiento fue el que le hizo presentar su queja ante el Director pero como eran ratas del mismo piñal ordenó al reo que en lo sucesivo obedeciera a Reyes Carías aunque éste no tuviera razón.

ASESINATO DE LA MADRE DEL GENERAL UMAÑA

Reyes Carías no sólo era el bárbaro aterrador y cruel que día y noche vivía repartiendo pescozadas a diestra y siniestra, sino que también tenía sus momentos de expansión con sus parciales. Yo mismo le oí muchas veces hablando de todo a sus afectos. Una vez hablando de la vida y sus placeres, dijo que el hombre debía gozar de todas maneras. Reyes Carías era homosexual, cosa bien comprobada por sus mismos cómplices.

Sin embargo, el homosexual estaba casado con la Profesora Teresa Jiménez, persona muy culta y distinguida con quien debido a la diferencia de costumbres y educación, no se llevaba bien y estuvo a punto de divorciarse de ella.

Recuerdo tan bien, como si aún estuviera viéndolo y oyéndolo, que un día en que yo estaba de pie frente a la puerta del almacén, entró la madre del citado sodomita para rogarle suplicante que no fuera a divorciarse de aquella buena señora. Pero aquel mal hijo que nunca fue respetuoso con ella, sin dejarle decir mucho se levantó furioso, abrió la puerta y al salir cerró con violencia, maltratando a su madre con estas palabras que le espetó canallescamente:

—Vieja pendeja. ¿Qué tiene que andarse metiendo en mis babosadas? —y alejándose, la dejó sola.

Reyes Carías era un enorme malcriado, y además, era cobarde. Su valentía sólo pudo ostentarla pescoceando y ultrajando reos; pero en lo particular, es decir, de hombre a hombre, siempre fue cobarde.

Recordamos bien que una vez se puso en el Estadio Nacional a discutir una partida de futbol con el P. M. Esteban Díaz, representante del Club Motagua, y olvidando que no estaba en el Penal tratando con reos, le habló groseramente, lo cual no pudo soportarle impunemente su interlocutor, y lo arremetió. Reyes Carías hizo ademán de sacar pistola; pero no tuvo valor de sacarla. Nosotros estamos seguros que si C. L. no intervienen oportunamente a favor suyo, hubiera quedado con el tragadero más inflamado.

Reyes Carías es un tipo tan sin pudor, que sin la menor vergüenza ríe sin rubor de cualquier acto de cobardía o deshonor suyo.

Una vez este referido sujeto estaba en el mango sentado al lado del tunco Sarmiento. Platicaban ambos acerca del mucho tiempo que llevaban de trabajar en el penal, y de las varias veces que Carías Lindo les había pegado sus cachetadas.

—Vamos, Sarmiento —dijo el sodomita a éste—, ¿cuántas veces te ha pegado el general a ti?

—A mi ninguna —contestó el interpelado—. Lo único que ha hecho es mantearme en la cara y ofrecerme una barra de grillos.

—Pues a mí sí me ha pegado mis cachetadas —susurró sin rubor Reyes Carías.

Cosa que sólo puede tolerarla impunemente un hombre sin carácter o que esté maniatado.

Lo primero que pensé hacer tan pronto como logré reconquistar mi empleo de apuntador, fue hacer que César T. Funes reconquistará la confianza del Director. Sabía bien que el río que le separaba de este jefe, era Reyes Carías, quien también podía convertirse puente de amistad con él, y a cuyo efecto agucé el ingenio hasta lograr mi objetivo.

Reyes Carías conocía el carácter rebelde e indomable de César, persona a quien siempre quiso y trató con respeto y con quien por mezquindades y pequeñeces, había perdido la amistad; sin embargo el sodomita, ocultando como podía el temor que le inspiraba acertar abiertamente la enemistad de aquel peligroso enemigo, siempre daba muestras de reconquistar su amistad, y un día, sabiendo que yo era primo de César, me preguntó que qué decía éste; ocasión que aproveché para decirle que él decía que le quería igual que a un hermano, porque recordaba que siempre habían estado juntos en circunstancias peligrosas.

—Sí, hombre; es cierto —corroboró Reyes Carías—. Con César nos hemos querido como verdaderos hermanos, etc., etc.

César no había dicho nada, porque era hombre que prefería morirse de hambre con una barra de grillos en los tobillos y sepultado en un sótano oscuro y húmedo, que arrodillársele a nadie para pedir perdón. Sin embargo, este mismo día y so pretexto de no recuerdo qué pueril motivo, Reyes Carías llegó a la celda de César a platicarle al Dr. Salvador Jiménez para poder dirigirle la palabra a aquél, quien lo evito en lo posible.

Viendo esto los presidentes, quienes en su mayor parte habían sido nombrados por César, comenzaron a acercársele y a reivindicársele, diciéndole que si durante el tiempo que había estado en desgracia no se le habían sido porque nadie mejor que él sabía que cuando Carías Lindo había retirado su consideración a un hombre como él, nadie podía tratarlo sin que por ello se le maltratará y se le quitará todas las consideraciones que se le dispensaban.

Inmediatamente que yo dije, aquellas palabras en pro de César, Reyes Carías ordenó a las cocinas que se le diera buena comida y que se le devolviera todas las consideraciones que en otros tiempos se le habían dispensado. Del mismo modo el comandante de guardia de cárcel recibió la orden de dejarle salir al mango, privilegio que en tiempos de C. L. era conferido únicamente a los presidentes.

Entretanto, el problema de la alimentación para el reo corriente cada vez empeoraba. Por estos tiempos solo los recluidos que tenían parientes en la capital y que gratuitamente les llevaban los tres tiempos de comida, eran los únicos que se daban el lujo de botar las cáscaras de los bananos que se comían, pero que al mismo tiempo provocaban una reyerta entre los famélicos compañeros, pues al verlas volar al aire se las disputaban a empellones hasta que intervenía el látigo del verdugo.

La tendencia del reo medio muerto de hambre a robarse las tortillas de las cocinas hacía que el presidente general las mantuviera supervigiladas por los capataces, quienes como presuntos candidatos a la presidencia, se empeñaban en mostrarse celosos cuidadores de los intereses del "capi" (así llamaban a Reyes Carías), pues ello les hacía acreedores a su consideración.

Sin embargo, el hambre a todo atreve al hombre, porque no obstante el darnos exacta cuenta de que allí había más de cuatro mil ojos observando los tambos de frijoles y los canastos de tortillas para ver quien se atrevía a robar, y tener con ello algo con que poder congraciarse con los jefes denunciando al ladrón, los hombres no se obtenían de probar suerte, e intentaban robar tortillas; pero tan pronto como las manos agarraban las tortillas, los capataces envolvían con sus látigos los puños de los ladrones, emprendiéndola con ellos hasta despellejarles las espaldas; amén de que después eran pasados a la celda de presidentes para ponerles manos arriba durante tres o seis horas.

Entre los apuntadores de cocina, que eran los encargados de controlar las raciones que se daban diariamente había dos de ellos que llevaban su crueldad con nuestros compañeros a extremos verdaderamente inhumanos, pues no querían que los encargados de dar la comida de mano a mano, dieran ni siquiera rasado el pequeño cucharón de frijoles.

Un día Fausto Moncada, que era uno de dichos apuntadores, reprendiendo acremente a un compañero que hacía observar que casi no le daban frijoles, llegó hasta el abusivo extremo de pegarle una pescozada en la cara; acción que el ofendido señor Juan Cedillo castigo de inmediato descargándole un fuerte cucharazo en la cabeza.

El presidente de recinto, que era Herminio Recinos, intervino inmediatamente a favor de Fausto. En cambio yo protesté en contra de tan grande injusticia. El presidente de recinto lo supo, y como vil mercenario de los intereses de Reyes Carías, creyendo que este me pegaría una verguéada a estilo de las que le había pegado a Gonzalo Paz, fue a ponerle la queja; más, ¿cuál no sería su disolución al ver que al contrario que me metiera a la bodega para oír por fuera el restallido del látigo, vio que me llamo debajo del mango para aconsejarme amigable que protegiera los intereses de la cocina, y que les ayudará en este sentido? Sin duda que Recinos que lo padeció.

Hasta aquí la actividad del sodomita no había sido grosera conmigo. Pero todos los infames se amalgamaron para decirle que yo siempre andaba defendiendo la chusma; que ellos ya no podían hacerles ni decirles nada, sin que yo hablara; cosa que no era cierto, pues yo sabía lo podría sobrevenirme en tales casos. Sin embargo, el hombre lo creyó y un día me pego una ultrajada verdaderamente sangrante por una cosa que no valía la pena. Pero a partir de este momento nunca más volví a dirigirle la palabra. Sin embargo queriendo hacer como el hombre con su perro, en distintas ocasiones trato de entrar en conversación conmigo, pero siempre lo evite. Y así cuando el Director me ordenaba que se lo llamará a la Dirección, yo buscaba quien lo hiciera por mí, pero un día en que no encontré quien me hiciera el mandado, tuve que hacerlo yo.

—Ea, Carlos —díjele despectivamente—, te llama el Director.

Reyes Carías es un tipo sin personalidad, un bellaco hecho en una madriguera de hampones; sin embargo, ensoberbecido por la autoridad que se había arrogado en el centro, tenía para todos nosotros un trato más grosero y soez que el que usaba el más cruel de los esclavistas para con sus esclavos. De manera al oírme tratarme de vos, se sintió mortalmente herido, y como consecuencia, me espetó esta palabra que es alma de su alma forma de su forma:

—¡Pendejo! ¿Soy yo tu hermano para que me trates de vos?

Pero tras de la palabra me tiró a la cara tal pescozada, que si no ando listo me lo hubiera pegado. Esto le indignó aún más, pues junto a mi pasó zumbando con su mano al aire como quien baila rumba solo. De manera que trató de volver a la carga, pero yo evité en lo posible que fuera a tocarme porque entonces sí que le hubiera desbaratado la cara de un puñetazo, y con toda seguridad me hubiera matado la guardia. Pero felizmente para mí intervinieron a mi favor dos oficiales.

La grita de los pregones era realmente despampanante; el estado de nerviosismo en que nos mantenían aquellos gritos del pregón, aquellas constantes ultrajadas de Carías Lindo daba a sus colaboradores y reos, aquel chasquido fatídico del látigo que restallaba a diestra y siniestra sobre las espaldas flacas y huesudas, el gimotear doliente de los que cumplían con angustia algún castigo, y en fin todo aquel aparato de armas y llaves y grillos y cadenas y látigos que el Director mantenía en acción para aterrar a reos y guardias eran lo que constantemente hacía que apareciera tanto loco, pues no todos los hombres tenían el suficiente ánimo para sufrir con serenidad aquella batahola de terror en que Carías Lindo los mantenía. Aún más: había una desgraciada circunstancia que aumentaba nuestras penas, la esposa del carcelero se las echaba de psiquiatra, y esto la hacía hacer un manicomio del penal, pues aquí venían a dar todos los locos que el departamento le enviaban para su curación. Las celdas en que enjaulaban a estos energúmenos estaban anexas a las de los recluidos por manera que la intranquilidad de estos pobres enfermos nos daban era permanente pues noche a noche reñían, gritaban, pataleaban, insultaban, cantaban y en fin, aquella convivencia de los hombres normales con aquellos locos furiosos, no podía estar más apropiada para multiplicar el número de dementes. Yo mismo estuve a punto de trastornarme una noche en que una tal Juanita V. de Ochoa, que estaba en la celda anexa a la mía, estuvo gritando desaforadamente toda la noche. Relativamente joven como estaba la paciente, lozana y fuerte de pulmones, cuando hablaba su potente vozarrón hacía retemblar las paredes del penal y nadie podía dormir.

No sé qué sentimiento de odio a dona Victoriana de Carías Lindo, hacía que cada vez que a Juanita le venía el absceso de locura, la emprendiera a insultos a aquella buena señora. Su tema principal era el de la imaginaria infidelidad que a la señora le suponía. Y entre los nombres de los muchos amantes secretos que le imputaba a gritos, pronunciaba el de César T. Funes. Este todavía estaba en desgracia y profundamente resentido por la ingratitud de Carías Lindo. Sin embargo, conózcase el temple moral que lo caracterizaba.

—César —le pregunté un día en el seno de la intimidad—: ¿es cierto eso que dice Juanita?

—¿De qué?

—Que Ud. es amante de doña Victorina de Carías Lindo.

—No es cierto —fue su respuesta categórica— y no me arrepiento.

Cuánto daño puede hacer a la sociedad una sabandija de esas que suelen darse un medio de los espesos matorrales donde la civilización aún no ha puesto su planta, es algo verdaderamente insospechable. Sin embargo, la ignorancia como las enfermedades y los accidentes que sus dirigentes sufren con alguna frecuencia, ¡quien podría creerlo!, siempre entran en juego con su felicidad o su desgracia. He aquí un caso de ignorancia.

Hallándose el señor Herminio Recinos de comandante local del pueblo San Pedro de Llano Grande del departamento de Copán, ocurrió que una noche que la madre del extinto Gral. Justo Umaña tenía una fiesta de familia, el infame Recinos quiso dispersarle la reunión a las 8. p.m. La señora era madre de un valiente enemigo de nuestra causa; pero esto no era ofensivo para nadie, pues el hombre estaba fuera de la patria. Viendo su actitud, ella le hizo observar la hora, lo cual provocó la discusión entre el derecho y la sin razón. Pero como esta tenía la fuerza, ordenó a los soldados que se metieran a la casa para arrear con todos los invitados a la cárcel. Al oír la orden, todos los parientes de la señora trataron de huir, pero el señor Recinos ordenó que dispararan contra toda la familia reunida allí. Así murió la madre del Gral. Justo Umaña y cuatro miembros más de esta magnífica familia.

El escándalo de este asesinato en masa se extendió desde México hasta el Darién, circunstancia que infaliblemente hacia poner en la cárcel al criminal. Fue así como Herminio Recinos se vio en el penal, lugar donde desde que llegó, Carías Lindo lo recibió con los brazos abiertos y cumplió la orden del general de ponerle buen sueldo y darle toda clase de gollerías. Helo ahora y aquí de jefe invariable e imprescindible de los reos políticos. El saludo que el Director le dio fue de hacerle con dueño de una de las cocinas; pero de lo que se le retiró por ruin mezquino y egoísta. Sin embargo, Recinos no quedó sin nada del todo, pues el Director le había permitido poner una pulpería, en la que tenía como clientes infalibles a los reos políticos, pues como era su jefe, espiador, sensor esbirro y único mandadero, les vendía las cosas con ciento por ciento más de lo que nos costaban a nosotros en el patio general.

Para los seres frívolos, para las personas sin preocupación social alguna, cárcel, presidio o penal es una palabra como otra cualquiera, pero no lo es para los espíritus reflexivos, para las almas sensibles al dolor humano, pues saben con angustia que el término cárcel refleja la idea de un antro de delincuente quienes sufren con remordimiento de sus culpas o contingencia, el dolor de la humillación y represión de sus carceleros.

No hay aspectos del penal que no sea una mueca de dolor de hombres que gimen cabizbajos su amarga desventura. Basta verles el rostro para adivinar enseguida el fatídico pensamiento que les tortura el alma. Su alegre ayer y feliz al lado de los suyos frente a su reja de hoy cuidada con celo implacable por guardias feroces, es algo que no se les separa un solo instante de la vista y el corazón.

Sin embargo, a pesar de las cadenas, los grilletes, el látigo, el chaine (lavar excremento humano con las manos peladas) las manos arriba, la isla, el boca abajo, el boca arriba, etc., que sufríamos los reos del patio general, creo que era bien poco con relación a lo que sufrían los reos políticos del callejón de la celda número veinte, pues eran manejados por un hombre bestia de trato inhumano.

Jamás supimos en el patio general que aquellos compatriotas fuesen fustigados como los nuestros; pero sí sabíamos que entre ellos se mantenía engrillados a hombres verdaderamente liberales, verdaderamente rebeldes y viriles como el coronel don Eduardo Dacosta Gómez y otros elementos importantes no a su causa, sino a la patria. Sin embargo, no obstante que a ellos se les evitaba el látigo que a los nuestros se les daba con abundantísima mano, por el contrario, se les había condenado a languidecer sin aire, luz ni sol en una celda estrechísima, en la que apenas si tenía una reja que salía a un recintillo de tres por cinco metros de diámetro. A estos hombres no se les sacaba nunca a trabajar a obras públicas, circunstancia que empeoraba su situación. La única persona que los miraba era Herminio Recinos, el memorable asesino de la madre del Gral. Justo Umaña. Su jefe el carcelero Carías Lindo, había descubierto en él su alma gemela, es decir, el bárbaro duro y cruel que necesitaba encontrar para martirizarle a través de él, pues cualquier otro hondureño que no hubiese sido la bestia que era Recinos se hubiera conmovido fácilmente ante el dolor del aislamiento de aquellos nobles paisanos y les hubiera ayudado a sobrellevar sus penas con los medios de que hubiera podido disponer.

La excesiva estrechez de las dos celdas de los reos políticos y la constante afluencia de ingresos de esta clase de prisioneros, hacía que Carías Lindo se viera forzado a tener que trasladar el patio general a aquellos presos que no le inspiraban temor por su espíritu de audacia. De manera que fue así como tuve ocasión de tener contacto con algunos elementos de los que habían estado en el callejón de la veinte, y conocer la vida íntima que se sufría en aquel horroroso infierno ubicado en el corazón de Tegucigalpa.

Todo en nuestro patio era diferente. Llovía el látigo en las espaldas de las masas; había ultrajes por espontáneos raptos de soberbios de nuestros mandones, el hambre y la desnudez hacían su agosto en nuestro estómago y pellejo; las enfermedades y las defunciones marchaban viento en popa debido a la falta de medicina; pero a pesar de todo ello los del patio nos creían en mejores condiciones que las que padecían los reos políticos, porque el encierro de estos pobres hombres era más sepultural que el nuestro.

Siempre que alguno de los del callejón de la veinte pasaba al patio general, se quedaba asustado, porque no obstante que nosotros comprábamos las cosas por doble precio que lo que costaban a extramuros, ellos se las compraban a Recinos por doble precio que lo que nos costaba a nosotros en el patio general.

Según confesión de varios hombres que estuvieron a manos de Recinos, este sujeto no solo los trataba con bestial brutalidad, sino que les quitaba dinero prestado que nunca les devolvía, y se hacia el sordo con algunos mandados que les hacía. Otro de los motivos que hacían al verdugo aborrecer a sus víctimas, era el que estas siempre le vivía haciendo observar que por las migajas que habían encontrado en sus portaviandas deducían que de sus casas les habían mandado cierta clase de comidas o manjares que probablemente se los habían sacado en la guardia.

Como Recinos era el árbitro de la situación de estos hombres, los martirizaba hasta el máximo envilecimiento. Día a día vivía inventándose nuevas disposiciones solo para hacerles sufrir acaso hasta la muerte por asfixia. Por caso ahora prohibía que se sentaran en determinada parte del estrecho recinto en que se extendían un poco; otro día prohibía que se pusieran de pie antes de que él llegará; o algo así por el estilo; la cuestión estaba en que había que dejarlos y humillarlos de la manera que fueran.

La mayor parte de esta absurda disposiciones no era posible cumplirla, lo cual Recinos calificaba de infracciones para dejar, ultrajar y coaccionar brutalmente a aquellas masas de hombres tan ilustres como el internacionalista Dr. Alfredo Trejo Castillo, el prudente y respetuoso Licenciado y Gral. Benito Mendoza, el temeroso y simpático orador Dr. Camilo Gómez Robelo, el culto caballero, Licenciado Miguel Ángel Ulloa, y así por el estilo a una pléyade de personalidades para quienes Carías Lindo resultaba un burro demasiado sucio para que hubiera podido cargarles sin ensuciarse en sus espaldas.

Carías Lindo había puesto un horario para la entradas de comida, so pena, para los liberales, de que la vianda que llegará un minuto después de la hora indicada, quedaba cancelado su permiso de entrada. Una vez cancelada esta prerrogativa, el agraciado que tenía que ser persona acostumbraba a comer bien, caía en manos de Recinos, quien después de hacer aguantar hambres prolongadas a los que habías tenido la desgracia de sufrir aquella injusticia sanción, iba a las cocinas del patio general para llevarles un poco de frijoles sancochados y 4 tortillas tiesas.

Nadie que no haya tenido la desventura de estar recluido en un foso donde imprescindiblemente se es atendido por un solo infame, sabe cuan triste es depender de una sola voluntad. Los presos del callejón de la veinte, pues, no le miraban la cara de otro verdugo más que a Herminio Recinos.

Recinos era haragán, mezquino, egoísta, logrero, ruin y cruel con sus subordinados, y servil hasta el abajamiento con su jefe Carías Lindo. De modo que todo lo que aquel podía hacer en ultraje en el callejón de la veinte, este se lo alababa. Por manera que cuando aquellos escribían al carcelero presentando quejas contra su esbirro, el infame la aceptaba como una buena carta de recomendación a favor de su vil sicario.

El terror vivificado a sangre y látigo de manera interrumpida, hacía que el reo respetara temerosamente cualquier disposición del penal. Así por caso, el silencio que debíamos guardar cuando el cuerpo de cornetas tocaba las ocho de la noche, tenía que ser absoluto, so pena de que el presidente de la bartolina ordenara al infractor pasar frente a la reja, donde le pegaba unos quince vergajos y lo dejaba plantado con las manos en alto hasta las doce de la noche. Sin embargo, entre el total de recluidos había algunos que gritaban, cantaban o insultaban, y nadie les hacía ni decía nada, y estos únicos soberanos eran los locos. Por manera que, acostumbrados como estábamos a ellos, ya no nos alarmaba el oírles.

Pero una noche de tantas, sí que hubo un escándalo diferente al provocado por los locos. Oímos, con alarma nuestra, varios disparos seguidos de voces fuertes que furiosas daban órdenes de quebrar a tiros, al que intentara correr. Un botón de guardias encabezados por Carías Lindo, el alcalde Sánchez, Carías Díaz y el tunco Horacio Sarmiento, entró de rondón al patio general de paso para el callejón de los de la veinte. Momentos después pudimos oír seguidos de insultos soeces, los chasquidos de los látigos de los verdugos que hacían de las suyas en las espaldas de sus víctimas. Harto de golpear y ultrajar, Carías Lindo regreso seguido de su funesta corte. Hasta aquí los que observábamos con el oído, apenas pudimos imaginar lo que ocurría con los reos políticos del callejón de la veinte. Pero al día siguiente supimos que el capitán Marco Tulio Mendieta había abierto la reja de su celda, e incitado a sus compañeros a la fuga. Decían los que más sabían sobre el asunto, que con el auxilio de una cuerda hecha con sus propias sábanas, habían logrado subirse sobre las bardas del tapial que estrechaba el recinto de su celda; pero que desdichadamente para él, había sido visto por uno de os guardias que hacían la ronda que en compañía del capitán Galeas trataba de descender al recinto exterior. El can, como era de esperarse, ladró, lo cual, en vez de pasar adelante en su intento, el prófugo trataba de reintegrarse a su celda cuando Carías Lindo le hizo una descarga con su revólver. La voz popular decía que el capitán Mendieta había sido herido en una pierna; pero el autor no sabe nade de cierto sobre el asunto.

Era el año 1944, época de desgracia del espíritu libre de las instituciones públicas de Honduras, cuando el espionaje, la delación, el secuestro político, la persecución, el asesinato en masa, la cárcel y la absoluta inseguridad social hacían vivir al pueblo hondureño presa de pánico y de rodillas ante el dictador y sus esbirros. Sin embargo, hubo un hombre, ya que no puede decirse que un ciudadano porque en los regímenes de fuerza sólo el dictador es libre, que ofendido por la cobarde pasividad que su pueblo mostraba ante tanto ultraje que el dictador le infería, se agachó sobre su máquina de escribir para sacudir desde las columnas del diario El Cronista, el yugo del tirano. El pueblo hondureño reaccionó noble y virilmente a aquella especie de septembrina clarinada y comenzó a verse en las calles manifestaciones hostiles al tirano. Las consecuencias exteriores no se hicieron esperar. La clausura del decano de la prensa nacional fue la primera orden que expidió el furioso dictador. Luego comenzó la persecución contra otros ilustres ciudadanos de todo el país. Interrogaciones, tomentos, asesinatos y encarcelamientos. El carcelero Carías Lindo se lució de esta vez, metiendo a las celdas de la penitenciaría central, a más de cien damas de las más ilustres de la capital. Al Dr. Alfredo Trejo Castillo, célebre editorialista que tuvo el coraje de lanzar la primera piedra y de romper el silencio de mordaza en que se tenía al pueblo, lo buscaban como aguja en un pajar, tanto los esbirros de Camilo Reina como los de Carías lindo; pero cupo a los de éste el infame honor de capturarle.

Contóme el oficial Santos Suazo Castillo, autor de la captura, que él y los suyos iban vestidos de civiles, razón por la que el Dr. no pudo ponerse a buen recaudo, pues de lo contrario, la captura acaso se hubiera hecho a tiros, pues tenían conocimiento de que Paco Tercero, el famoso delator y esbirro máximo de Camilo Reina, una vez había intentado capturarle, pero que no lo hizo porque el Dr. desenfundó su revólver con destreza felina para hacerse morir matando, si intentaban penetrar a su casa. Pero de esta vez el héroe anciano no tuvo tiempo de defender, pues no pensaba el caso cuando en plena vía pública y a vista y paciencia de un numeroso público que traficaba por las calles, le cayó encima media docena de esbirros del penal, lo embarcaron a viva fuerza y se lo llevaron a Carías Lindo.

Al llegar lo hicieron pasar a las oficinas de la Dirección donde el ignorante Carlos Reyes Carías y en presencia de su amo Carías Lindo, formuló al Dr. Trejo Castillo una serie de insulsas preguntas, a las que el interpelado replicó de manera cortante estas lapidarías palabras: "Nada tengo que añadir a mi actitud contra el tirano, porque todo lo que he tenido que decir contra él, ha sido publicado en la prensa".

Ciertamente que el pueblo hondureño estaba como aletargado, cuando el Dr. Trejo Castillo comenzó con el fuego de su pluma a revivirle el espíritu de civismo que otrora hiciera independientes a sus mayores. Mas permítasenos decir, que el sublime cruzado no hubiera publicado su segundo artículo contra el tirano, si no hubiera sido que el dictador Carías temía una controversia de carácter internacional, pues el dictador Maximiliano H. Martínez más de una vez le había suplicado respeto a la seguridad personal de su concuño, Dr. Trejo Castillo. Pero al caer del poder aquel funesto mandatario, Carías ordenó a sus esbirros se lo metieran a la cárcel inmediatamente.

Mas como quiera que sea la roca en que el arcabucero se escudaba, siempre es de alabar su suerte, pues apenas tendría tres años de guardas prisión, cuando fue puesto en libertad para que tomara camino del ostracismo. Y decimos que tuvo suerte, porque entre los presos del callejón de la veinte había personas como los generales Toribio Ramos, Blas Domínguez y otros militares distinguidos cuyos nombres no recordamos en este momento, quienes guardaban prisión ilegalmente desde que Carías subió al poder. Posteriormente a esta fecha se llevó a la penitenciaría central al general y Licdo. Benito Mendoza, José Ángel Ulloa, coronel Eduardo Dacosta Gómez y otros ilustres compatriotas más cuyos nombres, no obstante ser tan ilustres, no recordamos en este momento.

En los días que el Dr. Trejo Castillo ingresó al penal, el germano Pablo Smith fue trasladado del callejón al patio general, donde rumeando insultos resentimientos un día le dijo al Licdo. Simón Molina, que no alcanzaba a explicarse cómo era que un hombre de las aspiraciones políticas del Dr. Trejo Castillo, se despachaba solo sus tres tiempos de comida sin invitas jamás a ninguno de tanto hambriento que le rodeaba. Pero su interlocutor le hizo observar que aquel no era sitio para compartir una vianda de comida enviada para una sola persona entre más de sesenta que le acompañaban, porque si él se hubiese puesto a compartir su ración, se hubiera expuesto a quedarse sin nada y a no satisfacer la necesidad de dos.

Sin embargo, por boca de aquel verborragia supimos muchas cosas que abonaron sobremanera nuestro acervo de conocimiento sobre la vida íntima de aquellos compañeros de desgracia nuestros.

Señalando el aludió Smith el servilismo del hombre hasta el abajamiento más torpe y cobarde, se refirió al Profesor Plutarco Castro, quien sabiendo que todos sus compañeros se daban exacta cuenta que de parte del general Carías había sido objeto de bárbaros e injustos ultrajes, a vista y paciencia de todos ellos estaba haciendo un busto en miniatura del dictador para regalárselo con motivo de su cumpleaños.

Durante el tiempo que nos tocó ver actuar a Carías Lindo nunca supimos, sino con muy raras excepciones, que se haya llevado un liberal a quien antes de pasársele al callejón no se le hubiera echado sobre su vientre, debajo de una tarima, en la guardia de cárcel o de prevención. Más si no se le echaba de esta manera, se le metía de pie detrás del portón, donde se le obligaba a tener durante días enteros la nariz pegada contra la pared. También había casos en que se le pasaba sin detener a un torreón o a la fatídica calera.

Por lo dicho del trato que aquel bárbaro carcelero daba a los reclusos, se deduce el sentimiento que le inspira la gente que jamás le ofendió; más, ¿cuál no podía ser su conducta con los hombres que alguna vez trataron de burlar su vigilancia para escapar de sus horrores? Sin duda que inhumana. Este sentimiento me hace pensar que el capitán Marco Tulio Mendieta no hubiera salido del penal en toda su vida sino es porque no sé por qué poder oculto, el dictador se vio forzado a ordenarle al carcelero Carías Lindo que lo pusiera en libertad; sin embargo, era tan terco Carías Lindo, que Marcos Carías Reyes se vio obligado a tener que ir a sacarle personalmente. El autor estaba de apuntador a la sazón cuando en momentos en que los soldados estaban registrando la maleta de Mendieta a todo su sabor, entró Marcos Carías Reyes para acompañar al joven militar; mas viendo que aquellos estúpidos esbirros estaban muy entretenidos en su infame tarea, les arrebató la maleta con violencia y bravata, y se llevó al hombre.

El empleo de apuntador que se me asignó me dio oportunidad para conocer mejor que muchos otros reos la verdad de la causa de la reclusión de más de ochocientos reclusos que había en el penal por orden del dictador, por cuenta de Carías Lindo y de otros personajes, como gobernadores, comandantes de armas, departamentales, comandantes locales y jefes expedicionarios. Una vez llegué a contar dieciocho hombres enviados al penal por orden de Eduardo Cerrato, miserable comandante local del pueblo Potrerillos, departamento de Cortés. El motivo de tal condena variaba entre desconocido o sospechoso, por lo que se les tenía tres o más años a cada uno. De Tegucigalpa como de otras ciudades de la república había muchos otros individuos de condición humildísima, quienes tenían cinco u ocho años de presidio por el solo crimen de haber sido sirvientes de un liberal de carácter público, o que habían visitado la casa de uno de estos ciudadanos para pedirles trabajo.

Ninguno de todos estos hombres dejaba pasar domingo, día único que se podía escribir, sin escribirle a Carías Lindo, pidiéndole audiencia para pedirle la libertad; pero el carcelero les contestaba que no era cosa de él, sino del fulano, aconsejándoles, cínicamente, que le escribieran pidiéndole su excarcelación. Las víctimas acataban el consejo cándidamente y escribían, ¿para qué? para que el censor de sus cartas, en compañía de Carlos Carías Díaz, unas veces, y de Horacio Sarmiento, otras, rompiera la correspondencia de aquellos infelices para servirse de los sellos postales y vendérselos e nuevo.

Entre los reos políticos del patio general, había dos individuos que me fueron particularmente simpáticos, y ellos eran Osmar Ramos Night y Ernesto Hernández. El primero guardaba prisión desde 1933 por habérsele capturado en medio del movimiento de las llamadas traiciones. Pero allá por el año de 1938, ambos tuvieron la visita inesperada del Dr. Antonio C. Rivera, quien le llamó a la Dirección del penal para ofrecerles su libertad, si a cambio de ella le prometían protestar de su partido.

—Doctor —fue la respuesta de aquellos humildes recluidos— sí Ud. creé que su promesa es un abortivo, no olvide que nuestra conciencia no es un útero y nuestro ideal un feto.

Esta frase fue como un cauterio sobre la lengua del Dr., pues apenas si pudo despedirse de los dos reos con palabra de afectado aprecio. Su lealtad a su partido les costó ocho años más a cada uno de ellos.

No es con hombres de casa, quienes solo tienen en mente de luchar contra tigres, leopardos y serpientes, con quienes se levanta el nivel cultural de los pueblos sino con hombres sanos de corazón y de una amplia cultura sobre los nuevos giros que minuto a minuto va tomando la civilización. Pero el pueblo hondureño sincero por nacimiento, no pudo entender estas cosas, y fue así que su seducido por su falsa honestidad del general Carías, le ungió con la primera magistratura de la nación. Viéndose ya con el poder en las manos, no espero mucho tiempo para quitarse la careta y mostrar sus amenazadoras fauces al que diera indicio de descontento, véase, por ejemplo, el caso siguiente:

Hallábase en Danlí un cuerpo de oficiales sofocando los últimos grupos del movimiento revolucionario con que se trató de anular su candidatura, cuando al saberse que el Licdo. Juan Manuel Gálvez había sido nombrado Ministro de Guerra, Aviación y Marina, se dirigieron al futuro dictador diciéndole que sentían mucho que no hubiera dado la cartera de Guerra a un militar. El dictador en ciernes contestó diciéndoles que "el Licdo. Gálvez es el Ministro de la Guerra y que si no les agradaba su nombramiento, que tomaran la actitud que quisieran".

El hombrón de Zambrano estaba dispuesto a mandar solo, a imponernos por ley su voluntad personal. Y no hubiera sido malo, si su cuadro administrativo hubiera estado formado por hombres del carácter del Dr. Gálvez; pero no de bárbaros como Carlos F. Sanabria, Víctor Carías Lindo y otros bandidos más.

La impresión de terror y angustia que la barbarie de Carías Lindo dejó impresa en mi espíritu, me hace reflexionar sobre el cómo ha sido posible nombrar de Director del penal de Honduras a un hombre tan ignorante como este; sin embargo, a veces le excuso de todo corazón, porque llego al convencimiento de que tamaño monstruo solo fue un contrafiguras del propio dictador.

Sucedió una vez que hallándose recluida Margarita Valladares, se le murió su hermano José Adrián Valladares, quien a la sazón se hallaba entre nosotros. La doliente estaba llorando inconsolablemente en su celda y mando a decirle al Director con él "Semana" que hiciera el favor de permitirle ver a su hermano por última vez.

—No —fue la respuesta cortante del frío carcelero.

Pero la muchacha insistió en mandar a pedirle el mismo favor con quienes pudo enviar cerca de él, hasta que al fin logró que aquel monstruo le hiciera tan ansiada merced; pero con la condición de que no llorara, porque si lo hacía, se le regresaría inmediatamente y se le pegaría una vergueada.

¿Podrá verse algo más inhumano y torcedor que esto? ¿A qué infame que no sea Carías Lindo podrá ocurrírsele pensar que una mujer no va a llorar al ver muerto a su padre, su madre, su hermano, su esposo o su hijo? A nadie, por cierto. Sin embargo, este extraño caníbal jamás se conmovió ante los padecimientos de nadie. Las lágrimas de los ancianos, de las ancianas o de todos aquellos desgraciados que sufren una pena muy grande, pasaron por sus ojos como quien ve manojos de zacate.

A propósito de la importancia que el dolor humano representada para Carías Lindo recuerdo las lágrimas de amargura que un expresidiaria fue a derramar a sus pies para pedirle la libertad de su hijo Evaristo Vásquez, menor de quince años de edad a quien su madre metió a la escuela vocacional por hallarse presa; pero el que, no sé porque estúpido capricho no quiso dárselo, no obstante que el joven ya era un perfecto artesano.

—Vaya lista —espetó viéndome a los ojos para que yo justificara su actitud—, como ahora ya lo mira criado, quiere llevárselo.

—Así es –díjele riendo de su puerilidad, pues no podía decirle lo contrario. Había más de doscientos jóvenes que ya eran mayores de veinte años, quienes además de que ya sabían un oficio con que ganarse el pan honradamente, habían estudiado toda la primaria y pasado los tres años de una escuela preparatoria que decía haberles dado; sin embargo, no quería darles la libertad por más que ellos y sus parientes porfiaban por conseguirlo.

Era obligación de los apuntadores permanecer uno de los dos sentado en el mango, para atender cualquier llamada, ya fuera para hacer cualquier mandado de la Dirección o de la Secretaría, o para atender alguna visita a los recluidos sin sujeción al horario y día señalado para las de la localidad, o las de las aldeas del término municipal de Tegucigalpa.

Un día de los pocos que me tocó tal servicio, hallábame platicando debajo de la fronda del mango cuando fui llamado de la

Dirección por el propio Director, quien platicaba con don Manuel Medina F., Secretario en función del penal.

—Ordene, mi general —dije al carcelero en tanto que me le cuadraba militarmente.

—Medina, loco —fue su respuesta lacónica— pero de manera tan imperceptible, que no pude entenderle para cual de todos los locos era, y mucho menos donde estaba la medicina.

La experiencia que teníamos de su brutalidad para con quienes se atrevían a pedirle que repitiera en voz alta lo que siempre decía como hablando consigo mismo, me hizo temer decirle que no le había oído; razón por la que, habiéndome dado la orden en presencia de Don Manuel y siendo este pulcro ciudadano tan consiente y generoso, me permití la pena de preguntarle si había entendido la orden del jefe.

—Es que el general no explica lo que quiere —me dijo el interpelado—. Siempre hay que adivinarle lo que desea.

Viendo, pues, que de ninguna manera podía preguntar al carcelero para cuál de los locos era aquella medicina, pensé en preguntarle al encargado de los locos si sabía a quién de los dementes estaba para llegarles alguna medicina, y felizmente este sabía, logrando de este modo desembarazarme de tan grande aprieto.

Mientras el apuntador hacía su turno de espera enfrente de las oficinas de la Dirección, no debía desprender la vista de las puertas de golpe del Director para ver si su mano cuadrada y rugosa nos llamaba. Cuando esto sucedía, había que correr un demonio y poner la mayor atención posible en sus palabras.

—¡Ve vos! ¡Andá traé aquél!

Así, no había que esperar más palabras. En el Adverbio así, dicho por Carías Lindo, había que descubrir la imagen exacta que él quería que se le llevara a la Dirección.

Otro de mis grandes quebraderos de cabeza en mis relaciones con Carías Lindo, consistía en la contestación que este daba por escrito a los asuntos que los recluidos le abordaban por carta, pues además de que aquel carcelero era semi analfabeta tenía una caligrafía más enredada que los jeroglíficos egipcios. Pero a pesar de ello, había que descifrarlos porque ¡ay de aquel se atreviera a hacerle objeción!

Mareado como estaba por la altura de su posición oficial, Carías Lindo, se creía genio y poseedor de las más bellas virtudes humanas.

Decía que su esposa era la mujer más casta del mundo, y obstinado malvadamente en presentarle a Herminio Recinos prueba ciertas sobre la infidelidad de su esposa, durante mucho tiempo estuvo apostando soldados noche a noche en torno a la casa en que este reo tenía a su esposa, hasta que por fin, una noche a altas horas, los esbirros del perverso carcelero capturaron al amante de dicha señora en su lecho nupcial.

Empero, fatalmente el infame se dio así mismo con una piedra en los dientes, pues aún no había transcurrido muchos días cuando a su esposa se le antojó hacer públicas sus relaciones íntimas con su amante secreto que también tenía; escapando con él a vista de quien quisiera verles. Carías Lindo inmediatamente ordenó la captura del amante, a quien le llevaron preso unos tres días después de la fuga, a quien, sin el menor asomo de hombría encerró en un foso. La mujer había logrado escapar; pero el carcelero que creía estar hechizado por ella, lloraba desesperadamente su fuga y rogaba a sus amigos o servidores que fueran a buscársela porque él sin ella no podía vivir.

—¡Ay, Chon! —me decía el coronel Encarnación Turcios, que le decía el carcelero tendiéndole los brazos y con los ojos abnegados en llanto—. ¿Qué me ha hecho esa mujer que la adoro tanto? ¿La has visto hoy en todo el día? ¿has platicado con ella? ¡Búsquenmela, Chon!... ¡Búsquenmela por favor que me desespero!

Tan sádico y cobarde, tan cruel y desagradecido jamás he visto en la historia de los hombres infames con quien poder hacer el paralelo de la monstruosidad de Carías Lindo. Hay hombres que sin ser crueles por sentimiento, viven de la infamia por necesidad; pero hay quienes son crueles por naturaleza, porque su natural es infamia desde su nacimiento, como en el caso de Carías Lindo, quien por el prurito de hacer el mal, hacia el mal; pagaba la ejecución del crimen por el placer que sentía al observar la sensación de sufrimiento que padecían sus víctimas.

Las celdas para mujeres se hallaban en la esquina noroeste del cuadro general en que se hallaban ubicadas las celdas de los reos. El premio constante de reas era de cincuenta. Pero muy pocos seres humanos conozco a través de la historia de la civilización contemporánea tan trágicamente sufridas como ellas. Sus bartolinas apenas tenías unas pequeñas claraboyas por donde les entraba un poco de aire para que no murieran de asfixia; pero en su parte interior, apenas si podían verse las manos, tal era la oscuridad en que vivían. Para poder salir a la cocina y poder salir al servicio sanitario lo hacían atravesando un estrechísimo callejón que les permitía ponerse en comunicación. Hubo un tiempo en que las reas podían ver pasar a las reas y soldados a través de las rejas que franqueaba la entrada a dicho callejón; pero desde una vez que el carcelero supo que el reo José Barrios Gallardo se daba sus asomaditas por allí para echarse unas miraditas amorosa con la rea Margarita, decidió cerrar con madera aquella horrorosa reja.

La crueldad innata que caracteriza a su alma perversa, hizo olvidar a Carías Lindo las consideraciones que debemos al sexo femenino. Él personalmente, sin esconder la cara dirigía los tormentos que ordenaba para las recluidas. Su funesta fobia de atormentar a los penados no le permitía perdonar pequeñeces. Por caso, si una mujer había olvidado zurcir una camisa o ponerle un botón a un pantalón de los soldados o de los correccionales, en vez de ordenarle que remediara el defecto ordenaba que le pegaran diez vergajos. Las tareas de lavado y planchado de ropa que los "semanas" daban a las recluidas eran superiores a la capacidad personal de trabajo de cada una de ellas.

Desde el día jueves hasta el sábado de todas las semanas las mujeres se desvelaban planchando hasta las tres de la mañana, pues por fas o por nefas ellas tenían que entregar la ropa para que el domingo amaneciera cambiada la tropa y los muchachos de la correccional, pues la que por debilidad por cansancio desmayaba, el esbirro le reavivaba las fuerzas con el látigo. Muchas de estas mujeres cayeron incólumes, sin que el cauterio del látigo consiguiera devolverles la razón.

Algunas de estas recluidas, vencidas por el dolor, y el cansancio, intentaron ensayar ver hasta donde llevarían su crueldad aquellos hombres si las miraban resistirse a trabajar enfermas. De manera que el día en que por razones de salud estaban realmente indispuestas para el trabajo, le avisaban al "semana" su inconveniente para no poder lavar o planchar; pero este, que era de conciencia de Víctor Carías Lindo las reprendía amenazadoramente para compelerlas a volver; pero cuando no lo conseguía, iba a decirle al tunco Sarmiento, no que la señora fulana, por hallarse enferma no podía poder trabajar hoy, sino que no quería hacerlo porque estaba enojada. Irascible como era el inválido Sarmiento se suspendía furioso sobre sus dos muletas y caminaba seguido de varios esbirros

201

hacía el lecho de la paciente. Esta le explicaba en términos conmovedores los motivos que la hacían pedir aquel día de descanso. Pero el hombre que era de sentimientos crueles y que ya llevaba la intención de hacer el mal, la reprendía con brutalidad; más cuando miraba que todo esto no aprovechaba nada para hacerla levantarse y buscar el lavadero, ordenaba a sus hombres que la levantarán; pero si a pesar de esto la mujer no se movía, venía la explosión de cólera y la arrancaba a tirones y la conducía a su pila o a su mesa de planchado a fuerza de latigazos. Mujer heroína hubo que quisiera defenderse a mano armada de la violencia de aquellos infames; empero, ¡ay de ella! pues el tunco perdía la cabeza y hacía venir soldados para que se la metieran dentro de una pila llena de agua, donde después que la amarraban hasta ceñirles los puños en unas argollas fijadas a propósito para el tormento, la fustigaban hasta hacerle sangrar las espaldas. La mujer se removía llorando a gritos dentro del agua y viendo al tunco, quien con sus ojos de hiena la miraba indiferente, le rogaba que le perdonaran; pero para aquellos bandidos que no tuvieron madre, no aprovechaban los ruegos ni las imploraciones de las mujeres ni de los niños. Las mujeres castigadas de esta manera eran dejadas dentro de una pila de agua, y era hasta el día siguiente cuando las sacaban.

La necesidad, la ingente necesidad que en el penal se sufre de muchas cosas, era la que muchas veces hacía a estas infelices aprovechar alguna visita de sus parientes para rogarles que no las abandonarán, que siempre procurarán llevarles algo de comer, y por sobre todo, y que les llevarán aunque fuera ropas viejas, porque allí las necesitaban. Pero como aunque uno se estuviera muriendo de hambre no debía pedirles nada a los suyos, y aunque la desnudez estuviese manifiesta había que decir que se andaba de aquel modo por placer, inmediatamente las que a tanto abuso se atrevían eran reintegradas a su celda y el "semanas" las envolvía a latigazos, pues aseguraba que habían hecho aquello a sabiendas que era prohibido pedir nada a nadie.

Más la grosera azotaina no paraba aquí, sino que después que les habían despedazado la blusa, y dejándoles sangrando los rojos verdugones en la espalda, las pasaban a la calera, donde las metían tan desnudas como a los hombres y no con más consideración que las que brindaban a estos, pues solo le llevaban dos tortillas duras con un cacharro de agua tres veces al día para que no pasarán hambre. Cuando las sacaban de aquí las mujeres salían flacas y endebles; sin embargo, y siempre por castigo, les redoblaban las tareas del lavado o planchado de ropa.

Por los horrores de estos relatos supongo que si no hubiera centenares de exrecluidas que a gritos pueden ratificar la verdad de esta verídica historia, Víctor Carías Lindo podría pagar algún intelectual mercenario para que me achacará a despecho o resentimiento la verdad de estos veraces apuntes, pues son o parecen increíbles todas sus infamias.

El hombre de las multitudes, ese oscuro ciudadano que de manera anónima se desenvuelve libremente en la vida de relaciones para ganarse el pan cotidiano nos parece tan sano de cuerpo, que a veces llegamos hasta creer que bien puede hacérsele pasar por un trapiche sin que sienta su acción. Sin embargo, estamos en un grande error, porque si bien es cierto que le vemos desenvolverse como una persona lozana, también lo es de que solo él sabe los ciudadanos que pone para que ciertas enfermedades que tienen en potencia no se le desarrollen y le impidan trabajar para ganarse el sustento. Casos hay, como la vida del martirio me los enseño en la penitenciaría central, en que vasta que al hombre se le cambie su actividad profesional para que su aparente saludo vaya a la deriva y en pocos días se le vea tendido en su lecho de enfermo.

Nadie puede decir en Tegucigalpa o en San Pedro Sula, lugares en donde ha residido, que el filarmónico Carlos Gof ha sido un incumplido en sus obligaciones. Mientras estuvo solvente con la justicia, día a día trabajo y ganó mucho dinero honradamente para vivir con decencia; pero un día le forzaron a defender a su mujer de la violencia de dos abusivos y dio con sus huesos en la cárcel. Las autoridades del penal no ignoraban que el señor Gof era filarmónico, pues allí estaba Carlos Reyes Carías pues también sabía tocar los mismos instrumentos de que aquel se servía para ganarse la vida. Sin embargo, no obstante que la escuela anexa al penal tenía necesidad de un instrumento para que le enseñara música a los chicos, a Gof le echaron a trabajar a Birichiche.

Bastaron pocas semanas de continuo ajetreo para que la frágil salud del señor Gof se indispusiera y le hiciera pedir un tratamiento médico; pero resultó que tanto los presidentes como el propio Carías Lindo, no quisieron creerle. Este último decidió enviarle al médico del penal; pero como éste nunca llegaba preparado para poder hacer un examen verdaderamente clínico, no pudo auscultar con instrumentos apropiados las causas de su enfermedad, razón por la que dijo que no podía diagnosticar nada sobre el señor, aserción que hizo decir al carcelero que Gof no tenía ninguna enfermedad; pero que como quería estar acostado, que se le echara supino sobre una tarima sin moverse ni voltearse, y que no se le diera más alimentación que dos tortillas con agua tres veces al día, suplicio en que se le tuvo con un verdugo al lado para que le verguera si trataba de moverse durante dos semanas. Esta clase de castigo, séanos permitido decirlo, lo cumplieron centenares de compañeros nuestros.

Siempre que Víctor Carías Lindo tenía un hombre sufriendo esta clase de suplicios, día a día hacía los apuntadores esta irónica pregunta:

—¡Ah já! ¡Ah já, hombre! ¿Qué dice el fulano? ¿Ofrece trabajar ya?

—Pues no dice nada, mi general. Lo único que hace es vivir rogándonos que supliquemos a Usted de parte suya para que le suspenda el castigo.

—¡Que se joda! ¡Que se joda ese pendejo haragán! —frasecilla que repetía varias veces riéndose fríamente, inmisericordemente, de aquellos pobres hombres que tenía en suplicio.

Sólo cuando el hombre ha permanecido durante largo tiempo forzado a tomar una ración que no viene a ser ni la cuarta parte de lo que se come en su casa, sabe que no hay peor consejera que el hambre.

Jeremías Jonson Dallas, por caso, un joven de color originario de las Islas de la Bahía, era uno de los centenares de reos del penal a quien más hacía desesperar el hambre, pues era un hombre bastante desarrollado a quien no podrían sustentar cinco tortillas y un puñado de frijoles sancochados que le daban tres veces al día, razón por la que el hombre, al no encontrar en el penal a quien poder pedir un bocado con que poder calmar la desesperación del hambre, se engullía cuanta concha de plátano podía pescar al aire; más hubo un día en que no pudiendo hacer menos, en nombre del dueño de una portaviandas de comida que vio llegar la pidió y se la comió. Inmediatamente que el perjudicado supo lo ocurrido, dio aviso a los presidentes, quienes en tanto que el Director ordenaba qué se podía hacer con el negro, le despedazaron la blusa a latigazos hasta que le dejaron las espaldas cruzadas de verdugones de sangre. El Director ordenó que se le pusiera un grillete de pie a mano; pero tan corto, que le obligara a caminar agachado.

El atormentado en cuestión tenía tres años de haber cumplido su sentencia; sin embargo, desamparados como estábamos de toda protección legal, nadie podía pedir una exhibición personal porque el bandolerismo organizado y comandado por el propio general Carías, había suprimido prácticamente los fueros del derecho constitucional del país, y dado poderes de vida o muerte sobre el destino de los ciudadanos más honrados a salvajes tan inhumanos como Carías Lindo. Sin embargo, como cuando Dios se acuerda del hombre para hacerles bien lo arranca aunque sea de las garras del propio Satanás, una tarde el negro llegó corriendo y riendo a nuestra celda a pedirnos lo que habíamos ofrecido darle el día que le dieran su libertad. El Licdo. Molina le regaló una buena camisa, y el autor un sombrero nuevo de bajísimo precio. En este día el penal entero batió palmas de alegría y se arremolinó en torno al caracol de salida para despedir al negro con espasmos de delirante entusiasmo.

SOLO SI EL DICTADOR LO DESEA

De los dos mil veinte reos del penal no había más de quinientos con sentencia firme, y algunos cuatrocientos con proceso, los cuales día a día esperaban ser llamados al juzgado para que les leyeran su sentencia. Pero el resto de estos hombres no tenían nada que esperar de allá, porque la situación de ellos dependía del dictador o del carcelero, quienes le echarían fuera cuando se les antojara o ambos leviatanes se murieran. Por tal motivo, y con fundada razón, todos los días esperaban que les dieran su libertad, cosa que ocurría sólo cuando aparecía un cometa.

Una tarde de que esas en que el pregón estaba llamando uno a uno a los reos que saldrían libres, inclusive llamaron a don José Rivera, justo ciudadano correcto y honrado a quien hacía más de tres años que se le tenía preso por el solo hecho de ser liberal y de haber visitado la casa de otro liberal a quien hacía varios días que se le tenía sitiada su casa con el objeto de capturarle.

El grito de libertad que se le dio a don José en el patio general fue algo que a todos nos alegró, y aún fue mayor nuestro alborozo, cuando le vimos salir por el caracol con su maleta al hombro. Empero, ¡ay! aún estaban bañados de júbilo nuestros rostros por tan feliz suceso, cuando la visión de su retorno nos nubló la esperanza de nuestro sueño: "Su Libertad". Al verle de vuelta, con discreción fuimos hacía él para preguntarle por qué le había regresado. Pero él no pudo explicarnos nada porque el presidente del recinto nos dispersó a latigazos. Sin embargo, por el apuntador se supo que al salir del portón de la guardia de cárcel, don José se volvió contra el umbral de éste, y cayendo de rodillas abrió los brazos en cruz y dio gracias a Dios por el milagro de su libertad. Mas, fatalmente para él el carcelero le vio en tal postura e hizo llamar al comandante de guardia para preguntarle qué le pasaba a aquel hombre. El interpelado le explicó la oración de gracias que dicho Señor había dado.

—Pues métanlo otra vez para que vea que no fue Dios quien le sacó —ordenó con ferocidad el soberbio carcelero.

Aquel acto de fe costó cuatro años más a don José.

Acostumbrados como estábamos a ver y callar por temor, nadie murmuraba ante un acto de aquellos porque entre más tiempo se permanecía allí, más grande era el temor y hasta el terror que sentíamos por todos los actos y disposiciones del carcelero. Motivo por el cual a sovoz decíamos entre amigos confiables, que si el joven Telmo Ruiz Valdés hubiese tenido la experiencia nuestra, no hubiera fracasado; pero como desconocía el carácter y absoluto poder del carcelero, cuando éste le preguntó que para dónde quería irse, el interpelado le respondió con altivez que se quedaría en Tegucigalpa.

—¡No! —le replicó el carcelero—. Vos te vas para Olancho porque de allá sos.

—Pero general— replicó el joven—, yo soy hondureño, y por cuya razón creo que mientras esté solvente con la justicia tengo derecho a permanecer a donde a mí se me antoje.

Esto de derecho era algo de lo que Carías Lindo no le agradable oírlo en labios de un particular, porque a fe suya, sólo el tirano y él tenían derecho sobre la vida y hacienda de todos los hondureños, circunstancia que le hizo ordenar al comandante de guardia que le pusieran de pie detrás del portón a aquel malcriado. Empero a decir verdad, Carías Lindo fue considerado con él, pues apenas lo tuvo tres meses de aquel modo. Del portón ordenó que lo pasaran al callejón de la veinte, donde lo tuvo cuatro años más.

La carencia de socorro que muchos reos teníamos hacía que al año de haber ingresado al centro nos viéramos reducidos a no tener más ropa de vestir que el uniforme del penal. Más hubo un tiempo en que Víctor Carías Lindo ordenó que se les quitara el uniforme a los reos que por estar enfermos no salían a trabajar. Pero resultó que al cumplirse tal orden, los apuntadores se encontraron con más de cincuenta enfermos que no tenían ropa civil para ponérsela y poder entregar el uniforme.

El carcelero fue informado de aquel inconveniente pero como era hombre que no rectificaba, frunciendo el entrecejo con ferocidad replicó furioso a los apuntadores:

—Bueno, pendejos, ¿qué les dijo yo? ¿Qué me importa a mí que esos perros no tengan con que cubrirse el pellejo? ¡Que se jodan! ¡Que se jodan por pendejos!

La orden se cumplió. El espectáculo general de aquel doloroso cuadro fue algo que nos conmovió hondamente a todos, sentimiento que indujo a los que tenías más de dos pantalones y dos camisas, a proveer a aquellos afligidos.

¡El indulto! ¡indulto! Esta era la mejor palabra de consuelo que el visitador llevaba siempre al preso. "

—No te aflijas —decía al reo con voz de bondad— pues yo he sabido por boca del Diputado fulano o del Ministro mengano, que al sólo reunirse el congreso se les va a dar indulto porque ésta ya es cosa resuelta por el Genera.

En otros casos se nos decía que ya estaba aprobada la solicitud de indulto hecha para todos los reos de la República, y que sólo hacía falta firmarla. De tal manera que estos insistentes rumores hacían indescriptible el espíritu de angustia con que esperábamos que se reuniera el Congreso para que se nos echara afuera. Pero sucedía de que una vez reunido, se circunscribía únicamente a proponer la erogación de miles de lempiras para levantar efigies al dictador, otorgarle títulos de general de división, de padre de la patria, y de emitir decretos que le aseguraron el poder discrecional que el tirano ya ejercía sobre la vida y hacienda de los hondureños.

Así pasaron los meses y así pasaron los años, que desde 1940 hasta el año de gracia de 1949 en que Carías Lindo entregó, pasamos los reos del penal.

En nuestros lares patrios, la proximidad de la Pascua tiene algo así como una alborada que viene hacia nosotros seguida de un suntuoso cotejo de música y de alas como dijera el poeta. Y este instintivo anhelo de festividad para tan glorioso día, no deja de revivirse en el reo con la misma fuerza de vida de otros tiempos; pero ya sin aquella sensación de alegría que le hacía verdaderamente feliz. Ahora no llora su situación precaria, su hambre, su desnudez; pero le duele verse envuelto en harapos dilacerados y sucios y con el estómago vacío en una fecha en que no se encuentra un rancho en la vida libre que no tenga sus guisados y su botella de vino para divertirse mientras hace el Niño Jesús. Muchas sociedades pías de la capital habían querido llevarnos ropa y comida en ese día; pero como el Director estaba harto de todo lo que puede desear el hombre, rechazó indignado a las damas ilustres que fueron a pedirle permiso para realizar tan magnífica obra de caridad, pues el carcelero alegaba que los reos la pasaban hartos y bien vestidos. De modo que las festividades de Navidad venían a ser los días más tristes de la prisión.

Todas mis aspiraciones morales y espirituales en el penal se circunscribían a mi deseo de aislarme en un retiro de soledad y silencio para poder entregarme a la lectura sin la inquietud, la zozobra y el sobresalto que provoca en las naturalezas nerviosas el ruido grotesco y discorde que aquellos hacinamientos humanos provocaban en el patio y en las celdas del penal. Pero esto, en mi caso, era como pedirle peras al olmo, pues allí tenía en mi celda a Emilio A. Crespo, Pancho Carías, Pedro Nufio y otros tipos de no menores defectos morales, que hacían más escándalos que una cáfila de salvajes en una noche de juegos.

Ellos comprendían que sus escándalos aumentaban mis sufrimientos, y por tal motivo se obstinaban en lo posible por acrecentármelos.

¿Qué podía hacerles o decirles yo por tan manifiesto propósito de hostilidad? Por cierto, nada. Y puedo decir que exceptuando la persona del Profesor don Augusto Villafranca y del Licdo. Simón Molina, que eran las únicas personas verdaderamente decentes, me sentía como encadenado era una cueva llena de bestias malignas; de manera que mi traslado de la celda número 10 a la 16, que era la de presidentes, provocó en mi espíritu cierto alivio moral.

Empero, como no hay hogaño sin su daño, en mi nueva celda vine a encontrarme con un sujeto que se sentía como estacado con mi actuación de apuntador, y este sujeto respondía al nombre de Camilo Mejía. El Tuerto, como se le decía por faltarle un ojo, había escalado el puesto de apuntador porque para ascender a tal dignidad había tenido que lamerle hasta los pies, que arrastrársele más que un reptil y que llorarme más que un cocodrilo; sin embargo, ahora que yo había vuelto a aquel puesto, él había tenido el cinismo de decir delante de mí, que su empleo no se lo debía a nadie; que su situación era obra del amo de la nación. Pero lo que realmente le chocaba al tuerto era que a mí ya no podría tenerme como sirviente suyo, sino como un colaborador con quien trabajaría pie a pie y a quien no podía ordenarle nada.

Sin embargo, el tuerto Camilo tenía un grande aliado en contra mía; y éste era el alcalde Luis Sánchez, quien de tarde llegaba a nuestra celda para satirizarme. Pero para mí las satirillas del viejo bobo me sonaban como ruidos de calabazas viejas, pues yo sabía que mientras pudiera estar bien con el carcelero, ni Sánchez, ni el sodomita Reyes Carías, ni el tunco Sarmiento podrían hacerme nada; sin embargo, bien sentía que ya no podría aguantar por más tiempo tanta mirada hostil, pues yo conocía el carácter impresionable y crédulo del Director, y la maldad de los aludidos señores; y comprendiendo que mi situación de apuntador no duraría mucho tiempo sin que mis enemigos se dieran el placer de verme de nuevo formado con los moreros y acaso hasta portando una enorme cadena, pensé en escapar de esta angustia por medio de la evasión.

Era marzo de 1946 y aun me faltaban unos cinco años de presidio para cumplir mi sentencia. No tenía dinero; pero, reuní todos mis libros y logré vendérselos por veinte lempiras a un amigo mío. Realizado este primer paso, comencé por pedirle permiso a mi carcelero para salir una vez a la semana con los trabajadores del campo, a fin de conquistarme la confianza de los guardias para poder escapar sin ser seguido muy de cerca. El carcelero, quien nunca quiso dejarme salir a trabajar fuera del centro cuando me tenía picando piedra con la rayada (uniforme), de esta vez ignorando mi propósito, me dio la licencia.

Salí una vez, dos, tres y ya los guardias me tenían confianza; pero un asunto de carácter íntimo vino a interferir mis planes. Yo tenía en la escuela correccional un medio hermano a quien había metido desde que él tenía catorce años de edad. Cuando el joven ingresó llevaba tres años de primaria. Se hallaba el muchacho estudiando un cursillo de preparatoria comercial que había improvisado el Profesor don Augusto Villafranca, cuando nuestro cuñado, Ingeniero don Alfredo Pinto, llegó a la capital procedente de Nueva Ocotepeque para sacar al joven y ponerlo a estudiar bachillerato. El Ing. pidió el muchacho al Dictador y al carcelero y ambos se lo ofrecieron, promesa que le indujo a comprarle uniformes, cama y arropados al nuevo estudiante. Empero, ¿para qué? Para que el infame carcelero se riera y se burlara de los entusiasmos de todos nosotros, pues no quiso dejar salir al joven.

Esta actitud brusca y estúpida hizo al muchacho pensar en la evasión; pensamiento que confió al único amigo leal que tenía en el penal, como era el autor. Mas fatalmente para nosotros, el prófugo en perspectiva tenía un amigo inseparable con quien todo se lo confiaban, y quien juró escapar con él. Este joven respondía al nombre de Eleazar Mejía, hermano del trueno Camilo Mejía. Mas creyendo el joven Eleazar que él tenía en su hermano Camilo un hermano de las condiciones morales y espirituales de mi protegido, le hizo extensivo el conocimiento del plan que pensaba realizar en compañía de su amigo.

El Tuerto, que era cobarde, se alarmó, y le preguntó que cómo se haría aquello, y que si era cosa que ya la sabía el hermano de su amigo. El joven le contestó que sí. Con tales comprobantes, el Tuerto corrió a decirle al Director que Salomón Sanabria estaba aconsejando a los correccionales para que se fugaran.

Amanecía un domingo, el 17 de Marzo de 1946. Los muchachos de la escuela, que infaliblemente iban a abañarse a las cinco de la mañana a La Poza del Banco, ya no fueron porque la noche anterior el Tuerto había informado al Director, sobre los planes que tenía preparados mi hermano para realizarlos en aquel día y hora. Más aún, la noche anterior yo había soñado que el Director me había llamado a la Dirección y que al verme entrar, aquel Jefe me había dicho:

—¡Aja, Sanabria!, así es que Ud. quiere insurreccionar a los correccionales, ¿verdad? Pues ahora sí jódase. Aliste el cajón.

Cualquier persona que no fuera supersticiosa hubiera hecho caso omiso de aquella fantasía; pero yo sí les presto mucha atención porque ya son muchas las veces que he visto en realidad lo que la noche anterior viera en sueños. De manera que todo esto me puso en tal trance de nerviosismo, que si aquel día hubiera salido algún destino, hubiera tratado de colarme para fugarme; pero los domingos no salía nadie porque era el día en que los reos lavaban, remendaban y planchaban sus uniformes. Además como el carcelero ya había sido informado, me hubiera atajado en la salida. Sin embargo, quiso dejarme transcurrir el día para atormentarme por la noche. Lo único que no le permitió esta paciente espera fue disimular la hoguera de odio que en su pecho ya llevaba encendida para sacrificarme a mí, pues a las diez a.m. que fui a informarle que había visitado a las reas en compañía de la Misión Evangélica y que no había habido ninguna novedad, me echó una mirada furiosa y me espetó este grosero epígrafe:

—Qué vas a estar viendo vos pendejo de mierda.

Sin embargo, como mi situación de reo me colocaba en tal grado de humillación que para estar bien tenía que sonreírle a mi carcelero a cambio de sus ultrajes, quise hacerme la ilusión que no había dicho para mí aquella grosería, razón por la que después volví a darle la novedad de las Evangelistas.

—Qué novedades vas a dar vos —replicó otra vez con la misma actitud con que me había tratado de pendejo.

Estas injustificadas recriminaciones vinieron a alterarme más el estado de nervios en que me hallaba, y a agudizarme más el sentimiento de melancolía que debido a mis supersticiones me embargaba en aquel memorable día. Y fue así que tratando de hallarle vado a mis angustias, sin ser fumador compré una cajetilla de cigarrillos y fume desaforadamente todo el día.

Tiene el corazón humano el extraño fatalismo de presentir con certero vaticinio la tragedia de dolor con que el destino la amenaza. Y esta visión tétrica del mal le quita necesariamente hasta el apetito a quien la sufre. De manera que en todo este día no probé bocado.

Eran las nueve de la noche porque el corneta estaba tocando el silencio y aún no había terminado de tocarlo cuando en tanto que yo estaba platicando con un compañero en el recinto vi que el "semana" pasaba con Miguel Yanes Ríos para la enfermería, y como a este viejo amigo y compañero nuestra se le tría de sufrir un largo suplicio, se me ocurrió hacerme esta reflexión: si en tanto que estos infames sacan a Miguel Yanes del suplicio, se les ocurriera meterme a mí, ¿qué sería de mí, quien por cierto no tiene quien lo reclame?

ENVIADO AL INFIERNO

Parece increíble el decirlo, que estremeciéndome estaba de las imágenes de mis propios pensamientos, cuando entró el tuerto Camilo con la orden para que se me dijera que se me llamaba de la Dirección. Cuando le pregunté al pregón que quién me llamaba, y me contestó que el Director, sentí un vuelvo en el corazón, pues un llamado de este señor en estos tiempos nunca era de buen agüero para nadie.

Cuando yo entré a la Dirección Carías Lindo me recibió con dos chicotazos y me pegó en los hombros, y me ordenó que me sentará en una de las butacas de la Dirección.

Probablemente yo empalidecí súbitamente. Juan Nazzar y Carlos Reyes estaban allí de orden del Director que me formuló este infame interrogatorio.

—A ver, pendejo, ¿Quiénes son esos correccionales que quieren irse?

—No sé, señor.

—El papo te hacés, cabrón —replicó lanzando una mirada a sus hombres como para ver que le sugerían al respecto; pero nadie dijo nada.

—Vaya. Decí, decí —repitió una y otra vez y dándome otro chicotazo en el hombro.

—Pero si yo no sé qué es lo que Ud. me está tramando.

—El nuevo te hacés; el extraño. Vos estás aconsejando a los correccionales para que se vayan.

—Si hay correccionales que lo dicen, haga Ud. el favor de traérmelos.

—Ve Juan —ordenó el carcelero—, andá traé a Delcid. Momentos después Juan llego con el joven Delcid, quien no obstante que era el más infame lenguaraz de los correccionales, de esta vez llegó para darle al verdugo con una piedra en los dientes, pues al preguntárseles cuales eran los muchachos a quienes yo estaba induciendo a fugarse, el muchacho dijo que él no sabía nada.

—¡Cómo no, cómo no! —gruñó el vegete como un desatentado—. Lo que pasa es que de esta vez se te ha antojado ponerte del lado de este pícaro, de este bandido.

—Mi general si se trata de bandidos —repliqué al anciano—, defiéndame, porque por no haber otro bandido más bandido que Ud.; le toca el papel de maestro y de bandido y por consiguiente, de protector de ellos.

—Mirá, Carlos —ordenó a Reyes Carías encendido en cólera— pégale sus vergazos a este pendejo malcriado.

Oyendo tales órdenes, me incorporé súbitamente una pistolita calibre 32 que antes había visto sobre el escritorio, pero felizmente para ellos no estaba allí; ni siquiera pude ver una espátula de hierro para abrir cartas que otras veces había visto allí. Sin embargo, no hallando a mano más que mis propios puños, dije a Víctor Carías Lindo sin que acaso este me haya oído:

—Vea señor, si Ud. no le devolví los golpes que acaba de darme es porque no estoy seguro de poder matarle de un puñetazo; pero no me voy a dejar pegar con los puños sueltos de ningún otro canalla.

Y haciendo y diciendo le pegué tal puñetazo en la cara a Carlos Reyes Carías que le hice rebotar contra la pared igual que una bola, tras este primer golpe le caí al cuello. Acaso le hubiera reventado el cráneo contra el cemento pero Víctor Carías Lindo estuvo listo a llamar la guardia la que me cayó encima y me hicieron pedazos.

No quiso Carías Lindo que me mataran dentro de la Dirección, y por tal motivo ordenó que se me dejará para después.

La sed consiguiente a la fatiga de la lucha me estaba abrazando la garganta y como en tal situación nadie se hubiera atrevido a darme un trago de agua sin consentimiento del carcelero, tuve que pedírsela a este infame.

Después que hube tomado bastante agua, el carcelero comenzó a insultarme, y yo a decirle la verdad, toda la verdad. Yo sabía que todos los cargos que él me estaba haciendo eran infamias suyas; mientras que mis replicas, basadas en la verdad, le hacían reconocer que sus fechorías y sinvergüenzadas no nos eran extrañas. Y esto, naturalmente, le hería doblemente.

Del grupo de asistentes de que Víctor Carías Lindo se había servido para atormentarme, solo nos acompañaban ya Juan Nazzar y Fabio Vásquez, un indio espeso, regordete y grosero quien al verme en el suelo me agarró los pies y me puso uno de los suyos en el estómago, con lo cual estuvo a punto de cortarme la respiración. Después que la cuestión de los golpes había pasado, este crótalo se puso a hacer honras de los méritos personales del carcelero. Pero como ni siendo ilustrado un hombre puede improvisar argumentos bastantes sensatos para defender una causa injusta, mucho menos para que siendo un ignorante como Fabio, pudiera hacerlo en pro de un lépero a quien nadie conocía mejor que yo.

Juan Nazzar, no obstante haber sido llamado a la Dirección para que me ultrajara y acaso hasta para que me pateara, tomó una actitud completamente neutral, pues si bien es cierto que en apariencia estaba por el Director, también lo es que de todo corazón estaba de parte mía.

Como quiere que sea el hombre siempre tiene sus ideas. El coronel Juan Nazzar Bonilla no era una eminencia; pero tenía una inteligencia tan penetrante, una sensibilidad moral tan delicada y sentía tal respeto por la justicia, que solo su situación de reo podía obligarle fingir simpatía por las cosas de aquel infame, pues allá en el fondo comprendía su deseo de extirparle como causa matriz de aquella horrorosa situación.

Serían las once p.m. cuando el carcelero ordenó que se me pasara a la celda para incomunicados. El sargento Narciso Rubio de nacionalidad salvadoreña y quien siempre se comportó bien conmigo, me ayudó a entrar una tarima a la celda. Nuestro ruido despertó a un ladrón de nacionalidad costarricense que dormía allí, al verme adentro, exclamó un tanto adormilado:

—¡Ajá vos! ¿Por qué venís?

—Bueno —dijo como contestándose así mismo—, mañana platicaremos.

Y removiéndose en su tarima para volverme las espaldas, hundió la cabeza en su almohada y se quedó dormido.

A las cuatro de la mañana del día siguiente el "semana" me llevó ropa limpia. Pero para que pudiera quitarme la que tenía; tuvo que quitarme las esposas. La cara me la sentía completamente pesada porque la tenía hinchada, ensangrentada y negra a golpes. La camisa y el pantalón que me quité, también estaban hechos jirones y llenos de sangre. Una hora después de haberme cambiado ropa, aquel oficial regresó con el herrero para que este artesano me pusiera esposas de remache.

A las cuatro de la mañana del tercer día en aquella celda, el "semana" llegó para sacarme de aquí y llevarme al torreón de la guardia de prevención. A las nueve de la noche de este mismo día en que yo dormía debajo de una grada, el semana volvió a llegar para devolverme a la celda de donde me había sacado por la madrugada, y así estuvo en este mismo afán durante quince días.

El objeto que con este baileteo perseguían mis inquisidores, era que el ladrón con que me habían hecho acompañar me sondeara para ver qué informes podía darle acerca de los que yo tramaba con los muchachos del reformatorio. Pero viendo que esto no aprovechaba nada, un día como a las nueve de la mañana en que de intento no se me había pasado al torreón, vi que el Semana abrió la reja en que me hallaba con mi compañero, y que detrás de él entro el tunco Sarmiento seguido de su funesto cotejo, compuesto por los Sargentos Fabio Vásquez y Pilar Martínez. En casos como en el mío sólo lo peor se podía esperar de manera que huelga decir que la presencia de estos hombres me relajó prácticamente el sistema nervioso pues creía que iban a matarme a golpes.

La primera palabra que Sarmiento pronunció cuando entró a mí celda fue para ordenarle al ladrón que me acompañaba, que nos dejara solos, sentándose el propio tunco en la tarima opuesta a la mía.

—Ajá, hijo de la gran puta —fue su frase inicial—. Así es que tenías bien aconsejado a tu hermano para que se fuera, ¿verdad?

Ciertamente, no me pegaron, pero se estuvieron como una hora en mi celda brindándose la palabra del insulto para ultrajarme.

David López, el enanito que estaba de Semana, llegó a decirme, entre otras cosas, que a bandidos como a mí les cortaba la cabeza con machete. Cuando por fin estos demonios me dejaron solo, sentí que el reino de los cielos iluminó mi celda, y me quedé preguntándome a mí mismo, cómo había sido que aquellos salvajes no me habían matado, pues yo sabía bien que ya Sarmiento lo había hecho con otros menos felices que el autor.

Al día siguiente de este último incidente, el Semana fue otra vez a sacarme para la guardia de prevención; pero una hora después de hallarme aquí, regresó a sacarme para pasarme al Olvido. Más como la instigación esporádica era una de las partes tácticas del sistema de terrorismo que Víctor Carías Lindo utilizaba para mantener arredrados hasta a sus más fieles servidores, una hora después de haberme dejado en el Olvido regresó con el herrero, quien trajo consigo una barra de grillos que me dejó bien remachada en los tobillos.

Después que el herrero me puso los grillos y que se impuso de que las esposas también me quedaban bien remachadas, el Semana me ordenó que me metiera a la celda, para echarme llave. Cumplido este último requisito me dejó solo.

Un silencio de horroroso abandono llenaba con tristeza la soledad de aquel lúgubre calabozo. Ahora no habría más ruidos, más pasos. Mis pies cargados con el peso de aquella enorme barra de hierro, ya no podrían moverse fácilmente como lo habían hecho otras veces. De las manos tampoco podrían servirme, pues también las tenía amordazadas por dos groseras argollas que me las sujetaban estrechamente.

Sin embargo, no obstante que la manera cruel en que se metían no me daba la idea que pudiera haber peores castigos para atormentar a un hombre que aquel en que se metía, me sentía bastante nervioso, y a cada instante vivía temiendo que cualquier noche fueran a matarme de un mazazo, y que después de que hubiesen ultimado, hicieran regar la bola de que me había muerto de algún ataque al corazón, pues todo esto era parte de las armas tácticas del carcelero.

Reconociendo mi nueve vivienda, recordé que una vez, por cierto recién llegado al penal, el tunco Sarmiento me había traído aquí para requisar tres hombres a quienes se quería hacer perecer lentamente, y a los cuales se les tenía postrados con enormes barras de grillos y con las muñecas completamente sujetas con esposas hechas a propósito para el tormento. El Olvido, celda famosa y apropiada para cometer los crímenes más espeluznantes que mentes lombrosianas alguna puede imaginar, es un sitio que, no obstante el hallarse contiguo a la celdas para penados y procesados, es inaccesible a las miradas extrañas, y no se le oyen los gritos a las víctimas.

Para entrar al Olvido debe penetrarse por un estrecho y oscuro callejón que queda al extremo oriente del edificio.

Recuerdo que la primera vez que franqueamos este horroroso local, yo sentí una espantosa sensación de terror, puesto parecióme ver allí algunos esqueletos humanos. Ciertamente, no los había; o si estaban no los ví por la espesa oscuridad que había en su interior. Sin embargo, al pasar de esta primera celda que se nos presentó a la vista cuando el Semana nos abrió el portón y pudimos dar la vuelta hacía la izquierda para que nos abriera el otro portón que llevaba al olvido, me encontré con tres hombres casi disecados. Se veía que no podía manejar ni siquiera las esposas que llevaban en los puños mucho menos que pudieran manejar los enormes grillos que a duras penas podían mover para pasar de un lado a otro. Sin embargo, los llevaban. La celda era fría. Los tres tenían tarima; pero no tenían ropa de cama. Saborío, por caso, el célebre asesino del Dr. Sánchez U., había logrado fabricarse un gorro y unos zapatos de género viejo de un uniforme de reo. Sus compañeros no tenían más que el uniforme sucio y raídos que llevaban sobre el cuerpo. De modo que es de imaginar el frío que aquellos pobres hombres padecían, tanto más por no tener frazadas y estar cargados de grillos y esposas, como porque en El Olvido nunca entra el sol.

El cuadro de dolor que estos tres hombres mostraban me conmovió hondamente; sin embargo, con autoridad de jenízaro, el tunco Sarmiento me ordenó que los registrará para ver si les hallaba algún clavo, un alambre o algún pedazo de grillete. Cumpliendo la orden yo los palpé, superficialmente, pues no creí que ellos pudieran ocultar alguna arma. Pero el tunco observara como lo hacía yo, me recrimino exigiéndome severidad para ello.

—Pendejo —dijóme bruscamente—, si es que no querés buscar ni mierda, decidlo. Levantá las tarimas; registra las cabeceras; observa las hendiduras tanto de las tarimas como de las paredes. Regístrales la boca y hasta el c…

¡Que bárbaro!

Pero ahora los tres están descansando en el cielo. El primero de estos era un hombre como de cincuenta años de edad y de raza germana. Yo ya lo había visto en el cuartel de San Pedro Sula, lugar a donde lo llevaron procedente de la ciudad Progreso, de Honduras, después del tiroteo de Umaña. Se aseguraba que este hombre había traído de Guatemala al territorio nacional al general Justo Umaña, militar faccioso a quien acompaño, y peleo a su lado en el combate que tuviera en Progreso contra las fuerzas del gobierno.

La comandancia de San Pedro Sula le instruyó proceso militar por rebelión, pasándole inmediatamente al presidio de dicha localidad. Pero una vez que dicho germano se vio restablecido de una herida que sacó en aquel combate, practicó un agujero hacía el occidente de su celda, y logró salirse con algunos de sus compañeros. Pero fatalmente para él, tuvo la mala suerte de ser recapturado y enviado a la penitenciaría central para su mayor seguridad.

El carcelero ya tenía noticias suyas, y por tal motivo se le paso sin detener al olvido, donde se le hizo engrillar y esposar.

El segundo de estos hombres era de apellido Saborío, célebre en los anales de la historia de los asesinos políticos de Honduras, pues después del asesinato del general Santos Guardiola no se había vuelto a ver caso igual.

Como el caso del señor Saborío es un detalle que interesa mucho a los escritores que se preocupan por la verdad histórica del país, permítaseme transcribir en lo posible lo que sabemos de este asunto, pues a ellos se circunscriben precisamente las aspiraciones de la presente obra.

Se dice que el Dr. Antonio C. Rivera, aspiraba a la presidencia de la República pero viendo que el Dr. Venancio Callejas que también la quería, tenía más prestigio político que él, aconsejó el continuismo del general Carías, lo cual abrió las puertas del ostracismo a aquel querido líder nacionalista. Favorecido con esta fácil victoria, y viendo que había sido nombrado presidente del partido nacional, quiso eliminar al general Carías para subir él a la presidencia, y al efecto, siendo amigo de mucha confianza del médico de cabecera del presidente, que era el Dr. Sánchez U., le hizo una entrevista para prepararle el ánimo con muchas cosas halagadoras que le ofreció, para luego pedirle que envenenara al Caudillo. Pero aquél era un gran carácter, una alma sana, pura y candorosa, y por tal motivo rehusó todas las propuestas que le hiciera el político, para cumplir por sobre todo con sus deberes morales.

El Dr. Sánchez tampoco era un delator; por consiguiente, en ningún caso se hubiera atrevido a delatar al Licdo. Rivera; pero como dice el proverbio aquel, que todo el que espera la pena la sufre y que todo el que la ha merecido la espera, él no podía vivir sufriendo la eterna zozobra de una posible y peligrosísima delación. Por consiguiente decidió concluir de una vez con el Dr. Sánchez, y al efecto, buscó a Saborío, de nacionalidad nicaragüense, para que se encargara de quitarle la vida a quien tantas vidas había salvador por amor a sus semejantes.

Una noche el malvado Saborío se presentó en casa del Dr. Sánchez para pedirle que fuera a verle a su esposa porque dizque la tenía grave. El Médico estaba enfermo y le presentó sus excusas; pero fue tanto lo que Saborío gimió y porfió que conmovió al Dr. a extremos de hacerle acompañar.

Cuando el bandido le sacó de la ciudad, el Dr. no sospechó nada malo porque ya sabía que aquel hombre vivía en extramuros; pero al detener el taxi donde ningún transeúnte se alcanzaba a ver, vio que le rodearon dos desconocidos, los que en unión del propio Saborío, lo sacaron del asiento y lo asesinaron bárbaramente.

Al tercer día del hecho fueron capturados los asesinos; pero contra uso y costumbre, la Policía que era tan apta para atormentar a supuestos culpables, trató con suma benignidad a Saborío y sus cómplices, pues se asegura que el Dr. Rivera estuvo pronto a abogar por ellos, pues sabía mejor que nadie que si los atormentaban podrían sufrir algún relajamiento moral y denunciarle.

Después de que los asesinos cumplieron los seis días de prisión preventiva que la ley exige, los trasladaron a la Penitenciaría Central, donde otra vez, so pretexto de que Saborío había sido chofer suyo, le visitaba con mucha frecuencia, pues sabía que también aquí se atormentaba con igual lujo de crueldades que en la policía, y sabía que haciéndoles visitas frecuentes, el carcelero se abstendría de atormentarlos.

Tenían un año de encontrarse en un torreón del penal los asesinos del Dr. Sánchez, cuando se fugaron. En esta fuga se vio a las claras el poder económico y la influencia política del hombre que les protegía, pues de otra manera no hubieran podido escapar.

A decir verdad, Carías Lindo no tuvo ninguna participación en esta fuga; pero sí la tuvo un alto empleado del penal. Se trataba nada menos que de Panameño, capitán de compañía de la guarnición a quien el carcelero quería mucho, porque aseguraba él mismo que era el único que lo comprendía. Los reos del penal también querían mucho al capitán Panameño pues todos aun aseguraban que siempre anduvo evitando los castigos, y que en los destinos contra la orden de Víctor Carías Lindo y del alcalde Sánchez, les permitía comprar alguna de las golosinas que le salían al paso. Y las masas son así, bendicen el nombre de sus favorecedores y maldicen hasta la autora de los días de aquel que como C. L. los ha tratado con brutalidad.

Nadie sabe hasta la fecha el sentimiento que indujo al Capitán Panameño a proporcionarles la fuga a aquellos viles asesinos, pero sí existen pruebas fidedignas que fue obra suya tal evasión. Carías

Lindo, hombre cruel y sin entraña, de esta vez se conmovió con el caso del capitán Panameño, por lo que no queriendo ponerle a la orden de los tribunales de justicia, le dio traslado al cuartel de San Francisco, lugar de donde él mismo lo sacó para repatriarle.

Los prófugos fueron recapturados, pues no habían corrido mucho cuando fueron sorprendidos en un lugar denominado con el nombre de Rancho Quemado, a cortos pasos de la frontera con Nicaragua.

Los vigilantes del torreón del que escapó Saborío fueron puestos en presidio por tiempo indefinido, los cuales respondían a los nombres de Atilano Martínez Blanco y Marcelino Sánchez.

El señor Aplicano, otro de los cómplices de Saborío, ya había muerto en uno de los torreones que quedaban al lado de la calle, y Saborío murió de inanición, de frío y desnudez poco tiempo después que yo estuve requisándole.

El tercero de estos tres históricos huéspedes del Olvido respondía al nombre de Carlos Jiménez Vargas, gánster costarricense ya célebre en Honduras por el espeluznante asesinato que cometió en la persona de un español que ocurrió residente en Tegucigalpa.

Cuando yo conocí a Jiménez Vargas en aquel fatídico antro, era un joven que trisaba en los veintiocho años de edad. Era alto y de piel morena y no obstante la desnutrición en la que se le mantenía, por la anchura de sus magros y fláccidos hombros se deducía que había sido un hombre de complexión fuerte. La prensa nacional nos había enseñado con abundante información los horrores de la paciente labor que había realizado el señor Vargas para ultimar a su víctima. Se decía que el incentivo de tal asesinato habían sido unos ochocientos lempiras que el asesino le tenía en depósito a su víctima quien fue llamado a casa de aquel, dizque para entregarle su dinero.

Ciertamente que el hombre honrado fácilmente cae en las redes del bandido.

El español llegó a casa de Jiménez quien cerrando la puerta que daba vista a la calle, hizo pasar a su víctima a un segundo cuarto, donde sentándole de espaldas contra un armario que había en esta otra pieza, Jiménez se dirigió a dicho mueble y lo abrió, más no para sacar el dinero que adeudaba a su víctima, sino para sacar un pesado martillo que, acercándose por la espalda se lo acerco en la cabeza con todas sus fuerzas.

Algunas otras versiones dicen que, siendo más fuerte Jiménez que el español, había logrado estrangularle con las manos. Otros dicen que yéndose el tico por detrás, le había rodeado el cuello con una cuerda y lo había ahorcado, llevando la audacia de su crimen hasta el lecho de meter el cadáver en el armario, con la intención de pasarlo a otra casa para ocultar mejor su crimen.

El cumplimiento de una requisición del Olvido no era cuestión de carácter protocolar, donde los agentes tienen amplia oportunidad para expandirse, pues detrás del que hacía el registro estaba el tunco Sarmiento diciéndoles:

—Bueno, pendejo, no te he traído a platicar.

Y esta represión y majadera era indicadora de muy malos agüeros. De manera que había que ponerse osco, listo y callado. Sin embargo, a pesar de que actuaba bajo la dura mirada de aquel bárbaro invalido, me permití la licencia de cambiarme algunas frases de simpatía con el señor Jiménez, pudiendo deducir por el tono suave y significativo de todas sus palabras, que el joven tenía un acervo de exquisita cultura, razón bastante fuerte para hacerme dudar de que tuviera un alma tan negra. Sin embargo, era la verdad. Jiménez había sido el ominoso asesino del honrado español.

Pero ahora... ¡pobre hombre!, los días marchaban vertiginosamente bajo sus plantas, pues el dictador, quien les aislaba desde casa presidencial queriendo proteger la seguridad personal de sus cómplices, había decretado la pena capital, la cual podía aplicarse no solo para castigar casos como el de Jiménez, sino aún hasta en detrimento de quien no conviviendo a su política, hubiese matado en defensa personal. De tal manera, el señor Jiménez Vargas fue pasado por las armas un año después de haber cometido su delito.

Heme, pues, ahora y aquí, hundido entre las sombras del memorable Olvido en que Carías Lindo dio muerte lenta a una infinidad de seres humanos, quienes como el autor, fueron hombres que carecieron de la protección de la ley o de un jefe consiente y equitativo que supiera ajustar con reflexión en el dolor humano, el castigo a la medida de la falta.

Reconociendo mi nueva vivienda, observaba la altura de sus paredes. El techo era de teja y en forma de media agua. La pared del extremo Norte, que era de adobes y blanqueada con cal, mediría unos quince pies de altura, declinando su nivel al oriente hasta morir en la pared de este extremo, el cual mediría unos diez pies de altura.

La extensión geométrica de esta celda sería de doce pies de longitud por seis de altura. Su entrada era baja, y tan baja, que con la proximidad de un muro elevadísimo que se levantaba contra su reja, su interior quedaba a oscuras.

Pasados los primeros ocho días, comencé a sentir cierto alivio moral, pues ya consideraba suficiente el tiempo para que aquellos chacales me hubieran despedazado vivo, o suspenderme la miseria ración para matarme de hambre, pues era cosa que ya se había hecho con los señores Juanes del Sur.

El Semana que ahora me manejaba había sido amigo mío. Era un indio demasiado bajo, de inteligencia despierta pero demasiado servil. Se llamaba José David López y era más papista que el Papa. Al día siguiente de hallarme en la celda para incomunicados, entró él para sacar una escoba que había allí. Al verle le hablé con la misma cordialidad con que le había tratado otras veces; pero de esta vez mi jovialidad le provocó la sensación de un chorro de agua hirviendo sobre las espaldas, pues esgrimiendo la escoba con ambas manos, me espetó furioso estas palabras sobre mi lecho:

—Ve, Salomón, ¡dejá de estar jodiendo! ¡Deja de estar jodiendo! Te voy a pegar tus vergazos.

—¡Oh, Antonio! —exclamó sonriente y lleno de compasión el célebre Cicerón—: ¿te hubieras atrevido a provocarme si no hubieras confiado en las espadas de que me tenías rodeado?

Como ha sucedido en Honduras a una infinidad de individuos sin patrimonio, que para ganarse el sustento han tenido que meterse de alta en los cuarteles, David López se hallaba de alta en el penal desde que el general Carías subió al Poder. Sin embargo, no obstante su actividad y su excesivo servilismo, que en tiempos de Víctor Carías Lindo era una nota de mucha destinación, jamás lo ascendieron más que a simple Cabo de Escuadra.

David era malvado. Yo siempre temí que en cualquier momento quisiera congraciarse con el carcelero en detrimento mío, pues él comprendía que nada halagaba tanto aquel infame, como que se le fuera a ofrecer una nueva oportunidad de atormentar a quien odiaba. Que el informe que se le diera fuera producto de la calumnia, era algo que a él no le estaba importando, pues él también la usaba; de manera que lo único que le interesaba era una nueva ocasión de atormentar.

El calabozo en que me hallaba no era bonito. Su situación era tanto más lúgubre, cuanto que carecía de luz natural y artificial; sin embargo, me agradaba mucho su soledad; y debo decir que bien me hubiera agradado tener en mi reclusorio un cuartito solariego y silencioso como aquél; pero, eso sí, con la puerta abierta al patio general para salir cuando yo quisiera darme aire y sol y, naturalmente, que se me diera entrada libre de toda clase de libros. Mas sin llevar en los tobillos aquella barra de grillos y en los puños aquellas ásperas esposas. Pero Víctor Carías Lindo, vejete estúpido y semianalfabeto que siempre ha sido enemigo de los progresos de la civilización, y que por consiguiente no acierta y pronunciar ni siquiera su propio nombre había prohibido que se me introdujeran libros porque decía que yo soy comunista, amenazando con dar severos castigos al Semana que me llevara siquiera lápiz y papel para escribir. De aquí que los días se me hicieran tan largos y tan angustiosos.

Sin embargo, mi exceso de desgracia me aconsejaba dorar la píldora para atenuar en lo posible la brutalidad con que aquellos hombres me trataban. De manera que en tal caso traté de simularle al tal David afectos que estaba lejos de sentir; y el pigmeo por fin se mostró menos feroz; de manera que fueron muchas las veces que, una vez afianzada mi confianza en él, le supliqué que me metiera algunos libros que había dejado en las aulas; pero siempre se negó a hacerme este favor por temor a los peligros que le amenazaban.

Dado el absoluto abandono en que se me tenía, muy mucho me hubiera agradado haber nacido con esa disposición natural con que Carlos R. Darwin nació para estudiar el origen de las especies, pues hubiera podido escribir mucho acerca del a vida de los hormigas y las arañas, las que por cierto eran mis únicas compañeras.

De la himenóptero descubrí seis clases. Entre éstas había unas muy menuditas de color ceniciento, las que justamente podría bautizar con el nombre de "Mantequeras", pues recuerdo que sin haber agujeros en el piso de mi foso, tres o cuatro veces que uno de los Semana me regaló unos chicharrones, aparecieron sin saber de dónde. También había otras de color café, cabeza grande, achatada y lustrosa. También había otra negra, velluda y grifa, que caminaba atontadamente y que por cierto era de las más grandes.

La primera vez que vi librarse una batalla entre una hormiga grande y una pequeña, deseé tener abiertas mi reja para separarlas, pues creía que luchaban con fuerzas desiguales, pero momentos después me convencí de que no era como yo pensaba, pues la grande ya no se esforzaba por dominar a la pequeña, sino por desprendérsela y huir, acción que ejecutó tan pronto como logró zafársele. La dueña del campo donde se había dado la gran batalla dio vuelta en torno de su campo como quien comienza la persecución cuando el enemigo ha sido despedazado. Pero convencida de que no hallaría a su rival, se dedicó a buscar qué poder llevar a su agujero. La lucha de razas era frecuente entre las hormigas pues las que vi peleando siempre correspondían tribus o razas diferentes.

En la pared que se levantaba enfrente de mi reja había varios agujeros o viviendas de hormigas de donde salían de una en una a explorar, si cabe decirlo así, sus campos. Una vez que tropezaban con algún insecto muerto, lo olfateaban y se regresaban corriendo a todo escape a su agujero, de donde momentos después guiando a sus compañeras, y con cuya ayuda llevaban la víctima hasta su agujero. La manera como ellas manejaban su carga parecía atropellada y loca; pero jamás perdían la dirección de su agujero. Subiendo la pared muchas veces cayeron desprendidas por el peso de la carga que llevaban, pero la constancia y la tenacidad de aquellos minúsculos animalitos eras superiores a todas las dificultades que podían presentárseles.

Algunas otras veces ya habían logrado llegar hasta la puerta del agujero, pero siendo el insecto que trataban de meter de mayor volumen que lo que podía caber en la sepultura, se les caía una y otra vez, y era así que hasta tanto porfiar lograban meterlo.

De la observación de la vida de las hormigas pasaba a la de las arañas, las cuales me distraían tanto como aquellas.

En lo alto de las esquinas interiores de mi celda había unas arañas patilargas, vientre redondo y minúsculo, que aguardaban pacientes junto a sus mallas. La inmovilidad de estos animalitos hacía parecer que estaban disecados, sin embargo era de admirar la presteza con que saltaban cuando sentían que algún insecto se había enredado sobre sus mallas. No procedían, a estilo de esas otras arañas rayadas e inquietas que sin vacilar cazan la mosca cuando la ven a corta distancia de sí; sino que al verla prendida, saltaban sobre ella una infinidad de veces, hasta que lograban envolverla prácticamente. Cuando la presa ya no tenía escapatoria, procedían a chuparle el vientre.

Pero de la diversidad de arañas que conocí en mi sepulcro ninguna me pareció tan viva y activa como esa araña ceniza lomo rayado que a puro brazo partido caza las moscas. Muchas veces, me pasé el día sin quitarles la vista de encima hasta verles el fin.

Simulando el paso marcial de un centinela que augusto se pasea con el fusil al hombro enfrente de su muralla. Estos arácnidos no se alejaban de su puesto si no lograban hacer su presa.

Cuando veían la mosca revoloteando cerca de ella, se agazapaban estratégicamente, pero siempre en continuo movimiento. La mosca revoloteaba y caía sobre alguna viscosidad o migaja donde quedaba como aletargada; pero cuando la araña se le aproximaba a una distancia temible, la mosca, que no era tan tonta como la imaginaba, volaba. Pero muchas veces esta se descuidaba y daba tiempo a que la abordara su cazadora, la que no siempre tenía éxito.

La araña, que por instinto conoce la terquedad de la mosca, no se alejaba. La mosca volvía a caer sobre sus golosinas y la araña estaba ahí al lado, observando su presa, pero como en maniobra militar en un campo de fogueo, buscando siempre las anfractuosidades del terreno para aproximarse sin ser vista, y pegar el gran salto sobre la mosca. La araña no siempre lograba éxito completo, pues a veces sólo le agarraba la punta de una ala, circunstancia que a la araña le costaba hacer esfuerzos desesperados por tomarle bien, y a la mosca por zafársele. La lucha muchas veces duraba todo un día, hasta que por fin la mosca tenía que ceder, pues ya no podía volar con una ala rota. Una vez que la araña había agarrado bien a la mosca, la levantaba en vilo con aires de triunfo y salía corriendo hasta perdérseme de vista.

Entre las arañas no existe ese espíritu de comunidad que asocia a las hormigas. Si una raña ve que otra que ha cazado una mosca es más pequeña que ella, la ataca para quitársela. La que tiene la presa conoce los instintos de su especie; por consiguiente, tan pronto como ve venir una más grande que ella huye; pero no sin ser perseguida, sucediendo, como saldo final, que corriendo sobre las paredes, la perseguida suelta la presa y ambas la pierden.

Al principio de aquella situación mía, y no obstante la experiencia que yo tenía de la barbarie de Víctor Carías Lindo creí que aquello no duraría mucho tiempo. Pero cuando ya llevaba tres meses de hallarme allí, pensé que mi verdugo no estaba pensando en sacarme, y comencé a desesperar tanto más, cuanto porque no tenía lecturas con qué distraerme. La soledad y el silencio, esos dos bellos elementos tan propicios para incubar mejor los sueños de los filósofos, a mí no podían servirme de nada, pues mi estéril imaginación carecía de esa excelsa fantasía que hace el elogio de estos espíritus superiores. Lo único que yo deseaba con inefable vehemencia, eran libros, libros y más libros, pues siempre fueron en el penal mis únicos y verdaderos amigos. Pero para desgracia mía, ahora no podía darme este placer. El carcelero, en su afán de aumentarme el sufrimiento y de embrutecerme más que él mismo, había prohibido que se me diera este placer. Esto me hacía pensar cuál podría ser la situación de los pueblos que llegasen a tener la desgracia de caer en manos de elementos posesivos de las condiciones morales y mentales de mi carcelero, puesto que el mayor o menor grado de cultura que ellos logran, siempre depende del estado de civilización de sus dirigentes.

Estas reflexiones a veces provocaban en mi espíritu tan loca desesperación, que me hacía llorar, lloraba y lloraba; más no de arrepentimiento, sino de indignación, pues nadie que no fuera tan cobarde como mi carcelero se obstinaba vilmente en aniquilar con toda su guarnición a un solo hombre.

Una vez, temprano en la noche, hallábame rabiando de cólera y diciendo en alta voz, que cómo me agradaría que Carías Lindo probara mi valor haciéndome despojar de aquellos hierros y poniéndome una arma en las manos para que me abriera paso a balazos contra él y sus esbirros, cuando vi que un bulto se asomó por mi reja como alma que se llevara el diablo; fenómeno verdaderamente insólito que me hizo pegar un salto sobre él. Mi intención fue la de agarrarlo; pero el bulto huyó despavoridamente.

Al día siguiente relaté el suceso al Semana, quien me dijo que no había sido otro que el indio Fabio Vásquez, el mismo salvaje aquel que la noche de mi incidente con Víctor Carías Lindo tomó con servil ardor la defensa del carcelero.

Nunca ha sido costumbre mía dormir en el día; y no obstante que aquí no tenía libros para leer y que debido al peso de mis grillos tenía que permanecer sentado, nunca me acostaba sino hasta que oía las cornetas tocas las ocho de la noche. Mas a las cinco de la mañana que este mismo cuerpo tocaba la diana me levantaba y me lavaba. A las siete de la mañana, casi cronométricamente, el Semana me llevaba el desayuno. Este, con el almuerzo y la cena, eran de tipo invariable, pues nunca me dieron más de tres tortillas con una cucharada sopera de frijoles sancochados, lo cual en total no pesaba más de 12 onzas. El hambre que yo sufría era realmente enloquecedora. ¿Y quién, en este caso, podía pedirle una tortilla? ¿A dónde podría ir a comer siquiera yerbas, si me hallaba encerrado y aherrojado? En el caso de todo país que tiene la desgracia de caer en manos de un régimen de fuerza, porque si bien era cierto que yo estaba preso por un homicidio que cometí, también lo es que sí la nación hubiese estado gobernada por la ley, en vez de atormentárseme y de dárseme aquella clase de castigo, se me hubiera vuelto a poner a la orden de los tribunales de justicia para que ellos hubieran resuelto mi asunto.

Al otro lado del muro de mi celda estaba la galera de los locos. Por la mañana que los sacaban de sus celdas y por las tardes que los reintegraban a ellas, pasaban junto a la pared de mi calabozo, pues siempre les oía el tintinear de las cadenas y el escándalo peculiar de su demencia.

Entre estos dementes recuerdo que había un tal Isaac Mendoza, originario de mi pueblo natal Comayagua. Era tal el instinto criminal de este alienado, que a ello se debía que siempre le mantuviesen aherrojado como el autor, sólo que en vez de llevar grillos llevaba grillete en un solo pie. Sin embargo, aquello no le afligía. Era entre todos sus compañeros el único de carácter alegre. Todos le temían porque ya había matado tres locos a vista y paciencia de más de alguno de ellos. Pero también le admiraban. Isaac recitaba o cantaba todo el día. En el penal no había quien ignorara su nombre, pues para eso vivía dándose vivas a sí mismo. Sin embargo, nadie le llamaba por su nombre de pila sino por el de su pueblo natal, Comayagua, que él aceptaba hasta con cierto orgullo. Isaac muy pocas veces sufría esos horribles accesos que tan peligrosos resultaban para los que le cuidaban.

La vida llena de necesidades que padecía allí le estimulaba la memoria de las abundancias de comida de su pueblo. Cuando Isaac miraba pasar cerca de ellos a alguna persona que pudiera darle algo, le saludaba de tan graciosa manera, que por desabrido que fuese el sujeto, le arrancaba aunque fuera una sonrisa de simpatía.

A treinta metros de donde estaba Isaac permanecía Conchita, una loquita como de 33 años de edad que amaba a aquél. Pero como el amor nunca es correspondido, el joven alienado la despreciaba; de igual manera que ella lo hiciese con Vargas, otro demente ya viejo y que la adoraba perdidamente. Vargas pedía centavos a quien hallaba más a mano para regalarle a Conchita, la que por su parte vivía consiguiendo cuanto podía para regalarle a Comayagua. Pero sucedía que éste era joven y aquél ya estaba viejo, razón por la que tenía que pagar el tributo de su amor.

Conchita pasaba el día sentada muy calladamente en el umbral de la puerta de su celda; pero de repente dejaba oír su voz:

—¡Comayagua! Cántame una canción!

—Con mucho gusto. ¿Cuál querés que te cante, amorcito mío? —contestaba el loco socarrón.

La loca le daba el nombre de la canción o le tarareaba la melodía si no se la sabía. Entonces el tenor, diciéndole el nombre de la canción para que ella se lo aprendiera la emprendía sin más acordes que las vibraciones de su sonora garganta.

Comayagua no quería a Conchita; pero la piropeaba por espíritu de galantería. De manera que después de que la complacía, quedaba tirándole florilegios.

La loca, no obstante su habitual retraimiento, se divertía con las cosas de Comayagua. Pero cuando le venían los accesos de su mal, le llamaba a gritos para decirle: "Comayagua, hijo de la gran Pu...", etc. etc. Comayagua, por su parte, cuando se encontraba en trance igual, era más inverecundo que ella.

Por mucha desconsideración que estos fofos diálogos merezcan a la opinión personal de cualquier austero crítico, debo decir que con todo y ello, yo los estimo sobremanera, pues mal o bien se trenzan con angustia en la cuerda de dolor de mi existencia.

El tiempo para mí corría como en una eterna noche. No había auroras ni crepúsculos que me dieran una flor o enjugaran mis lágrimas de angustia. Sin embargo, una de esas mañanas en que el dolor más que nunca había acelerado sus excesos, me hallaba sentado en el suelo rumiando con angustia mis tristezas, cuando de repente oí el impacto de un golpe seco que sonó a mi lado. El ruido me asustó, y viendo qué era, observé un paquete cuadrado que estuve presto a alcanzar con el palo de la escoba.

Que si el bulto era para mí, era algo que no había que preguntarse. Inmediatamente me puse de pie, y levantando los grillos con el auxilio de la faja de mis pantalones, me moví de un extremo a otro de la celda para que no fuera a sorprenderme el Semana.

Con la nerviosidad que me había causado aquella sorpresa y la ansiedad de ver su contenido, lo abrí apresuradamente. Mas ¿qué exaltación de dicha y alegría no sentiría mi macerado corazón, al ver en mis manos nada menos que el famoso "Don Quijote de la Mancha" del inmortal Cervantes, y una gramática de inglés? Naturalmente que loco de desbordantes emociones. Pero el busilis del milagro estaba en tener el constante cuidado de que no me los fueran a descubrir los Semanas. Mas como por mucho que uno se empeñé en hacer perdurar un secreto, siempre hay descuidos que dejan verlo, un día antes de que se me requisara el Semana me sorprendió leyendo El Quijote. Pero esto sucedió en los días en que Carías Lindo había quedado loco por lo de su mujer, motivo por el que el dictador lo había enviado a los Estados Unidos a buscar salud, y el centro, en ese caso, había quedado en manos de don Manuel Medina F., que era hombre justo. De manera que habiéndose marchado el diablo había desaparecido el infierno, y los Semanas eran menos crueles. Cuando el Semana me preguntó que cómo había conseguido aquel libro, sin vacilar le contesté que don Manuel me lo había enviado con el Semana anterior.

Yo sabía que si lo preguntaban él no me desmentiría porque era bueno; sin embargo, el ardid siempre había sido una aventura peligrosa, porque si el que me había dirigido la pregunta hubiera querido confirmar la verdad con su antecesor, me hubieran descubierto la mentira y me hubieran matado a vergazos, pues eran tan salvajes, que en casos como aquellos procedían por su propia cuenta, pues ya estaban acostumbrados a hacerlo por mandato ordinario de Víctor Carías Lindo; pero felizmente el Semana me creyó.

Ya había leído el Quijote, pero de manera somera. Ahora lo leía con gustoso detenimiento. Y puedo decir que si yo no tuviera una inteligencia tan estéril y una memoria nada feliz, hubiera aprendido mucho con la lectura de esta nunca bien ponderada obra.

Ya habíamos vuelto a la amistad con David López, el Semana aquél que quiso pegarme al día siguiente de haber caído a mi celda para incomunicados, y platicábamos siempre que me llevaba la comida. Un día en que le vi más amable que de costumbre me aventuré a preguntarle si sabía si mi carcelero me sacaría pronto de aquel foso.

—No —me dijo con bondad—. Está muy enojado contigo. Y el día en que tu hermano intentó fugarse de La Mora lo apostrofó con crueldad y le dijo que él y vos son unos bandidos, y que lo único que le había hecho abstenerse de procesarte por lo que hiciste a Carlos Reyes Carías, fue porque el general Carías le ordenó que no te procesara por su amistad con tu padre.

Una noche de aquellas tantas que en vuelo suave y tendido pasaban sobre mi sueño, desperté asustado a los gritos y pataleos que un borracho a quien metieron en la celda que estaba al lado de la mía, hacía. Por lo escuchado deduje que era un tipo malcriado, ultrajante y brutal con quienes lo manejaban; empero me di cuenta que se trataba nada menos que de Erasmo Carías Lindo, el hijo de mi cruel carcelero. Sí, con su vocecilla de flautín le oí decir con todas sus fuerzas:

—Mi padre es un viejo hijo de puta, un rufián de putas, porque mi madre es una vieja puta que en presencia se ha ido con un perro, con un canalla cualquiera; y sin embargo, la tolera y la busca y le suplica llorando que regrese a su casa.

Erasmo estaba borracho en aquel momento; pero ya pasaban tres días y él continuaba insultando a sus padres. Reyes Carías, no obstante que era poco para estas cosas, lo mimaba mucho y trataba de darle medicina, pues decía que el muchacho estaba loco. Y era la verdad, pues sólo en tal estado el hombre es capaz de hablar tales denuestos en contra de los autores de sus días, pues como quiera que éstos sean, todos estamos moralmente obligados a ocultar sus vicios y a no decir sus defectos. Mas por estos tiempos Víctor Carías Lindo no estaba en el penal, durante cuya retirada los reos tuvieron un bastante desahogo moral.

Bendito sea todo lo que nos beneficia en el dolor, en la miseria y en el holocausto, aunque las causas de los efectos que tales beneficios nos proporcionan, provengan del crimen o la maldad de otros sin buscarlos unos pues cualquiera que sea su procedencia, bienvenido sea cuando con sus efectos atenúa la depresión de las garras que nos oprimen injustamente.

Si la esposa de mi carcelero, que es lo único que aquel infame ha querido en la vida, no se va con otro hombre, no hubiera sufrido horribles alteraciones mentales que tanto bien nos hicieron a los recluidos del penal, pues con ellos sobreviene su retiro temporal y nosotros tuvimos un respiro.

UN HOMBRE LLENO DE BONDAD

Mientras Carías Lindo estuvo ausente, el penal pasó del terror a la tranquilidad pues don Manuel Medina, quien le sustituyera interinamente, con su bondad y equidad hizo volver a la confianza y seguridad a todos; el ojerismo, la intriga infame y el látigo y toda clase de castigos, se detuvieron atascados en los linderos de su justicia.

Con motivo de tal ocasión el oficial Santos Suazo Castillo tuvo el valor de enfrentársele el tunco Sarmiento para enrostrarle sus abusos y violencias; mas olvidando este vil reptil que ya no tenía detrás de sí a su feroz protector, quiso, como lo hiciera virilmente quien dispusiera de sus cuatro extremidades completas, acometer a dicho oficial; pero éste lo trincó contra la pared, llegando hasta meterle el calibre de la pistola en la boca. Aseguran los que vieron el agarre, que el tunco intentó sacar su pistola; pero que el joven oficial no le daba tiempo de nada, y que si no le favorece uno de sus fieles, acaso le hubiera pegado su buena golpeada. El tunco quiso procesar al joven oficial; pero como no se mandaba solo, don Manuel Medina, su jefe, no lo dejó hacerlo.

Acaso era yo el más atormentado, vejado y humillado del penal cuando estas cosas estaban pasando; sin embargo, yo también sentía la sensación de un grande alivio con aquel benéfico cambio, pues ya los Semanas eran menos feroces conmigo y se prestaban a hacerme cualquier servicio. Con tal ocasión pude conseguir que se me llevara un lápiz y algún papel de estraza, con lo cual pasaba entretenido escribiendo a ratos. Cada lunes se me presentaba un Semana nuevo; cosa que yo aprovechaba para escribirle en inglés al Director interino.

El ardid de que siempre me servía para que ellos no se negaran a hacerme el favor, era el de decirles que con el Semana anterior me había mandado a decir el destinatario que le enviara aquel papelito con el Semana entrante. De manera que para comprometerles la responsabilidad en caso de omisión, les decía con cierta autoridad.

—Ea tú, el sábado pasado don Manuel mandó decirme con el Semana saliente que le enviara este papelito con el Semana entrante.

Como soy hombre de carácter serio ponía tanta seguridad en lo que le decía, tomaba el hombre el papel, el que por costumbre impuesta por Carías Lindo trataba de leer; pero que no comprendía.

Creer que todos los hombres que sirven bajo la potestad de un malvado, es porque también lo son, es un absurdo. Hombres hay que a pesar de que poseen una vasta ilustración, desbarran en este sentido, pues para hablar como concluyo yo, se necesita, para no juzgar a priori, haber sufrido en carne viva las garras del malhechor. C. L. era todo esto y acaso algo más; sin embargo don Manuel Medina, que servía la Secretaría de aquella Dirección, era justo y bueno pues me enviaba cuanto le pedía por necesidad. Lo único que no quiso consentirme fue la entrada libre de libros y sacarme de aquel foso, pues no podía contravenir las órdenes de aquel infame. Sin embargo, con la ausencia del carcelero todo había amainado y yo podía pescar uno que otro librito.

Ahí al lado de mi celda había otra que hoy que no estaba Víctor Carías Lindo la ocupaban para meter los borrachos trabajadores de la Secretaría o los oficiales de la guarnición. La reja de esta celda salía al estrecho callejón que conducía a mi celda, de manera que aquellos favorecidos de la buena suerte, aunque les cerraran el portón de entrada, siempre podían pasearse en el estrecho callejón, y era así que sabiendo ellos que yo estaba ahí al lado con una barra de grillos y un par de esposas para toda la vida, me llamaban. Yo no les miraba la cara; pero como ya nos habíamos tratado antes, me platicaban con afecto.

Entre aquellos amigos de Baco que con más frecuencia llevaban allí, se contaba a don Carlos Torres, amanuense competentísimo a quien siempre rogué para que me llevara una Biblia. Pero un día de tantos me dijo que si yo le daba el valor de ella que me la enviaría; cosa que por tener algunos centavos en mi bolsa lo hice con la mayor buena voluntad.

Llevaba ya muchos días de estar esperando la Biblia y no me llegaba. También hacía muchos días ya que no llevaban borrachos al calabozo anexo al mío. Pero con el tiempo sentí que por la noche habían encerrado a alguien. Esto para mí era la felicidad, pues no había en el penal quien ignorara que se me tenía ahí, y por consiguiente, siempre me hablaban los nuevos vecinos; cosa que me hacía sentirme acompañado y feliz. Sin embargo, este último huésped ya no me llamó. Al principio supuse que no era ninguno de los borrachos del penal, razón por la que, con la confianza de que no estaba Víctor Carías Lindo, me aventuré a preguntarle al Semana por el nombre del hombre que estaba ahí al lado.

—Es don Carlos Torres —contestó el Semana.

—¡Ah! Con razón no quiere hablar —me dije para mi coleto—. Y fue así que cuando el Semana se alejó, lo llamé para reclamarle mi Biblia.

—¡Ah! Sí, hombre, Sanabria; soy yo —contesto apenado—. Yo le hubiera mandado su Biblia; pero resulta que... —torrente de disculpas.

Yo sabía, que mi dinero se había disuelto en licor, y que si le exigía que me mandara una Biblia nueva, no me llegaría nunca. Este sentimiento, pues, me hizo sugerirle la idea de que me consiguiera prestada una Biblia usada; cosa que se le facilitó, pues al día siguiente de habérsele sacado de aquel calabozo me llevó una de las muchas que dejaron algunos de sus recluidos que salieron libres. Pero esto no importaba; lo sensacional era el hecho de tener la Biblia entre mis manos, que fue, para mi alma sumida durante mucho tiempo entre las tinieblas de aquel hediondo calabozo, como un amanecer de paz y de alegría.

No cabe duda que la Biblia es el libro que reúne al misterio de las manos que lo escribieron, el reconfortativo más activo que el hombre debe tomar para aliviar cualquier quebranto moral que sufra en la vida, porque a decir verdad, no recuerdo haber visto pasaje en este libro que no añadiera fuerzas a mis fuerzas para seguir adelante con mi cruz sin gimoteos de angustia, de tristeza y desesperación.

La Biblia es la escuela de la humildad que, sin aconsejar al hombre que deje su suerte a los caprichos del azar, sabe dar tranquilidad moral al que lleva en el alma el peso de una inmensa desgracia, porque sin duda alguna, la Biblia es un refugio seguro para salvar a las almas desesperadas. La experiencia que yo tengo acerca de los beneficios que ella ofrece a los ánimos que se encuentran en trance de desesperación, me autoriza para decir, sin temor de equivocarme, que no se conociera un solo caso de suicidio si antes de tomar tal resolución, el desesperado tuviera que leer la Biblia una sola vez.

Leyendo la Biblia yo sentí algo así como un nuevo despertar de conciencia; sus páginas, rieles de luz abiertos al infinito, me remontaron a las gloriosas edades en que se desenvolvieron aquellos sabios varones que con divino acierto guiaron los primeros pasos de la humanidad.

Es realmente sensible el atraso intelectual en que me veo, pues me siento impotente para detallar con claridad la sensación de alivio, que sentía a mis penas; y sobre todo, las renovaciones espirituales que aquellas lucubraciones provocaron en mi alma fueron enormes.

El Génesis, rayo de luz y de creación que presenta la vida en variedad de formas con el mismo natural colorido con que se contempla la vegetación de un campo abierto a los ojos del universo, me hacía soñar bellezas y olvidar la misérrima existencia que hasta entonces había llevado en mi calabozo. Con Noé hice todos los preparativos que preservarían las especies del diluvio con que Jehová limpiaría el mal del seno de la tierra. Con Abraham intercedí porque Jehová no destruyera a Sodoma; con Jacob serví a Labán por obtener la mano de Raquel, y seguí desenvolviéndome ininterrumpidamente en las vibraciones del espíritu de éste hasta Moisés y Aarón, prosiguiendo en éstos hasta el Rey David y Salomón, del que, proyectándose como paloma de luz y anunciación, surge Jesús predicando a todos los vientos su santo evangelio. Con María y José asistí a su nacimiento, con Juan a su bautismo, con Mateo, partiendo del Sermón de la Montaña, compartí la gloria de todas sus amargas y dulces vicisitudes.

La Biblia, receptáculo divino de inconmensurable sabiduría, refleja en cada una de sus líneas algo así como un nuevo horizonte de luz viva. Nada enseña menos bello aquí que acullá, porque todo en ella resplandece con una luz más bella que la que ve el ojo físico debajo del astro solar. Como ya dejé anotado, desde que Víctor Carías Lindo se marchó, se me facilitó el medio de conseguir algunos libritos con que poder distraerme. Fue así como pude ver algunos otros libritos que, de uno en uno, fueron aumentando mi biblioteca. Recuerdo que entre los libros importantes que pude pescar desde mi calabozo, se destacaban la biografía de Napoleón, por Ludwig y el Reparto de América, por el Dr. Francisco Silva.

En el penal había muchos empleados con marcada inclinación a las bebidas alcohólicas; pero ninguno de ellos se había dejado dominar por ellas con tanta habilidad como don Carlos Torres. Don Manuel Medina lo quería mucho por su humildad y por su capacidad de oficinista competente. Al principio aquel buen jefe creyó que con meterle al calabozo cada vez que se emborrachara, se curaría, y fue así que de tanto meterlo, una noche me desperté azorado a los gritos de "¡Semana! ¡Semana! ¡Agua! ¡Ay! ¡Me muero! ¡Semana! ¡Semana! ¡Agua! ¡Agua! ¡Me muero!".

Era don Carlos Torres; su voz, inconfundible, me hizo reconocerle. Yo me levanté y me pegué a mi reja para llamarlo. Él me contestó:

—¡Ay, Sanabria! —me dijo todo trémulo y jadeante—, me estoy muriendo de sed; llamo al Semana, y no viene. ¿No tiene Ud. Un poco de agua? —me preguntó con febril ansiedad.

—Sí tengo. Pero, ¿cómo se la paso?

—¡Ay! ¡Ay! ¿Cómo podríamos hacer para que me diera un poco de agua? ¡Ay! ¡Ay! Me estoy muriendo —gimió angustiosamente.

El trance de desesperación de aquel hombre me conmovió hondamente, y este sentimiento me hizo reflexionar acerca de los medios de que podía valerme para hacerle llegar un poco de agua. Al efecto, recordé que en el calabozo en que él estaba se acostumbraba almacenar las escobas para servicio del penal, y como éstas venían atadas por docenas con unos bejucos largos, le pregunté si había allí algunas cuerdas, él me dijo que sí. Por lo que contando con este valioso medio, le ordené que añadiera varias para hacer un lazo largo; hecho lo cual, le ordené que atara una de sus puntas a un leño, y que quedándose con la otra me tirara la que impulsada por su peso pudiera llegar hasta mi reja. Don Carlos, subiéndose a las bardas del tapial que nos separaba, tomaba mi reja de manera transversal, por manera que era seguro nuestro éxito. Hasta aquí, don Carlos ignoraba lo que yo tenía pensado hacer; empero, tomando aquel lazo, y ordenándole que no fuera a soltar la punta que le ordené retuviera, recogí todo lo que pude para templar la cuerda. Hecho esto, llené de agua fresca una lata de Quaker Oat que tenía en mi poder, y atándola a la cuerda, le ordené que fuera recogiéndola con cuidado, de manera que a medida que él recogía, yo le iba dando cuerda para que la lata fuera al aire y no se cayera ni una gota. Eran justamente las dos de la mañana cuando de aquella manera pude pasarle cuatro viajes de agua a aquel hombre.

Después que le enseñé el camino, don Carlos no volvió a sufrir la sed de sus gomas, pues siempre que por sus malditas crápulas lo metían al lado de mi calabozo, enseguida de tirarme la cuerda me pegaba el grito para que le diera agua. Mas, dicho sea de paso, no sólo a don Carlos Torres salvé de morir con la garganta pegada de sed, sino que también salvé de tal trance al señor José Ángel Licona.

Este, como el señor Torres, a media noche se despertó dando gritos pidiendo agua al Semana; pero inútilmente, por manera que si yo no hubiera estado allí, hubiera perecido con la garganta pegada de sed.

Para mí, que vivía rodeado de soledad y silencio; para mí que vivía con la angustia fatal de mi abandono royéndome el alma, no había nada más emocionante como que metieran al lado de mi calabozo a un conocido mío, pues aunque no nos viéramos la cara, podíamos intercambiarnos algunas palabras; además, estos hombres casi siempre me daban algunas noticias acerca de lo que había pasado en el interior del penal, o acerca de lo que ellos habían sabido de la vida pública.

Hacía ya varios meses que en mi calabozo no oía voces ajenas a las del Semana, cuando una mañana oí unas en el calabozo anexo al mío:

—¡Sanabria! ¡Sanabria! ¿Qué tal esta? ¡Sanabria! ¡Sanabria! ¿Qué tal está?

—¿Quién me llama? —inquirí con curiosidad.

—Yo, Abraham Nazzar —contestó el hombre.

—¡Hola, Abraham! ¿Qué le pasó?

—¡Cállese, hombre! Viera que me he trabado todito —contestó—. Considere usted —continuó diciendo con tono melancólico— que me escapé del centro y me fui de parranda con una mujer. Sentado estaba con ella en el Parque de La Libertad cuando, olvidando ya que estaba cumpliendo una sentencia, fui recapturado, y ya ve usted dónde se me tiene. Ahora sí que creo que me van a trabar bien. Lo menos que espero es que de aquí a un rato me vengan a poner una barra de grillos; y que unos seis meses después se me saque a trabajar a La Mora con un poderoso grillete sujeto al tobillo.

Entre los reos del penal, Nicolás y Abraham Nazzar eran los únicos que cometían falta tras falta y no les hacía nada C. L. Y digo faltas, no porque sus acciones realmente mereciesen tal calificativo, sino porque en tiempos de aquel bárbaro carcelero, hasta reír con alegría espiritual era prohibido, y el que lo hacía, era castigado por haberse reído burlonamente de la seriedad de los reglamentos del señor Director. Los hermanos Nazzar eran tres que, dicho sea de paso, son hombres prestos a romperse la vida con cualquiera y dondequiera. Sin embargo, en el penal siempre procuraron mostrar sumisión y respeto hacia el carcelero y sus disposiciones. Los tres eran hombres de múltiples habilidades, quienes con su trabajo e ingeniosidad bien pronto se conquistaron la estimación de C. L. Juan, por caso, que es el mayor de la familia, resultó ser un gran constructor de puentes y edificios; Abraham, el que ahora está platicándome aquí al lado, es un mecánico con espíritu de inventor, quien con su trabajo ha dado ocasión al Director de presentar al público muchas cosas nuevas con las que, sin merecerlo, se ha hecho objeto de honrosos elogios. Nicolás, que es de benjamín de los Nazzar, sabe hacer bellos grabados en piedra. Él es el autor de todos aquellos grabados que dicen "Administración", etc. y que se ven Tegucigalpa y sus alrededores. También es autor de una estatua tallada en piedra que se ve al solo entrar a la guardia de prevención y la cual figura un mecánico que lleva gorra y viste overol como símbolo del trabajo. Pero últimamente, Nicolás abandonó los trabajos de piedra y se dedicó a administrarle las rentas a Víctor Carías Lindo. Esta circunstancia dio al joven el máximo privilegio que el carcelero pudo dar a reo alguno. Día a día Nicolás salía al mercado a comprar las cosas con que daría de comer al Director, pues era del único que éste se confiaba. Nicolás era el único reo a quien el tunco Sarmiento no le ponía la hora en que debía regresar; además aquél podía salir a la hora que se le antojará, y también era el único que por mostrarle al Director que era digno de la mayor confianza, muchas veces dejaba plantados en el mercado a sus dos guardias. Nicolás era el único reo que le daba con los pies en la cara a aquellos feroces esbirros que uniformados de soldados tiranizaban a los reos con beneplácito de C. L. Pero era que éste había dado orden al tunco Sarmiento de tolerársele todo, pues sábado a sábado, Nicolás le depositaba en el armario de madera de la Dirección un promedio de mil doscientos lempiras de utilidad líquida del usufructo de las cocinas y del destazo de ganado y de la venta del jabón. Por todo esto era que C. L. nunca trataba a los Nazzar con aquella bestial brutalidad con que nos trataba a nosotros.

Heme, pues, ahora y aquí platicando con Abraham quien abriga el temor de que se le va a castigar con la brutalidad que sabe que se aplica en el penal al que comete una infracción similar a la suya; sin embargo, no será así. Es la hora de almorzar, y su hermano Nicolás acaba de mandarle su vianda de la cocina del Director. Los Nazzar son muy bondadosos y ahora éste quiere darme un poco de café y chilate (atole simple de maíz). Pero como tanto él como yo estamos bajo llave, no podríamos conseguirlo sin recurrir al ingenio, cosa que tanto a él como a mí nos sobraba para descubrir el medio. En efecto, Abraham, descubrió la cuerda aquella mediante la cual yo les había dado agua a los señores Torres y Licona; así como descubrió una claraboya que con vista al oriente de su calabozo, caía a plomo con una sola brazada a la izquierda de mi reja. Abraham ató del cuello los cascos vacíos de aguardiente conteniendo café uno y chilate el otro, y me avisó que alargara las manos hacia la izquierda para ver si los palpaba; cosa que no podía hacer por impedírmelo las esposas; sin embargo, tomé el palo de la escoba y lo pegué de manera horizontal contra la pared. Cuando Abraham dejó caer el milagroso regalo y yo lo sentí bajo el nivel del palo de mi escoba, comencé a tirar la cuerda hacia mi centro, hasta que logré agarrar ambas cosas. Dos fueron los días que aquel transitorio vecino estuvo al lado mío dándome de aquella manera café y chilate. Cuando el Semana llegó a sacarlo, me dijo: "Adiós, Sanabria. Al entrar al patio le voy a mandar libros".

MESES DE SOLEDAD, HAMBRE Y FRÍO

La soledad y el silencio volvieron nuevamente en torno mío. Yo era el fondo permanente de aquel lugar de tormentos y torturas. Todos los que venían a parar por tres o diez días al lugar que Abraham dejaba desocupado hoy, les parecían siglos de angustia; y sin embargo, yo ya llevaba más de dos años de hallarme allí, y no tenía ni siquiera la remota esperanza de que se me sacara.

Era costumbre del cuerpo de banda de guerra de la escuela vocacional de menores anexa al penal, repasar toques de guerra después que tocaban la diana. Una mañana de éstas y acaso de manera inconsciente, después que los chicos tocaron la diana comenzaron a repasar marchas fúnebres; cosa que nunca o muy pocas veces hacían.

Pero esta vez no sé qué fatídico sentimiento de tristeza les había cernido el alma, que se pusieron a repasar marchas fúnebres. Haciéndome llorar el alma estaban, cuando oí que un sargento correccional llegó a decirles, que la maldición sea Carías Lindo ya había vuelto para hacerse cargo nuevamente de la Dirección; noticia que no obstante que a mí ya no se me podía empeorar la situación, me llenó de infinita tristeza. Los jóvenes, poniendo un sentimiento de más honda tristeza, continuaron tocando su lentísima y triste marcha fúnebre, como si el alma, ente misterioso de penetración ultraterrena, sintiera acrecentar en su interior la habitual melancolía de aquel penal con la sola presencia de aquel infame carcelero.

Durante la ausencia de Víctor Carías Lindo los Semanas se habían tornado cordiales y un tanto comunicativos conmigo; pero desde que Carías Lindo volvió al penal, el que estaba en servicio llegó poniéndome una cara de rey ofendido. Yo comprendí la causa y respeté su silencio.

No sé qué extraño motivo me había hecho pensar, que el carcelero me haría quitar los grillos y esposas a su regreso; sin embargo, había transcurrido ya mucho tiempo sin que yo le viera el principio a aquello. Inquieto y desilusionado por tanta espera inútil, yo le preguntaba al Semana que si sería que el Director ya no se acordaba que un día me había enviado allí con grillos y esposas, pues los ancianos, pensaba yo, padecen de amnesia los más.

—No se le olvida —me respondía siempre—, pues todas las noches se le da parte del total de castigados que hay en los torreones y en las celdas, y al hacerlo, se le pronuncian los nombres de todos y cada uno.

Viendo, pues, que ya casi se me reventaban de hinchados los tobillos, según los tenía de inflamados por el peso y frío de los hierros, un día decidí no seguir adelante con aquella cruz, y para esto había meditado muy bien lo que debía hacer.

Durante mi permanencia allí tuve por costumbre arrimarme a la reja siempre que oía el ruido del mazo de llaves del Semana, pues sólo se asomaba allí para tirarme las tres tortillas con el poco de frijoles. Pero esta vez en que yo había decidido romper lanzas para morir de hambre o salir de allí, no me levanté. El Semana llegó hasta mi reja y me llamó. Yo me hice el dormido, y a pesar de lo mucho que porfió por hacerme verle, no lo consiguió. Creyendo entonces que yo estaba muerto, abrió y me sacudió brutalmente. Yo le vi al rostro y él me ordenó que me sentara para comer. Yo le dije que no tenía hambre. Entonces me preguntó que si era que estaba enfermo, y le conteste que calentura y disentería.

Y era verdad, tenía ambas cosas. El Semana era David López, quien a pesar de que tenía sus brutales arranques, también debemos decir que era el único que se apiadaba un poco de los sufrimientos humanos, y por consiguiente, el único que tenía el valor de decirle al hosco carcelero que había un castigado enfermo de cuidado, pues todos los demás temían aquella represiva réplica que invariablemente les daba, como era la de: "yo no estoy preguntando eso, pendejo metido".

Es el caso, pues, que pasaron dos días en que el Semana sólo llegaba a tirar tortillas sobre tortillas sin que yo probara bocado. Al tercer día decidió decirle al carcelero; pero éste no le hizo caso. Sin embargo, al cuarto día volvió a decirle que yo estaba en trance de muerte; y fue hasta entonces que después de haberlo meditado mucho, ordenó que se me llevara la médico del penal, que era a la sazón el Dr. Martín Bulnes. Este ilustre galeno me examinó y comprobó que realmente yo tenía fiebre. Observando lo cual, fue a decirle al carcelero, que para salvarme la vida convenía sacarme de allí, cosa que le disgustó al infame y al médico la infamia, por que, sin temor de perder su empleo, tuvo que censurar la perversidad de aquel hombre.

A decir verdad, estaba tan excesivamente flaco, que los estudiantes de medicina hubieran podido tomar su clase de anatomía en mi cuerpo sin hacer esfuerzos de visualidad para poder verme cada uno de los 208 huesos de que dicen los anatomistas que consta el esqueleto humano. Al quinto día de mi dieta llegó a verme el otro médico del penal, Dr. Ramón Meza Galeas.

Ciertamente que son muy pocos los hombres que, no obstante haber adquirido un grado de superior cultura, continúan dominados por este instinto de despotismo y de barbarie que agita y domina al hombre cavernario. En casos como el mío, se comprendía a las claras que los Doctores Bulnes y Galeas sentían mucho que tuviésemos como Director del penal una bestia tan feroz y cruel como Víctor Carías Lindo.

El Dr. Galeas, pues, fue tal como lo había hecho antes el Dr. Bulnes, a decirle a C. L. que si no me quitaban aquellos grillos y esposas no podría inyectarme, y que por consiguiente, mi muerta era segura. Qué sentimiento indujo a aquel chacal a condescender en que se me quitaran los grillos, es algo que aún no puedo explicarme. Pero lo cierto es que largo rato después de esto ha llegado el herrero acompañado del Semana para quitarme aquellos hierros.

Mi debilidad física era tremenda; sin embargo, cuando el Semana dio la vuelta, pegué tal salto de alegría que casi tenté el techo de mi calabozo con la cabeza. Mas, felizmente para mí, en estos días Carías Lindo tuvo que retirarse nuevamente del penal y relegar nuevamente el mando en don Manuel Medina.

Don Manuel Medina, se ya he dicho en otras ocasiones, me estimaba mucho; pero a pesar de ello, no podía suspenderme el castigo por no desairar a Víctor Carías Lindo; sin embargo, en esta ocasión logré que me dejaran sin llave la reja, pues esto me daba ocasión de salirme al callejón, que era el único lugar en donde podía darme un baño de sol de once a dos de la tarde, pues era la hora en que, por la enorme elevación del tapial que se levantaba contra mi reja, podía vérsele la cara.

Como hacía ya más de dos años que no le miraba la cara al cielo, era para mí de gran satisfacción echarme supinamente para dilatar la mirada en la inmensidad azul del infinito. Esta sublime visión siempre tuvo la virtud de inspirarme cosas bellas. Entre éstas recuerdo haber compuesto este cuarteto que intitulé.

A CIEGAS

*Quisiera que ese extraño autor de los destinos
que ordena los papeles de mi empezada historia,
me permitiera ver la vuelta a los caminos
que aún tiene que arrastrar mi vida transitoria.*

*Incógnitas sin cuento hasta hoy me han asaltado,
y todo como a un ciego que ignora a su camino;
de incógnitas sin cuento me siento amenazado,
por esa mano aleve del hado peregrino.*

*¡Qué trágica inquietud activa mi existencia,
y siempre entre las sombras del ciego que no mira;
qué fuerza es resignarse al golpe de inclemencia,
que el hado ha de asestar a aquello que uno aspira!
Luchando nos hallamos, ¿quién sabe el desenlace?
Oh signo de mi vida, resorte de mis pasos,
procura acelerar a la espera que ahora me hace
vivir muerto al recuerdo de todos mis regazos...*

Después de dos años de no verle la cara plenamente al cielo, sentía no llenársame el alma con su mirada, sentimiento que me hacía pasar días enteros con la mirada clavada en su límpida y bella infinitud azul. Un día no pude dominar la tentación de poner mi tarima en forma de escalera contra el muro a fin de poder ver más allá de los que hasta entonces me había permitido mirar su oscuro y sombrío paredón. Al efecto, tomando en cuenta la hora en que el Semana llegaba para dejarme la ración, vi que era temprano, y en consecuencia, saqué mi tarima e hice lo que pensaba.

De manera que subiéndome en ella pude ver a través de sus bardas. ¡Qué bello panorama pude contemplar! ¡Qué ansiedad tan inmensa volví a sentir de hallarme en plena libertad al ver nuevamente parte del caserío de la capital que, como vándalos escalando el picacho para poner sitio a sus cúspides, se extendían sobre su falda en fatídico acecho.

Desde mi estratégico sitio podía ver sin ser visto los torreones del norte y sur del penal. Por sobre éstos podía ver la histórica colina llamada por nuestros mayores con el nombre de Juana Laínez, elevación de tierra sobre la que ha caído bañada en su propia sangre y llena de heroicas heridas toda una legión de guerreros hondureños, quienes con un sentimiento más grande y elevado acerca del derecho y de la libertad, ahogaron en sangre la violencia y la barbarie de todos aquellos elementos que después de haberse pronunciado como denodados defensores de ella, degeneraron en esbirros y opresores de la Patria cuando ya se vieron con el poder en las manos.

Hacia el norte y siempre sobre la silueta oscura del torreón podía ver imponente y mayestático el legendario Picacho, negro peñón que sin pestañear vio la sucesión de batallas que se dieron los hombres que a sangre y fuego se han disputado el poder y el derecho a todos los monopolios del Estado. La vista parcial de aquellos ámbitos libres al paso errante y sin espera del eterno peregrino hacía sangrar de nostalgia a mi pobre corazón, pues sin hacerle favor a la magnitud de mis faltas, no reconocía haber cometido falta que mereciera tanta pena.

Sin embargo, así iba empalmando uno y otro día y en tal circunstancia, las impresiones de mi vida diaria ya eran más frecuentes. Un día paseábame muy distraídamente en mi callejón cuando del lado del entrepaño de madera que me separaba del calabozo que estaba a la izquierda del mío, oí una voz que me decía:

—Tomé, Sanabria.

Cuando volví la mirada hacia aquel lugar miré salir de debajo de la pared de tabla una mano blanca y pequeña que generosamente me ofrecía una cajetilla de cigarrillos Extra Kin Bee.

—¿Quién me regala esto? —inquirí, poniendo en la voz cierto sentimiento de gratitud.

—Yo Napoleón Villatoro —contestó aquel noble y generoso compañero mío.

—Muchas gracias, maestro. Agradezco infinito su bondad —fue todo lo que pude decirle en el primer momento.

Más tarde y dada la benignidad con que los Semanas trataban a los castigados en ausencia de Víctor Carías Lindo, la misma mano que me diera los cigarrillos me envió cena y una bolsa de golosinas.

La falta de este joven artesano se debió a unas copas de aguardiente que de Matute se había echado y cuyos efectos no había podido ocultar. Faltas como éstas eran brutamente castigas por Víctor Carías Lindo, pues además de que mandaba a la grava a los que en tales faltas incurrían, los mandaba a "La Calera" con las espaldas manando sangre y los tobillos cargados de grillos. Pero ahora que el señor Medina ocupaba su puesto los castigaba sólo de manera aparente, pues no quería que algún deslenguado de aquellos que le rodeaban, fuera a decirle a C. L. que él estaba deshaciendo su obra de terror y de barbarie. En efecto, y como para asustarle, don Manuel le tuvo en entredicho; mas al tercer día le mando a trabajar a su taller de zapatería.

Como el joven artesano ya había visto todo lo que se les hacía a los que incurrían en su falta, antes de que se le sacara de su calabozo me había dicho que probablemente le echarían a picar piedra a La Mora. Pero yo le hice observar que C. L. no comenzaba por mandar los hombres allí sino por pegarles una vapuleada y echarles a La Calera con una barra de grillos en los tobillos; aserción que fue corroborada por la acción de bondad del Director interino.

Cuando el joven Villatoro salió yo rogué al Semana para que me le llevará un papelito en el que le suplicaba me prestara dos lempiras, pues las hambres que allí pasaba me hacías desesperar y, por consiguiente, perder la vergüenza y dignidad. El Semana era bueno y me hizo el favor; también el joven Villatoro se apiadó del dolor de mis necesidades y me mandó el dinero. Pero dos lempiras en tales casos eran un soplo. En tal caso mi memoria trabaja vertiginosamente tratando de recordar cuál de todos mis compañeros podría prestarme algo; pero no daba con nadie, pues bien sabía que los que estaban mejor vivían a tres menos cuartillo; sin embargo, un día recordé a mi buen amigo don Juan Ramón Romero Chinchilla, magnánimo amigo quien siempre ha sido conmigo muy amplio, abierto y desprendido, y al efecto, rogué a un amigo que logré pescar al azar para que me le hablara. Moncho, como se le llama en el seno de la amistad, no se hizo esperar. Cuando me vio a través de la reja del portón se conmovió hondamente de verme tan escuálido. Mucho nos hubiera agradado platicar; pero era expuesto que fuera a verle algún soldado y le pegara su chicoteada, por lo que sin permitirle que nos extendiéramos mucho le dije descaradamente que me diera dos lempiras, cosa que él hizo con la mayor buena voluntad, y me dijo que cuando quisiera alguna otra cosita, que mandara avisarle.

La oportunidad con que estos nobles compañeros me sirvieron, y el riesgo que corrieron para hacerlo, me hace sentir por ellos un afecto muy especial.

Luchar por la menor opresión posible es, más que deber, necesidad, sentimiento que da valor a los cobardes y temeridad a los valientes. El caso mío, por ejemplo, de negarme a probar bocado durante cinco días seguidos fue, más que efecto de la fiebre y disentería que padecía, anhelo vehemente aunque culpable de morir de una vez antes que continuar adelante con aquellos grillos y esposas. Claro estaba que en mi caso había que ocultar el pensamiento de huelga de hambre que yo tenía en mi mente cumplir hasta la muerte, pues sabía que Víctor Carías Lindo, en su funesto afán de conservar la vida de sus víctimas para atormentarlas lo más posible, había hecho meterles una botella de leche diaria por el recto a aquellos políticos del callejón de la veinte que habían hecho lo mismo que yo; lo cual había hecho porque ellos no habían ocultado el pensamiento que les hacía tomar tal rectitud.

Mas ahora que se me habían quitado aquellas herramientas de tormento y se me había abierto la reja para que saliera al estrecho callejón que daba entrada a mi calabozo, miraba que se me presentaba la ocasión de poder valerme de un muchacho del reformatorio para hacer llegar una carta al candidato del gran elector, pues estaba tan atontado por el dolor de mis sufrimientos, que aquella misma tontera me hizo creer me ayudaría. Fue, pues, movido por este pensamiento, que un día me subí sobre las bardas del entrepaño que estrechaba aún más los muros de mi callejón, para estudiar la manera de poder llamar un muchacho sin ser visto por algún infame que corriera a denunciarme. En efecto, vi uno cuyos compañeros apodaban con el mote de Peneka, y quien respondía al nombre de Emese Flores. Yo le llamó por su apodo, y el muchacho obedeció al punto. Cuando se me acercó le rogué que fuera a llamarme un pariente mío que había en el reformatorio y él lo hizo sin hacerse rogar; pocos minutos después regresó para decirme que mi recomendado le había dicho que no quería verme; sin embargo, no le creí tan ingrato, por cuya razón supliqué al propio Peneka para que me le llevara una carta a fin de que el domingo que su madre viniera a visitarle se la diera para que se la llevara de parte mía a la persona que indicaba el sobrescrito, cosa en la que el aludido Peneka convino.

La carta ya la tenía hecha con una redacción prometida, por manera que supliqué a Peneka que se me acercara al portón de entrada para dársela por una hendidura que tenía aquel viejo portón.

Pero como se le había organizado tal servicio de censura y registro que nadie podía franquear las jambas de una puerta o reja sin que los guardias que los tenían por todas partes sometieran al individuo que las pasaba a un riguroso registro, cuando Peneka le pidió al llavero que le abriera la reja para pasar al taller, este le registro de pieza a cabeza y le encontró la carta que yo le enviaba al Dr. Gálvez.

Preparada la soldadesca de C. L. para la delación y la infamia, el vil soldado que sorprendía a Peneka con mi carta no se hizo esperar, que llegará el cabo de turno para darle parte de lo ocurrido pues le pareció que este podía quitarle el mérito del descubrimiento y quedarse sin el ascenso y la condecoración con que Víctor Carías Lindo los ascendía y condecoraba.

HOY SÍ ME MATARON

Los muchachos del reformatorio que todo lo espiaban y oían corrieron a decirme que los soldados le habían quitado mi carta a Peneka y que le habían pegado una vergueada atroz.

Huelga decir la sensación de miedo que sentí con tal noticia, pues en situaciones como las mías solo lo peor se esperaba. De manera que presintiendo la próxima visita del tunco Sarmiento, me metí a mi celda y me eche en mi tarima a imaginar lo que estaba por sucederme. Sumido estaba, pues en tales salivaciones cuando escuche el fatídico tintinear del manojo de llaves que el Semana siempre llevaba en la mano.

—¡Vaya! —me dije para mi coleto—, hoy sí si es cierto que estos perros ya me comieron vivo.

El desorden nervioso que aquel cortejo patibulario me provocó fue tremendo; y era probable que también mi cara había empalidecido enormemente; el Semana, el feroz Semana abrió la puerta y la primera figura que se destacó en el dintel de la reja fue la del tunco Sarmiento, quien sentándoseme en la tarima comenzó, ¡qué extraño cambio! no a ultrajarme y mucho menos a vapulearme como yo lo esperaba, sino a amonestarme de manera amigable.

—Ajá, hombre, hombre, ¿así es qué le escribiste al Dr. Gálvez?

—Pues sí, mi capitán. Yo soy nacionalista y cuando vivía en la Costa Norte del país y él llegaba por allá, el general Martínez Funes, bajó cuyas órdenes serví me hacía acompañarle como ayudante suyo, y creo que si él lo recuerda pueda ser que me ayude, pues ya tengo más de dos años de estar languideciendo tristemente aquí.

—Pero no, hombre, a vos te tiene aquí el general (Víctor Carías Lindo) cumpliendo un castigo que debés hacer hasta que él quiera.

Todo esto me lo dijo con tanta bondad, que me quedé asombrado.

Esta suave actitud, impropia de aquel carácter grosero, prueba hasta la evidencia que la corrupción, la violencia y la barbarie de cualquier régimen siempre tienen su raíz madre en el carácter de su jefe. Ahora no estaba Carías Lindo en el penal, hombre bestia de figure humana pero que de sentimientos crueles bajos, salvajes y brutales quien jamás creyó que el hombre fuera capaz de sentir el acero de sus garras. Ahora estaba a la cabeza de la Dirección el P. M. don Manuel Medina F., quien si bien es cierto que siempre sirvió en la Secretaría del Penal bajo su dirección, también lo es que su ética de hombre pulcro, jamás sufrió el contagio de alma de Víctor Carías Lindo de manera, he aquí de cuerpo entero la imagen del motivo de generosidad con que aquel despiadado verdugo miraba ahora mi descubierta tentativa de mandarme carta de manera que lo único que se limitó a hacerme, fue ordenar al Semana que le echará llave a la reja. Pero adviértase que si C. L. hubiera estado en el penal estos bárbaros me hubieran dejado medio muerto a palos para acabarme de matar de inanición y con una barra de grillos en los tobillos.

El odio, el desprecio y el trato brutal para con los recluidos y aún más para con los que estábamos con una barra de grillos en los tobillos eran los consejos dominantes de la doctrina diaria que Carías Lindo enseñaba a sus esbirros. Por este motivo fue con intención premeditada siempre dio de alta en la guarnición a los indios más salvajes de aquellos departamentos adyacentes a la capital, y muy pocas veces esos aventureros que de vez en cuando llegaban a solicitar su alta, pues sabía que estos, con un sentido más claro que del dolor humano, eran más susceptibles a conmoverse a los sufrimientos de los reos que aquellos. Sin embargo, no obstante la testarudez y ensimismamiento de aquellos indios, los Semanas Francisco Sánchez y David López, que eran tipos de la misma especie, eran un tanto comunicativos conmigo, y era así que no vivía ayuno de muchos de las cosas que pasaban bajo la perspectiva de sus cortos alcances.

Un día, uno de estos Semanas y con gran sorpresa para mí llegó diciendo que Lázaro A. Mejía estaba castigado en el torreón del Limón. Yo le pregunté que si conocía el motivo y él me dijo que sí; que su castigo provenía de que se les descubriera unos papeles.

—¿Y el carácter de estos papeles? —interrogué con cierto disimulo a nuestro interlocutor.

—Se trataba de una información descriptiva que él tenía acerca de lo que pasa aquí en el penal, y que probablemente pensaba enviarla a la prensa de la oposición —contéstome secamente.

Lázaro A. Mejía era profesor empírico; pero más ilustrado que la generalidad de los maestros de escuela que he tratado en mi vida. Desde muy joven cayó preso por haber andado en compañía de un amigo que en presencia suya dio muerte a un hombre. La escuela del reformatorio anexo al penal dio a ocasión para que se le sacara a trabajar a esta como profesor de grado, donde dio muy beneficios resultados, pues muchachos más reflexivos de dicha escuela aseguraban que ningún maestro daba tan bien su cátedra como él. Pero el profesor Mejía era idealista y vehemente revolucionario. Soñaba con ver los destinos de su patria dirigidos con un elenco de hombres jóvenes, educados en una escuela distinta a la del de patriarcado y cacicazgo en que habíamos nacido y seguíamos viviendo, razón por la que se me hizo demasiado tarde su castigo, pues hacía mucho tiempo, debido a la indiscreción que yo le conocía venía esperando de que un momento a otro le vería con una barra de grillos en los tobillos.

Una vez y hallándome yo de apuntador el profesor Mejía me llamó para enseñarme algunos discursos de carácter revolucionario que había publicado la prensa de Guatemala contra las dictaduras de Honduras y Nicaragua.

Los libelos los había recibido de manera subrepticia y, podemos decirlo: "¡Ay de aquellos a quienes se les hubiera hallada leyendo de esta clase de literatura!". Yo, sin él pedírmelo ni necesitarlo, le aconsejé que quemara aquellos papeles porque si alguno de los esbirros de C. L. le descubría con toda seguridad le despellejarían vivo. Pero dichosamente para el compañero y amigo Mejía, se le denunció en ausencia de Carías Lindo, y el Director interino queriendo llenar las apariencias de aquel rigor terrible de Carías Lindo, ordenó que se le metiera al torreón. Por este motivo fue al que al décimo segundo día de su encierro que simuló vasca y dolor de estómago, se le pasó a la enfermería.

La muerte tiene, y más que la de origen patológico y la de carácter violento, algo que inconscientemente nos llena de tristeza infinita. Si el que la ha sufrido es nuestro buen amigo, lo lloramos, y si el que la ha padecido es nuestro máximo retractor y por consiguiente, nuestro más abominable enemigo, lo perdonamos. La sensación de este sentimiento pude experimentarlo el día en que el Semana David López me contó en mi calabozo que Gonzalo Paz García había muerto en el destino "agua caliente" deshecho por una piedra que le pasó sobre la cabeza. Me dijo que le había contado un reo que un compañero suyo estaba encaramado sobre una cantera tratando hacer rodar una piedra como de quinientas libras, y que habiendo visto Gonzalo Paz su incapacidad para lograrlo, subió arrogantemente para reprenderlo y darle sus latigazos y una muestra de su hercúlea fuerza. De modo que le quitó la barra con violencia y tirando de ella con brusquedad satánica, la piedra se le fue encima. Gonzalo quedó con la cabeza hecha una bolsa achatada y llena de sesos sanguinolentos.

EL FIN DEL REINO DEL TERROR

Trascurría el año de 1948 y el fermento político que el pueblo sufría por motivo de las elecciones presidenciales era febril. La perspectiva de Carías Lindo con la exaltación del Licdo. Juan Manuel Gálvez al poder era sombría, pues el ascenso moral de aquel infame carcelero tenía que el ánimo que el dictador le había engreído de tal manera, que cuando el Licdo. Gálvez y el general Williams se permitían recomendarle alguno de sus amigos, daba con los pies a tales recomendaciones, pues solía decir con soberbia pedantería, que allí no estaba atendiendo recomendaciones de nadie. Y era verdad, porque para las muchas tonteras que hablaba allí contra el dictador, no se podía esperar otra cosa. Un día me contó el negro René Theodoro que Carías Lindo había dicho a un grupo de personas que le escuchaban en la escuela anexa al penal, que el día que el General Tiburcio Carías entregará la presidencia a quien quiera que fuera, él se levantaría en armas contra su sucesor.

¡Ja! ¡Ja! ¡Ja! ¡Ja! véase ahora a Napoleón Bonaparte reencarnado en un ratón, amenazando, como Júpiter tonante, con derrocar un régimen de fuerza para sustituirlo con otro que fundaría con la fuerza de sus bayonetas.

¡Cuántos desafueros hace hablar poder personal a un tonto, que, por serlo, desconoce sus posibilidades personales y achaca a sus propios prestigios políticos en ver en torno suyo a una docena de indios caitudos que aterrados por su crueldad y despotismo le obedecen a pie juntillas todo cuando les ordena!

Efectivamente C. L. odió la candidatura presidencial del Licdo. Juan Manuel Gálvez, pues a mí me contó el coronel Juan Nazzar que él había presenciado el ultraje que el carcelero infirió al comandante de guardia de prevención por haber pegado en la pared una fotografía de propaganda del futuro sucesor del dictador.

Así las cosas, el memorable 31 de agosto de 1948, y como a eso de la nueve p.m. dormía yo el sueño de los justos cuando de repente desperté asustado al ruido de las llaves y cadenas que el Semana hizo oír al abrir mi reja. En el primer momento pensé que iban a cumplir alguna orden de carácter trágico, pues en tiempos de Carías Lindo solo lo peor podíamos esperar los que nos hallábamos en tal situación.

El Semana iba seguido del tunco Sarmiento, quien me ordenó que hiciera mi maleta porque iba para adentro; es decir, ya se me pasaba al patio general. La impresión de delirante alegría que aquella notificación provocó en mi corazón fue algo verdaderamente inefable, pues pensé que ya le vería la cara al sol, que ya platicaría libremente con mis compañeros, que ya podría bañarme a la hora que deseara; que ya podría devorar libremente libros y revistas, y que ya podría, además de escribir a los míos, tomarme una taza de café a la hora que yo deseara, y comer de aquellas golosinas que durante dos años y cinco meses y catorce días que me tuvieron incomunicados, estuvieron reprimidos mis deseos y necesidades.

Como en tiempos de Víctor Carías Lindo siempre se procuró hacer en el mayor secreto posible todas las ejecutorías que hubieron de hacerse; cuando se me iba a pasar enfrente de la reja del reo que tenía al lado de mi calabozo, el tunco Sarmiento se fue a cubrir con su cuerpo toda la reja para que el Semana pasara conmigo sin que se me viera.

Cuando llegamos al guardia de la cárcel, el tunco Sarmiento ordenó al comandante de esta que se me registrarán bien; y en tanto que este cumplía la orden el tunco hizo que le llamarán al reo apuntador para que este me metiera a la celda número quince. Cuando yo entré a esta y me dirigí hacia la tarima que el presidente de la tarima me designaba, un hombre a quien desconocí en el primer momento se me tiró encima para abrazarme con todo y maleta. Era Miguel Yanes Ríos, el mismo reo aquel que Carías Lindo sacó del tormento aquella misma noche en que me condenó a sustituirle. El presidente le reprendió; pero él se le hizo burro.

Al día siguiente, todos los reos que ya tenían muchos años de reclusión y con quienes ya nos teníamos un afecto como de verdaderos hermanos, me congratularon de la manera que pudieron; por caso don Justo Bonilla Martínez me regaló dos bananos; Enrique Yanes me regaló un dulce, sus otros hermanos me regalaron algunas niñerías que, para quienes se encuentra con el estómago pegado al espinazo, regalar un mendrugo de pan equivalía a que Rockefeller hubiese regalado en vida toda su fortuna.

A las cuatro de la mañana del día siguiente el pregón me pegó el grito al caracol, era parte que me midiera el uniforme y me alistara para ir a picar piedra a la Mora. A la seis de la mañana que íbamos saliendo para dicho destino, Carías Lindo estaba con los brazos cruzados y con la guardia de pie, sin duda, con el premeditado propósito de ver qué cara le ponía yo, por recuerdo que en tres años seguidos que pique piedra antes de ahora, nunca hizo aquello. ¿Acaso quería ver si yo tenía valor de hacerle algo? ¡Imbécil! ¿Cómo le cabría pensar tal cosa? El hombre que tiene algún ideal político que cumplir en la vida no destruye su porvenir por insignificancia porque si bien es cierto que yo transgredí con un hombre que no valía la pena. Lo es que para aquel entonces yo estaba demasiado joven, y el hombre joven no reflexiona.

En mis primeros días de trabajo y a espaldas del presidente del destino, mis compañeros me llevaban piedras labradas y sin labrar pero fáciles de tallarse. Muchos reos que habían ingresado durante mi permanencia en el olvido sólo me conocían por referencias, pues en el penal siempre se platicaban cosas alusivas a los actos de barbarie de los esbirros de Carías Lindo.

Antes de hoy jamás se me había tenido en una bartolina donde hubiese tantos hombres como los que había en aquella celda en que se me tenía ahora. Su extensión geométrica, demasiado pequeña para los trescientos veinte reos que habíamos en ella, se extendía a veinte metros de longitud por diez de latitud.

Para que pudiera caber tanta gente en tan estrecho espacio, se había tenido que montar tarima sobre tarima en forma de almacén de cajas de zapatos, de manera que vistas a cierta distancia, daban la impresión de alvéolos de avispas.

A las cinco de la tarde pitaban la hora del encierro y todos debíamos formarnos rápidamente. El que era visto por el presidente buscando su puesto en las filas después que ya todos estaban formados, era fustigado en el primer momento y al sólo entrar a la celda era puesto manos arriba hasta las nueve de la noche que se tocaba silencio.

El encierro de cada celda era presenciado y checado por un guardia y un presidente. El encargado de la celda leía la lista y los llamados debían contestar: "presente", yéndose sin detenerse a su tarima, pues además de que era prohibido permanecer de pie dentro de ella, no se podía permanecer dentro de ella más que acostado.

A las cuatro de la mañana fuese día festivo o no, el comandante de guardia de cárcel pitaba y al conjuro de este silbatazo se provocaba un rumor general en todo el penal, pues todas las celdas se abrían casi sincrónicamente y todos los reos se incorporaban para vestirse y salir al patio semidesnudos para terminar de vestirse aquí, pues ya sabía que el que se quedaba embrollado adentro, lo sacaban a latigazos.

Como la extensión geométrica de los recintos del penal eran demasiado estrechos para nosotros, en la mañana, más que a ninguna otra hora del día, no podíamos ni siquiera girar para uno u otro lado sin rozar o atropellar aquella multitud de hombres que tan apretadamente se removía.

Con frecuencia había que lamentar que los hombres que salían de las celdas para votar el todo arrollarán alguno que a otro hombre de aquellos que debido a la desnutrición no miraban en la mañana.

Mi larga permanencia en la humedad, cargado de grillos y esposas y sin haber tomado sol durante tanto tiempo que se me tuvo incomunicado, hizo que yo saliera al patio general con la salud bastante quebradiza. Pocos días después de hallarme picando en La Mora, me pegó una gripe que me hacía vivir acalenturado, motivo que me hizo pedirle al apuntador Alfredo Romero que me dejara en la enfermería; pero él no quiso, razón por la que me vi precisado a pedírselo al presidente general de reos, coronel don Juan Nazzar, persona que siempre me trató con bondad de corazón, y de esta vez sin vacilar me dijo que sí. De modo que buscando quien me ayudase a pasarme, me trasladé a la enfermería, lugar en donde tenían como jefe de entradas y salidas de pacientes a un santurrón asesino que respondía al nombre de Rafael Argeñal.

Rafael Argeñal era un hombre que frisaba en los treinta años de edad. Había llegado al penal procedente de la ciudad de Ocotepeque, lugar donde viciado al asesinato impune bajo el mando del máximo asesino de Honduras Carlos F. Sanabria, había dado muerte a sangre fría y sin motivo alguno a un indefenso campesino del pueblo de Santa Fe. Ahora no hay en todo el penal un beato más santurrón que él. Constantemente usa tirantes y calza zapatos tennis y con su sombrero de explorador hace una figura ridícula.

Al levantarse, reza, reza antes de cada tiempo de comida y también al acostarse. Su carácter es, en su conjunto, de un hombre verdaderamente afeminado. La enfermería se dividía en dos piezas, una para alojar a los más y otra a los privilegiados. En esta última permanecía el señor Argeñal, lugar donde me metí algunas veces para pedirle prestado el periódico al señor Carlos Rosales. Pero un día el segundo jefe de la enfermería me dijo que le había dicho el señor Argeñal que me dijera que no me anduviera metiendo en aquel apartamento porque el apuntador Alfredo Romero no me quería y que le había llamado la atención al respecto. Esta estúpida objeción me enojó y me hizo buscar al señor Argeñal para preguntarle si era cierto que Alfredo Romero le había dicho aquello, cosa que me confirmó sin creer que yo fuera capaz de amonestar a éste; de manera que al tercer día que se me echó fuera de la enfermería, yo llamé en privado al señor Romero para amonestarle de manera conminatoria su actitud; pero éste se negó a reconocer como suya aquella orden, ofreciéndome ç, para complacerme, que si yo quería podíamos ir a donde Argeñal, para desmentirle en presencia mía. Yo me negué a esto; pero minutos después el propio Romero pasó por mi celda para decirme que le había pegado una ultrajada al señor Argeñal, quien le había dicho que no me había dicho nada.

La severidad de las observaciones que hice a Romero en el recinto y la satisfacción que éste había llegado a darme a mi celda, hizo decir al Choco Armando Cáceres Vijil, que yo era valiente, porque si otro que no hubiera sido yo le hubiera hablado a Romero en los términos que lo hice, con toda seguridad que me hubiera pegado mis pescozadas en la cara, pues era grande el respeto que dicho sujeto había logrado obtener allí al amparo del terror provocado por Víctor Carías Lindo.

Si el sentimiento de gratitud, como el de impugnación contra los ingratos, debe abrir las ventanas del alma para gritar su reconocimiento a quien lo debe como para conminar a quien se lo merece, debo decir que Juan Nazzar me favoreció considerablemente, no sólo porque de orden suya me daban algo mejor que un miserable rancho, sino porque en dos ocasiones me regaló dinero.

No obstante que Carías Lindo cada vez oía más cerca las pisadas de los pasos de su futuro sucesor, continuaba siempre con su infamia y con sus ruines y viles restricciones. Ahora se le ocurre, como para cerrar con broche de horror su nefasta actuación, ordenar que se les quite a los reos los cacharros en que calentaban su poco de agua para hacer algún té o un poco de café, y prohíbe además la entrada de café molido para los reos; así también dio orden de que se retirara a latigazos a aquellos que intentarán acercarse a los fogones, para pedir un poco de agua caliente a los cocineros. Yo vi ancianos mirando con tristeza que les arrebataban sus cacharros para achuchárselos. También vi que a otros cambalacheros de aquellos que en los destinos hacían café para vender por centavos a sus compañeros se les decomisaba el abundante café y dulce que habían comprado para tal fin, y que sus mismos verdugos pasaban sus haberes a las bodegas de víveres de nuestro bárbaro carcelero; empero, al fin, todo llega, todo pasa a la historia que escribe los hechos del hombre.

Al principio nadie pudo saber quién sustituiría a C. L., sin embargo, él ya presentía ver en la guardia de prevención la presencia de su sucesor para que le entregara aquello que durante dieciséis años había tenido por negocio de su propio peculio; y no obstante que durante la dictadura de Carías a mí y a una multitud de más de excluidos e individuos de alta en las oficinas, nos consta de oído y vista, cómo ha hecho llamar a las tortilleras que entraban las tortillas para los recluidos para pedirles que lancen una hoja volante firmada por todas ellas pidiendo al nuevo presidente de la República que conserve en la Dirección del penal al probo generalísimo Víctor Carías Lindo.

¡Qué bárbaro! ¡Qué infame! A ellas, al fin, no las inculpo, pues no sabían lo que pedían; o si lo sabían, únicamente obedecerían a los dictados de su propio estómago. ¡Pero él!... ¡Huy! ¡Es el horror!...

En otras ocasiones nos había dicho que habían sido muchas las veces que le había dicho a Carías que mandara su sustituto, que él ya estaba cansado de servir la Dirección del penal; pero que lo que le había contestado el dictador era que le buscara el hombre, porque según él, era insustituible. Sin embargo, helo cómo llora ahora que le arrebatan de la boca la ración que hipócritamente desdeñaba.

¿Habrá olvidado el hombre de guerra, el Napoleón contemporáneo, derrocar por la fuerza de sus armas el gobierno del Dr. Juan Manuel Gálvez, tal como lo había predicho, y constituir su propio gobierno, su gobierno de facto? ¡Ja! ¡Ja! ¡Ja! ¡Qué divertido resulta ver convertido en muñeco de feria a un tonto que durante mucho tiempo estuvo obsesionado por la delirante idea de creer que él era el Bonaparte de nuestros días, por cuya razón haría de los destinos de Honduras lo que le viniera en gana; más, al encontrarse con la realidad; es decir, al comprender , ya demasiado tarde, por cierto, que realmente es un don nadie, ¡qué desilusión! ¡Cuánto dolor y desencanto ha de sufrir un guiñapo de éstos, cuando se dan exacto cuenta de que en verdad no valen nada.

Sin embargo, he aquí la historia de una cuarta parte de todos sus horrores, de todas sus barbaries. La historia de los pueblos se desenvuelve así, con bárbaros, con bárbaros que con conocimiento de sus seguidores siegan vidas a martillazos, con una cuerda al cuello o de cualquiera de aquellas otras ominosas maneras de que Carías Lindo se sirvió para segar vidas preciosas que bien pudieron haberle sido más útiles a la patria que la suya junta con la de todos sus ascendientes y descendientes. Pero el pueblo, el único que siempre está en un constante nacer y renacer, habrá de aprender la lección ofrecida para que no vuelva a incurrir en los mismos insulsos desaciertos políticos de otros tiempos.

Víctor Carías Lindo pues, se detuvo en el penal; se detuvo pero pasó, pasó así como pasa un horrible incendio que devora bárbaramente vidas y haciendas, pasó como pasa un huracán que lo arrambla todo y que deja detrás de sí toda una montaña de vidas tronchadas; sí, llegó, se detuvo y pasó como una de esas crueles epidemias que lo devastan todo, que lo destruyen todo, acaso hasta el alma y la espiritualidad misma de las cosas que otrora han florecido con bondad infinita.

Una mañana, que bendita sea entre todas las mañanas que dieron luz para redimir a los oprimidos, con gran beneplácito de la totalidad de reos y muchachos del reformatorio, vimos que unos hombres andaban haciendo un inventario general de todas las cosas del penal.

Era el 3 de marzo de 1949, fecha en que el reo de la penitenciaría central de Honduras da gracias a Dios y que, hasta hoy, no deja de oficiar en esta fecha una misa de Gracias al Todopoderoso por haberle expiado al fin, de tanta culpa, quitándole de la Dirección del penal a aquel bárbaro, cruel y despiadado que durante dieciséis años la atormentó hasta el máximo embrutecimiento.

Luego que vimos a los hombres desconocidos hacer un registro general de las armas y demás haberes del Estado, no dijimos nada; pero no dejamos de presentir de que aquel vil esbirro se marchara con su tunco Sarmiento y toda su corte de crueles verdugos.

Pero la espera del resultado de esta imprevista visita no se hizo demorar mucho para mostrarnos su verdadero objeto: el general Juan B. Alemán llegó al penal con el acuerdo del Ministerio de Gobernación en la mano para recibir la Dirección de dicho centro, la que le fue entregada por el señor Secretario, P. M. don Manuel

Medina F., pues C. L. quedó, como dijera el poeta: "yo, mudo de estupor, con el espanto pintándose en mi faz desencajada vi deshacerse en humo, en polvo, en nada, ni gloria, mis ensueños, mi alegría, el encanto del alma enamorada; y sentí bajo el golpe que me hería, vacío el corazón, vacío el mundo, hasta la misma inmensidad vacía... sentimiento que, ¡cobarde! no le confirió el valor de tener la suficiente entereza moral para entregar personalmente y con muestras de franca camaradería, la Dirección de aquella institución pública que hacía ya mucho tiempo que venía pidiendo a gritos que se relevara de su puesto a aquel bárbaro retrógrado y cavernario, por un hombre que tuviese un sentido más amplio y elevado de la justicia social".

EL GENERAL JUAN B. ALEMÁN

Gral. Juan B. Alemán. El general Juan B. Alemán nació en un pueblecito del departamento de Olancho, el que por cierto es la región más feraz de mi querida patria y donde, además, se producen los hombres más inteligentes de la República; sólo que, y acaso por la misa fuerza que la naturaleza de sus tierras imprime a todo lo que ella produce, todo en ella es desbordamiento, fuerza y bravura; de aquí que sus hijos sean los hombres que más dan que hacer a la justicia social de Honduras. Sin embargo, no obstante que el carácter del general Alemán no desmiente en nada el espíritu de bravura de aquellas gentes que me son tan caras y queridas, es un hombre ecuánime y de una inmensa sensibilidad moral. siendo muy pobre y aspirando desde muy niño a ilustrarse para preparar sus fuerzas y poder ser útil a sus semejantes, a la edad de diez años escapó pata Tegucigalpa, donde debido a su corta edad encontró muchas dificultades para iniciar sus primeros pasos.

Bastante muchacho aún, el joven logró ingresar a la escuela militar, la que por entonces estaba muy bien organizada, logrando obtener permiso por su jefe para alternar entre los estudios de los conocimientos de guerra los de Perito Mercantil y Contador Público. Apenas salido de la segunda infancia el joven Alemán recibió su bautismo de balas en el campo de batalla, logrando obtener continuos ascensos militares debido a su valor, a su serenidad frente a los peligros y a sus altas dotes para el mando y sus extraordinarias cualidades de organizador, siendo en nuestros días uno de los muy pocos militares de escuela capaces de organizar un dispositivo ofensivo o defensivo capaz de hacer frente con éxito a la guerra relámpago contemporánea.

Helo, pues, ahora y aquí frente a la Dirección del Penal. Desde 1946 que murió el alcalde Luis Sánchez, Carías Lindo no había querido nombrarle sustituto, pues dentro del penal él siempre había hecho lo que le había venido en gana, y el dictador no había hecho más que bendecir sus actos. Pero ahora la cosa era muy bien distinta. El General Alemán nombró alcalde al coronel Miguel Escobar Paguada, quien por ser ex recluido de dicho centro y haber comido el pan del presidio, sabía ser ecuánime con ellos. También nombró como jefe de resguardo al coronel Juan castro B., quien también respondió sincrónicamente a los nobles llamados del corazón del general Alemán. El Secretario sería el mismo de los tiempos de Víctor Carías Lindo; pero es que para apreciar las excelsas virtudes de dicho ciudadano, se necesita la profunda penetración espiritual y la gran sensibilidad moral que caracteriza al nuevo jefe, razón por la que éste suplicó a aquél que no lo abandonara, y el asistió en el deseo de ayudarle.

Dos días después de su arribo a la Dirección, el general Alemán entró al patio general para reconocer sus interiores. Las multitudes que acumuladas contra el caracol la esperaban ansiosas para darle su saludo de bienvenida, al verle entrar se descubrieron y le dieron vivas sonoras de delirante alegría. El General Alemán, también conmovido de entusiasmo y piedad, dijo unas palabras que revelaron con claridad la grandeza de su alma y las queridas intenciones que traía de redimir al penado siquiera del dolor de los horrores del látigo y de las cadenas, de manera que, óiganse en síntesis sus palabras:

—Queridos compatriotas, agradezco infinito las muestras de simpatía con que Ustedes me reciben, pues veo que mi presencia les es muy grata; sin embargo, no obstante que vengo dispuesto a disminuir en lo posible vuestras penas, quiero pedirles por favor que no me tengan por Mesías. Las cadenas y el látigo, viles instrumentos con que hasta hoy se les ha manejado, son cosas que mientras yo esté a la cabeza del penal, quedarán prácticamente prohibidas. Y lo único que sí quiero pedirles de todo corazón en recompensa de mi conducta para Ustedes, es que en lo sucesivo me den muestras de que han sido indignos del trato brutal de que se quejan haber sido víctimas inmotivadas. ¡A ver, presidentes! —gritó el paladín.

Dieciséis presidentes le rodearon súbitamente, a quienes les ordenó que le formaran a todos los encadenados y que le trajeran todos los látigos de que hasta entonces se habían servido para fustigar a los demás reos. Formados los encadenados se les ordenó que dieran el número, resultando justamente cuatrocientos treinta y siete. Se vieron sus causas para ver el motivo, y se encontró que apenas diez de ellos estaban por asesinato y que ninguno tenía anotada alguna fuga o tentativa de fuga. De manera que no se halló ninguno motivo de tanta infamia y, sin vacilar, el general Alemán ordenó que se les quitara los grilletes y cadenas a todos ellos. Gritería general de electrizante alegría. Momentos después de esto los presidentes llevaron todos los látigos, que sumaros cuarenta y cinco, los cuales hizo que se les colgaran de una viga que queda como dintel de la reja de entrada, acaso como signo de vergüenza de quien se sirviera de ellos para manejar hombres razonables y sensatos.

La ceremonia dio lugar para escuchar el intercambio de algunos discursos. El P. M. don Arturo Morales Chávez dijo unas palabras que por prevenir de un recluido culto y de gran sensibilidad moral, nos conmovieron a todos.

El ladrón Rodrigo Guiles Pineda también habló; pero de manera tan insolente, tan grosera, tan provocativa y tan vulgar, que el nuevo Director se vio obligado a ordenarle que guardara silencio, pues amparado en su espíritu de tolerancia comenzó a encontrarles sus pasados despotismos a los señores Alfredo de Jesús Romero y otros elementos más. Efectivamente, si había quien de los allí presentes tuviere menos derecho a censurar el pasado de estos hombres era el ladrón de referencia, porque nadie se prestó más a la delación que él; nadie atormentó más víctimas que él. Cuando yo regresé al patio general les conté a mis confidentes que fueron muchas las noches que en altas horas me desperté a los gritos de dolor que algunas víctimas daban diciendo a grito herido: "Ay! ¡ay! no me maten. ¡Si no fui yo! ¡Si no fui yo! ¡Ay! ¡aA! ¡Ay! Por favorcito no me maten, señores. No fui yo, si no fui yo; pero si ustedes quieren que me inculpe, me inculpo; pero no me maten por favor, señores".

—¡Ah! —me dijeron— si fue el ladrón Rodrigo Guiles Pineda actuando bajo la dirección de Carías Lindo que colgaba a los hombres de los testículos y les metía astillas de madera dura en la uñas y en los oídos hasta hacerlos sangrar. Aquí hay como tres hombres de estos a quienes les hicieron tanta barbaridad y era la verdad. Yo los vi; pero ya estaban cicatrizadas sus heridas.

Efectivamente, Víctor Carías Lindo adoraba a este perverso caco, pues le daba ropa de casimir nueva, y además le daba muy buena alimentación, con alguna frecuencia le metía prostitutas, permitiéndole, además, en muchos casos, que se diera el honor de tratarle de tú a tú en público, pues aquel crótalo, adelantándose a los nefastos deseos de crueldad, y de infamia de su maestro de salidas ceremonias, hacía tales horrores con sus víctimas, que sólo pensarlas me ponen la piel como carne de gallina.

Sin embargo, no se crea que Rodrigo Guiles Pineda era un hombre viejo para que tuviese tanta maldad aprendida, pues apenas frisaba en los veinte años de edad. Cuando entró al penal tenía justamente diecisiete años de edad. Hasta entonces había cometido 7 robos brillantes sólo en Tegucigalpa, y digo brillantes, no porque yo aplauda el latrocinio, sino porque inútilmente se quebraba la cabeza la policía de la capital sin siquiera poder encontrar las huellas del culpable; y acaso si no hubiera sido que por azar pasó por allí un gran detective norteamericano, el ladrón se hubiera ido de Honduras riéndose de las imbecilidades de su policía.

Su récord era realmente en los anales de los cacos más listos de Centroamérica. Rodrigo Guiles se ufanaba de ser el ladrón más joven y más listo de América.

Él era de origen costarricense, nativo de la ciudad de Cartago. Desde muy chico había escapado en un barco comercial para los Estados Unidos de Norte América, donde había ido y se había metido de matute. Aquí comenzó a ensayar los primarios ejercicios de su natural vocación. En México hizo algunos alces con éxito regular. En Managua, República de Nicaragua, había hecho otro tanto. Aquí se llamaba Ángel Mercado; allá Víctor C. Lindo; pero su nombre de pila era José León Sánchez. La vez que Carías Lindo me metió con él para que me orejeara, es decir, para que me hiciera hablar y ver qué podía sacar en claro de lo que yo tenía en mente hacer, me contó que siendo muy chico; fue al tren quien se descuidara, ayudó a una viejecita a cargar sus maletas; más como ésta le franqueara su casa, la siguió visitando, hasta que un día descubrió que en un armario la pobre viejecita tenía diez mil colones en billetes grandes, los cuales le robó. Cuando la anciana se enteró del robo él se hallaba en casa de ella para darle el pésame el primero. La viejecita creyó que su pesar era sincero, y se lo agradeció.

Cuando el General Alemán se hizo cargo de la Dirección del penal, Guiles Pineda siempre buscó mi amistad; pero siempre se encontró con mis espaldas. Cuando cumplió su sentencia, la corte de Honduras ordenó su repatriación, y entonces me buscó para suplicarme que le anotara un pensamiento en su libreta de recuerdos que llevaba; cosa a que asentí escribiéndole algo que si no lograba florecer en su conciencia, al menos me dejaba la satisfacción de mi esperanza.

La última vez que supe de Rodrigo Guiles Pineda fue cuando asesinó en San José de Costa Rica al guardia de la catedral de la

Virgen de los Ángeles para robar sin estorbo todos sus tesoros, que según las crónicas de la prensa sumaban diez millones de colones. Hace bien poco todavía que la prensa tica habló de su última tentativa de fugarse de la isla para penados perpetuos de aquel país.

Entre el personal que el general Alemán llevó para llenar su cuadro administrativo se contaba al coronel Juan Castro B., hombre de inteligencia despejada, de carácter locuaz pero de ninguna instrucción. Recién llegado al penal, el nuevo Director tenía mucho poder personal; pero su conducta le fue haciendo perder terreno, hasta que el Director acabó por eliminarle.

Sin embargo, no obstante sus deplorables vicios y los reprobables defectos de su conducta moral, el coronel Castro tenía muy buen corazón para los reos.

Mi primer pensamiento cuando llegó el nuevo Director fue el de pedirle audiencia para suplicarle que me diera permiso de presentar mi solicitud de indulto personal; pero antes de verle quise ver un médico de mi pueblo para ver si podía hacer el favor de acompañar a mi hermana Inés para que diera algunas vueltas sobre el mismo objeto. Obedeciendo, pues a tal pensamiento, limpié un vestidito viejo que tenía y me lo puse para salir al otro lado a pedir que se me diera permiso para ir a la calle. Mas quiso mi buena ventura que cuando yo iba saliendo me encontrara con el coronel Isaac Méndez Zapata, uno de los edecanes de mayor confianza del nuevo Director, y quien fatalmente había estado preso durante diez años. Cuando el coronel Zapata me vio, no pudo dominar el fuerte arrebato de emoción y de entusiasmo que le provocó mi presencia, y por tal razón cuando yo le tendí la mano para estrechar la suya, exclamó pleno de delirante júbilo:

—No trabe, Sanabria; a un amigo como Ud. no se le da la mano sino un abrazo.

Y me tomó en sus brazos y me apretó con franco afecto contra la llama de su noble corazón. Cuando me preguntó que para dónde iba, inmediatamente ofreció acompañarme; y como Nicolás Nazzar se diera cuenta, voluntariamente ofreció llevarnos en su carro hasta el Sanatorio Nacional, lugar a donde iría a buscar al médico que deseaba ver. Después que vi a este, fuimos a Comayagüela para buscar el abogado que haría el escrito.

Francamente, como cuando yo caí al penal ignoraba las represiones y crueldades de que aquellos bárbaros se valían para mantener aterrados a los pobres reos, la benignidad del nuevo Jefe me llenaba de asombro, pues no podía creer que fuera cierta aquella enorme libertad que nos había franqueado. He aquí, pues, que para sacarme a la calle el coronel Méndez Zapata sólo le había dicho al Comandante de guardia de prevención:

—Ea, Comandante: llevo a Salomón Sanabria bajo mi responsabilidad.

Y no fue más. En cambio en tiempos de C. L. era con el tunco Sarmiento con quien había que entenderse para conseguir un permiso que cada medio año daba al reo para que fuera al comercio; pero, eso sí, ningún reo salía con menos de dos soldados. En tiempos de Carías Lindo la guardia de la cárcel sólo se pasaba cuando se iba o se regresaba del trabajo. Ahora permanecía libre para que todos los reos que deseaban salir a darse un aire al recinto exterior salieran sin que nadie se los impidiera. Ahora la indiada se sentía altiva y rebelde; su dignidad muerta a palos por Carías Lindo había vuelto a la vida.

La primera vez que el general Alemán vio el sistema de visitas de Víctor Carías Lindo sintió una horrible sensación de desprecio por él, e inconscientemente condenó públicamente aquella inmoralidad. Inmediatamente que vio a los presidentes oyendo lo que no les importaba, los llamó para preguntarles si aquellas visitas eran suyas; y como éstos contestaran que no, les preguntó que qué estaban haciendo; entonces le informaron que estaban censurando la visita. Esta respuesta le hizo estallar de indignación y decirles más o menos el siguiente speech (palabras):

—¡No señores!, ya pasaron aquellos tiempos en que se cometían estas bajezas con los pobres reos. Ahora permítanme ustedes rogarles que no se anden metiendo con ellos.

El hogar tiene cosas secretas que decirse y que no deber oír los demás. Ahora, pues, como tanto la guardia de prevención permanecía abierta para que entraran y salieran las gentes de la calle y la guardia de cárcel para que entraran y salieron los reos del patio general que quisieran salir al recinto de la Dirección a darse un aire más libre, sucedía que las gentes de la calle se confundían con los reos. Domingo a domingo y de las dos de la tarde en adelante el conjunto de marimba se reunía debajo del mango para darles concierto a las visitas de los reos.

El terror de otros tiempos, pues, cuando la guardia del penal comandada por Carías Lindo era como una jauría de tigres, había desaparecido. Ahora el pueblo tegucigalpense en masa entraba al penal como a su casa, y se miraba a las claras que el placer que sentía de hallarse entre los reos era sincero y confiado, pues comprendía, por una parte, que el reo no era la fiera imaginada y tratada brutalmente por Víctor Carías Lindo y entendía por otra parte, que su jefe, el General Alemán, era un tipo sano, consciente, justo y bueno de quien se podía confiar a ojos cerrados.

Las reas, que en otros tiempos habían sido sacadas de su celda sólo para que sus parientes pudieran verlas cinco minutos, ahora salían en tumulto y se confundían alegremente con aquella multitud de gente que llegaba de las calles a visitar el penal. La libertad moral, pues, había sido redimida de aquella opresión cruel y dolorosa en que Carías Lindo la había tenido sepultada. Ahora el rostro del penado había perdido aquella palidez terrosa y cadavérica que tenía debido al hambre, a la desnudez, al exceso de látigo y de trabajo, pues época hubo en que se le tuvo trabajando hasta media noche sin darle de comer.

No se nos escapa que tanto el primer magistrado de la nación como el señor ministro de gobernación, se daban cuenta del exceso de bondad y de tolerancia del nuevo Director para con los penados; pero como tanto el uno como el otro son hondureños conscientes que sienten con placer la dicha de sus compatriotas y sufren con angustia sus adversidades, aceptaron su complicidad para resarcir a aquellos desgraciados de tantos años de opresión y tiranía en que se les había mantenido. Por ese motivo fue que no tuvieron efecto las quejas que se presentaron contra la supuesta flojedad del general Alemán.

Como ya dijimos en otra ocasión, el soldado sólo es brutal cuando su jefe lo es. Con ocasión de hallarse de paso por Tegucigalpa el Mayordomo General de los bienes del General Anastasio Somoza, nuestro general Carías dijo a aquél que el defecto de este jefe residía en que cuando metía a la cárcel a algún político no pasaba de tenerlo un mes; mientras que él no los sacaba sino hasta que se pudrían allí. Sentimientos de que sólo puede blasonarse un salvaje. Naturalmente que para secundar los sentimientos de un hombre de tales ideas se necesita ser un bárbaro igual al que se sirve.

Después de mi primera salida a la calle en calidad de *permisario* del nuevo régimen del penal, el propio coronel don Isaac Méndez Zapata me proporcionó una entrevista con el nuevo Director, el cual me recibió con los brazos abiertos y se me puso incondicionalmente a las órdenes. Mi entrevista se circunscribió a pedirle un certificado de mi conducta para solicitar indulto personal; y él me lo dio con la mayor buena voluntad; pero como el señor Ministro de Gobernación acababa de recibir su cartera; no obstante en el primer momento, y fue así que tuve ocasión de observar por algún tiempo más cómo funcionaba el penal bajo la Dirección del nuevo jefe, quien sin hacerse esperar erradicó prácticamente el bárbaro y anticuado sistema de administración rudimentaria de Carías Lindo y le imprimió el sistema penitenciario más avanzado del mundo civilizado.

La forma como el general Alemán actuó al solo entrar en posesión de la Dirección del penal nos hace suponer que muchos años atrás ya había sido preparado de manera eficiente para que con el tiempo fuera a modernizarlo todo en aquel arcaico centro. Y fue así que al sólo recibir su cargo suprimió los látigos, quitó las cadenas e instauró un Tribunal de conciencia compuesto por los reos más reflexivos del penal, para que ellos, con un criterio más amplio y consciente estudiaran el castigo consiguiente a las faltas que cometieran sus mismos compañeros.

El general Alemán es uno de esos raros hombres que comprendiendo que otro sabe hacer las cosas mejor que él, le cede su puesto, pues no hace como los dictadores quienes temiendo que sus pueblos se aficionen más por los beneficios de la razón que por sus actos de barbarie, no consienten que el conocimiento enhieste su personalidad ahí donde ellos reinan como dioses. De manera que, con tales anhelos, el general Alemán organizó el Tribunal de Conciencia de la siguiente manera: Presidente, Dr. Salvador Jiménez; Vice-Presidente, Ing. Alfonso Sánchez; Secretario, Manuel Rivera Funes; Pro-secretario, Profesor Lázaro Alfredo Mejía; Vocal 1°, P. M. don Arturo Morales Chávez, Vocal 2°, Cap. Francisco Coello V.; Vocal 3°, Profesor Fulgencio Quinteros; Vocal 4°, Br. Arturo Meza Murillo; Vocal 5°, Profesor Belarmino Velásquez. Hecho lo cual, el nuevo Director creyó descansar de los infalibles líos del penal.

De tal manera, aquel honorable cuerpo tenía en sus manos el poder más delicado del Estado: hacer justicia a la plebe del penal, sino también a los presidentes, a aquel vil organismo de esbirros formado y armado por Víctor Carías lindo con vergas.

Empero, a decir verdad, aquel Tribunal de Consciencia no podría nunca responder con dignidad a las aspiraciones del noble Director, pues los grandes ideales jamás podrían ser servidos con eficiencia por almas pequeñas. Porque si bien era cierto que aquel organismo estaba formado por los elementos más reflexivos del penal, también lo era que no tenían la suficiente grandeza de alma para juzgar siquiera con equidad a los que otrora habían sido sus verdugos. Y era así que cuando un presidente cometía por azar alguna imprudencia, los representantes del Tribunal de Conciencia, exageraban indecorosamente los efectos morales de la falta, únicamente con el avieso objeto de hallar justificación para vengar viejos agravios.

De tal manera aquello no podía ser visto con buenos ojos por quien sólo su grande anhelo de hacernos sólo bien le había hecho pensar en aquella forma de ejercer la justicia con mayor equidad; de manera que el Tribunal de Conciencia bien pronto se quedó sin efecto, pues ya estaba tomando los caracteres de una verdadera Santa Inquisición.

Cuando el general Alemán se hizo cargo de la Dirección del penal yo estaba enfundado en mi uniforme de reo. Después que regresaba de La Mora de hacer mi tarea de siete piedras me encerraba en mi celda a leer, única distracción que durante mi cautiverio me ayudó a disipar mis penas y a formarme un objetivo más firme y determinado en la vida. Sin embargo le tenía miedo a la luz como un pobre cartujo del siglo X, pues cuando el general Alemán ordenó al Comandante de cárcel que abriera el caracol a los reos no se quedó nadie en el patio general excepto yo; sin embargo pues deseaba obtener la libertad más que la vida, sentimiento que me hizo hablarle al coronel don Miguel Escobar Paguada para que me concediese un segundo permiso, lo que me fue concedido con la mayor buena voluntad.

Cuando regresé de la calle, me le presenté nuevamente al coronel Escobar para agradecerle tanta bondad; mas yendo más lejos con sus favores, quiso atenuar en lo posible mi martirio que nadie mejor que él lo conocía, y me ordenó que me quedara debajo del mango apuntando visitas. Pero como sucede en la vida que hay hombres que cuando tienen en sus manos algún pequeño poder abominan todo aquello que se yergue altivamente frente a ellos, el señor Manuel Rivera Funes que tenía en sus manos el poder del Tribunal de Conciencia me retiró del cargo sólo porque él en lo particular lo quiso, pues no encontró en mi conducta alguna acción digna de hacerme sufrir la vergüenza de un castigo.

Pero en tal ocasión y felizmente para mí yo ya había tomado contacto nuevamente con el señor Secretario del penal, P. M. don Manuel Medina, noble amigo mío, quien siempre me hizo objeto de su mayor estima, y en tal caso, él me dejó trabajando a su lado y aún más; con el coronel Escobar conseguí mi traslado de la inmunda celda número quince a la número diez, que a la sazón era la única limpia.

Entre las deficiencias de la función penal la que más perjudicaba la salud del reo era la relacionada con la cuestión sanitaria. El nuevo jefe vio, con pena, que después que los reos eran encerrados por la tarde, aliviaban las necesidades del vientre en los rutinarios toros de otros tiempos, lo cual no sólo significaba aguantar aquel apestarte tufo durante toda la noche, sino que esto enfermaba más a las personas de estómago delicado. Viendo esto, pues, el general Alemán hizo poner tres inodoros de porcelana en cada bartolina grande, dos en las medianas y uno en las pequeñas. Después observó que la alfabetización estaba completamente descuidad y la organizó, nombrando director de esta escuela al ciudadano Profesor don Jesús Zavala, lo cual, me consta, estuvo dando rápidos progresos en beneficio de las masas ignaras. La deficiencia del servicio de agua era enorme; pero hoy que él hizo una pila desmesuradamente gigantesca ya no hace falta. A las celdas para mujeres les hizo puertas hacia oriente para hacerlas salir a un extensísimo patio que con tal fin les construyó. Y es más: anexo al penal ha construido un amplio y eficiente sanatorio donde gracias sean dadas al esmero que él personalmente pone por que se les dé alimentación sana y variada a los pacientes, y que a ninguno les falten medicinas, muchos de los tuberculosos que le han enviado de los presidios han hallado su salud allí. Y en cuanto al sistema de cocina, comedor y ventas de panes, dulces, etc., ha cambiado de manera que ni en la penitenciaría de otros países que conozco se ve organización tan técnica como la que el general Alemán ha dado a la modernización penitenciaría Central de Honduras.

Hay hombres que parecen fluir ternura hacia los animales y que pareciera que la misma naturaleza les da el secreto para hacerse querer hasta de las fieras más feroces. César T. Funes era, entre los reos del penal, uno de estos hombres.

Como Carías Lindo conocía el natural afecto que aquel hombre sentía por todos los animales, se hizo cargo de la crianza de los animales que de distintas partes del país le llevaban al general Carías. Pero de todos aquellos muestrarios de nuestra zoología ninguno se reproducía tanto como la cría de venados. César les daba de comer en la mano y ellos llegaron a conocerle y a tenerle tal cariño, que si la reja adonde aquél estaba acostado se hallaba abierta, se metían y le descubrían la cabeza y le lamían la cara. Aquí dormían con él otros hombres más; pero no se atrevían a rozarles y mucho menos a acariciarles como lo hacían con él. Mas entre estos venados había uno muy fuerte y bravo que tenía un cuello hermosísimo y una ramazón de cuernos lustrosos y bonitos. A los reos les agradaba enojarle porque embestía con furia y perseguía con bravura a los que le toreaban. Mas él, *motu proprio* nunca le salía al paso a nadie; sin embargo, no obstante que este mismo animal acariciaba a César, había un hombre a quien aborrecía como con criterio humano, y este hombre era Herminio Recinos, el memorable asesino de la madre del general Justo Umaña.

Muchas veces el animal no había visto al hombre y ya su olfato le daba el aviso de la proximidad de su abominable persona. El animal inmediatamente se indisponía y comenzaba a resoplar furiosamente. Recinos lo descubría a lo lejos y comenzaba a silbarle de manera retadora. El animal le salía al encuentro, y aquel bárbaro, que tanto daño había hecho al animal para concitarse su odio, se complacía en fustigarle hasta hacerle sangrar. Pero una vez el animal le acometió con tanta ferocidad y el hombre estaba tan mal parado, que le hizo caer patas arriba y tras de verle de tal manera siguió embistiendo con doble fuerza hasta que de verle sumamente golpeado, algunos hombres se compadecieron de él y se lo quitaron de encima. Pero pudo el pobre animal devolverle con creces tanta golpeada que injustamente le había dado durante mucho tiempo atrás.

A causa de esta golpeada Recinos guardó cama durante ocho días. Viendo Víctor Carías Lindo que esta para entregar el penal y que acaso ya no volvería a ver a su antiguo verdugo, fue a la enfermería a despedirse, caso insólito, realmente en la manera de ser de aquel carcelero, pues nunca había visto yo que él se dignara distinguir de tal modo a un reo, pues a todos los que más quiso les trató con la brutalidad con que un mal amo trata a sus perros.

Sin embargo, un día Recinos y yo estábamos sentados en la base de uno de los pedestales simbólicos que Carías Lindo hizo levantar frente a la Dirección, cuando vimos que unos soldados estaban entregando a la guardia de prevención un reo. Recinos, volviéndose hacia mí, me dijo:

—¿Se ha fijado Ud. que ahora no vienen al penal aquellos ejércitos de reos que ingresaban en tiempos de Carías Lindo?

—Sí me he fijado.

—¡Cáspita! —continuó diciendo— pero es que en tiempos de aquel señor sí era cierto que esto daba miedo.

—Vea Recinos —redargüí, yo con cólera a aquel hombre—, si Ud. no fuera peor que los perros, puesto que los hablaría una sola palabra en detrimento de Víctor Carías Lindo, primero, porque Ud. era uno de lo que estaban más prontos a aplaudir y a tomar por buenas todas las fechorías; y segundo, porque si él supo beneficiar a uno que otro de sus más serviles, Ud. fue uno de éstos. Ahora yo sí que tengo derecho a decir de él, no lo que se me antoje; pero sí a decir la verdad, sin que por ello haya quien me enrostre de ingratitud.

Mi interlocutor empalideció y se me quedó viendo de hito en hito; pero no me dijo ni una sola palabra.

Recinos tenía razón de hacer aquella observación; pero por motivos de gratitud debió haber guardado silencio; sin embargo, aquella gran verdad le amordazaba despiadadamente la lengua y tuvo que decirlo. Efectivamente, en menos de quince días de trabajo seguido, el general Alemán había puesto en libertad a más de seiscientos hombres que sin proceso alguno guardaban prisión en el penal por capricho personal de C. L. o del ilustre caudillo.

Fue precisamente en tiempos del general Alemán que ya pudieron llegar a verme con entera libertad mis parientes y amistades. En estos días llegó a verme procedente de San Pedro Sula mi hermana Inés, y pudo contarme con los ojos anegados en llanto, que había muerto mi tía María, y que me había telegrafiado informándome de tan doloroso deceso, y que no habían tenido contestación mía. Efectivamente, C. L. fue tan salvaje con los penados, que le dijo a la rea Victoria Valladares, que si lloraba en presencia del cadáver de su hermano José Adrián Valladares, ordenaría que le metieran una vergueada. Y menos en el caso mío para que se permitiera que se me pasara una tarjeta telegráfica en la que se me informaba que mi adorada tía había muerto. Entre las personas con quienes me he visto después de haber salido del penal y que trataron de verme cuando se me tenía aherrojado, se cuenta don Pedro Zavala, ciudadano honrado y correcto a quien durante tres días se le tuvo parado en la calle esperando que se le permitiera verme, ¿para qué? Para decirle después de ultrajársele por querer verme, que a un bandido como a mí no se miraba. Después de don Pedro Zavala, trató de verme su hijo, profesor don Porfirio Zavala quien fue vilmente desairado en compañía de su buen amigo, el poeta don Renán Pérez. A estos infortunados amigos y parientes míos, siguió el suplicio de mi tía Romelia de Pérez, humilde vecina de Comayagüela a quien se le tuvo asoleándose durante tres días seguidos para acabar por pegarle la consabida ultrajada, y decírsele luego que a un bandido como a Salomón Sanabria no le miraría ni la madre que lo había parido. La última de las víctimas condenadas a pagar lo que no debían fue el joven y talentoso Guillermo Florentino Luque, quien al saber dentro de la guardia que se me tenía engrillado y esposado, dijo con voz altanera y viril que jamás podría concebir hombre más cobarde que C. L., puesto que sólo un cobarde podía empecinarse tan vilmente contra un solo hombre como lo había hecho él. Esto, naturalmente, dio lugar a que le metieran una vapuleada y que lo metieran echado sobre su estómago debajo de una tarima durante tres días.

Tomar la Dirección de un penal de la manera animal como la hiciera C. L. es tarea de ganapanes; pero tomarla llevando en el corazón un concepto grande y elevado acerca de la dignidad humana es algo que excita el alma a la compasión y la mentalidad fecunda a la reflexión, pues hay que sacar el orden y la organización del caos y la inacción en que se encuentran. He aquí, pues, que uno de los problemas más graves con que el nuevo Director se enfrentó al llegar al penal, fue con el relacionado al de la alimentación, pues él vio con sus propios ojos que a usanza de C. L., el penado no tenía por ración más que una puño de frijoles sancochados y cuatro tortillas tres veces al día. Los trabajadores, en su generalidad, eran unos verdaderos esqueletos apenas animados. Desde el primer momento él ordenó que no quería que se le fueran a presentar ganancias de las cocinas, porque lo único que deseaba era que todo lo que se obtenía en dinero por la manutención de los reos, se invirtiera en comida para ellos mismos, y que se les diera de comer hasta la hartura. Con tal disposición, la indiada, como se le llamaba en el penal a la chusma, rebosaba contento; pero a este gran problema se le enfrentaba otro, como era el de que no había una partida especial que autorizara fondos para darle al libertado su pasaje y algunos centavos para que comiera en el camino. Entonces recurrió al cerebro: gravó la venta de toda obra de arte hecha en el penal, tales como de zapatos, muebles, alhajas, etc., pues con esto y diez centavos que semanalmente quita a cada reo con el nombre de centavo de la libertad, hace estos gastos, gracias a los cuales el reo sale bien habilitado.

En lo demás, debemos decir en honor a la honradez del nuevo Director, que ahora ni los moreros son explotados como lo fueron anteriormente, pues a cada uno de ellos se les paga el trabajo que hacen, llegando algunos a ganar hasta treinta lempiras semanalmente, con lo que pueden responder hasta a la obligación de mantener mujer.

Pero esto, séanos dado el decirlo, no es motivo para que se eche en olvido la necesidad ingente de aumentar el sueldo de los reos en un setenta y cinco por ciento, pues hace cuarenta años que se presupuestó para el penado de la penitenciaría central, la modesta suma de treinta y siete centavos, valor bastante razonable en aquellos tiempos en que en Tegucigalpa no se pagaba más de veinticinco centavos por día de comida; más ahora nadie se la da a uno por menos de un lempira cincuenta centavos diarios. La justificación de esta irrefutable demanda la corrobora la necesidad de que la Honorable Cámara Legislativa tuvo, en atención al encarecimiento de la vida, de aumentarse el sueldo a sí misma en un cierto por ciento, así como lo hiciera para toda la República, con el sueldo de otros altos funcionarios públicos, pues ha comprendido que el estándar de vida de los pueblos ha subido considerablemente.

Como ya dijimos que con el cambio de gobierno vinieron hombres nuevos y sanos con el alma llena del deseo de hacernos bien, el 22 de mayo de 1950 tuve la gloriosa dicha de que el noble caballero P. M. don Julio Lozano h., en su condición de Ministro de Gobernación me indultara cinco meses que me hacían falta para cumplir mi pena, acción de la que le soy deudor, así como de ese querido pedazo de alma de las masas indigentes que otrora estuvieron oprimidas bestialmente y que él liberara, y el cual responde al nombre de General Juan B. Alemán; acción bienhechora de la que se ha hecho acreedor a la simpatía universal de todos los hondureños, y que por cuya razón está muy receloso ese grupo enfermo de maldad y corrupción que aún forma la maleante argolla.

Fin

Recorte de diario de 1952 en el que
se anuncia la segunda parte de
La cárcel y mis carceleros.
(Cortesía del Poeta José González).

www.ingramcontent.com/pod-product-compliance
Lightning Source LLC
Chambersburg PA
CBHW070326010526
44107CB00004B/425